中国法院2023年度案例

国家法官学院 最高人民法院司法案例研究院 / 编

道路交通纠纷

中国法制出版社
CHINA LEGAL PUBLISHING HOUSE

《中国法院2023年度案例》通讯编辑名单

序

法治是治国理政的基本方式，司法是法治体系的重要基石。党的二十大报告指出，要坚持走中国特色社会主义法治道路，建设中国特色社会主义法治体系、建设社会主义法治国家。加快建设公正高效权威的社会主义司法制度，努力让人民群众在每一个司法案件中感受到公平正义。人民法院始终坚持以习近平新时代中国特色社会主义思想为指导，深入学习贯彻习近平法治思想，围绕“公正与效率”这一主题，践行新时代能动司法理念，把加强司法案例研究作为加快建设公正高效权威社会主义司法制度，坚持为大局服务、为人民司法的重要途径，通过发布具有普遍指导意义的典型案例，统一法律适用，提高审判质效，提升司法公信力，努力让人民群众在每一个司法案件中感受到公平正义。

“中国法院年度案例系列”丛书，是国家法官学院和最高人民法院司法案例研究院精选全国各高级人民法院每年选送的优秀案例，深入挖掘典型案例内在价值编辑的实用精品丛书，旨在总结提炼典型案例的裁判规则和裁判方法，发挥司法规范、指导、评价、引领的重要作用，大力弘扬社会主义核心价值观，增强全民法治意识和法治素养，展现新时代我国司法领域新发展、新成就。

本丛书自2012年编辑出版以来，已连续出版12年，每年年初出版，受到读者广泛好评。本丛书出版之初有15个分册。近年来，为顺应审判执行实践需要，更加全面反映我国司法审判执行工作的发展进程，响应读者需求，2014年度新增金融纠纷、行政纠纷、刑事案例3个分册，2015年度将刑事案例调整为刑法总则案例、刑法分则案例2个分册，2016年度新增知识产权纠纷分册，2017年度新增执行案例分册，2018年度将刑事案例扩充为4个分册，2022年度将土地纠纷（含林地纠纷）分册改为土地纠纷（含环境资源案例）分册。在全国各级人民法院的大力支持下，丛书编委会现编辑出版《中国法院2023年度案例系列》丛书，共23个分册。

“中国法院年度案例系列”丛书以开放务实的态度、简洁明快的风格，追求“好读有用”，主要体现出以下特色：一是选编案例来源广泛、时效性强。

国家法官学院和最高人民法院司法案例研究院每年通过各高级人民法院汇集全国范围内上一年度审结生效的典型案例近万件，使该丛书有广泛的精选基础，可及时、定期提供全国范围内新近发生的多种类型的新型、疑难案例。二是由法官释理说法，全方位深度挖掘案例价值。大多数案例由主审法官撰写“法官后语”，深入阐释案例的裁判思路和相关考量，充分发挥典型案例在司法裁判、类案参考、法学研究、行为指引、宣示教育等方面的价值，力求引发读者的共鸣与思考，为读者提供借鉴和启迪。三是编排依次以案由和法律适用问题为序，方便读者检索。丛书充分体现“以读者为中心”的理念，每册内容主要根据案由分类编排，每个案例主要围绕法律适用问题，用一句话精要概括裁判规则、裁判思路或争议焦点，以其作为主标题，让读者能一目了然，迅速找到所检索的目标案例。四是注重裁判文书再加工，高度提炼案例内容。案例编写突出争议焦点以控制篇幅，剔除无关信息，尽可能在有限的篇幅内为读者提供更多与争议焦点、所查类案相关的有效、有益信息。

中国法制出版社始终全力支持“中国法院年度案例系列”丛书的出版，给了作者和编辑们极大的鼓励。2023 年，这套丛书将继续提供数据库增值服务。购买本书，扫描前勒口二维码，即可在本年度免费查阅往年同类案例数据库。我们在此谨表谢忱，并希望通过共同努力，逐步完善，做得更好，真正探索出一条编辑案例书籍、挖掘案例价值的新路径，更好地服务司法审判高质量发展、服务法治社会建设、服务学习研究法律的读者。

“中国法院年度案例系列”丛书既是法官、检察官、律师等法律工作者的办案参考和司法人员培训的实用教材，也是社会大众学法用法的经典案例读本，同时是教学科研机构与人员从事案例研究的良好系列素材。当然，案例作者和编辑在编写、编审过程中也难以一步到位实现最初的愿望，客观上会存在各种不足甚至错误，欢迎读者批评指正。我们愿听取各方建议，不断拓宽深化司法案例研究领域，立足新发展阶段，推动实现中国特色司法案例事业的高质量发展。

国家法官学院

最高人民法院司法案例研究院

2023 年 5 月

目　录

Contents

一、交通事故中的主体问题

1. 下车后因车门夹住衣服被挂倒受伤的乘车人属于保险合同中的“第三者” …… 1
——袁某诉甲财产保险公司、乙财产保险公司机动车交通事故责任案

2. 融资租赁合同期间车辆发生事故的责任主体认定 …… 5
——蒙某茂等诉卢某仕等机动车交通事故责任案

3. 维修店工作人员驾驶待维修车辆发生交通事故的，车辆所有人不承担赔偿责任 …… 11
——周某梅诉杨某海等机动车交通事故责任案

4. 代驾司机发生交通事故后，代驾平台不必然承担责任 …… 15
——王甲诉崔某等机动车交通事故责任案

5. 单方责任事故下建设施工单位未尽到合理警示义务的责任承担 …… 19
——陈某军诉环境公司、环境公司分公司机动车交通事故责任案

6. 未成年人组织聚餐饮酒致他人醉酒发生交通事故的赔偿主体认定 …… 24
——胡甲、朱某诉董乙等机动车交通事故责任案

7. 机动车驾驶员与行人均有过错情形下过失相抵的适用 …… 28
——徐某鑫等诉罗某志、财产保险公司机动车交通事故责任案

8. 交通意外事故归责原则的司法适用 …………………………………… 32
——宋某珍诉汤某贵等机动车交通事故责任案

9. 快递特许经营主体将其业务许诺无资质者经营的，被许诺人致他人损害的，许诺人应承担连带赔偿责任 ………………………… 40
——张某峰等诉快递公司等机动车交通事故责任案

10. 拼装车、套牌车的认定及多次转让过程中事故责任主体的认定 ……………… 44
——沈某柱等诉曹某永等机动车交通事故责任案

11. 网约代驾致第三人损害交通事故责任分析 ………………………………… 49
——刘某伯诉段某培等机动车交通事故责任案

12. 未成年人租赁车辆发生交通事故责任由谁承担 …………………………… 56
——张某诉王某等机动车交通事故责任案

13. 因道路管理者维护缺陷导致交通事故的责任认定 ………………………… 62
——吴某诉罗某等机动车交通事故责任案

14. 行人在交通事故中即使有责任亦无须对其他受害行人承担赔偿责任 ………………………………………………………………… 69
——熊某诉黄某等机动车交通事故责任案

15. 非机动车、行人非故意时不承担肇事机动车车损的赔偿责任 ……………… 73
——周某诉高某机动车交通事故责任案

16. 机动车交通事故中，无近亲属被害人死亡赔偿权利主体的认定 …………… 75
——丁某祥等诉吴某伟、财产保险公司机动车交通事故责任案

17. 乘车人承担车辆油费的行为不影响好意同乘的认定 ……………………… 80
——赖某某诉刘某等机动车交通事故责任案

18. 好意同乘情形的界定与减责例外之认定 ………………………………… 84
——陈某圆诉陈某级等机动车交通事故责任案

19. 好意同乘因重大过失不减责 …… 88
——陈某辉等诉盛某等机动车交通事故责任案

二、交通事故损害赔偿

20. 多方过错下机动车交通事故的责任划分及承担 …… 93
——秦某诉姜某强等机动车交通事故责任案

21. 交通事故发生时，受害人随身携带的贵重物品的价格如何认定 …… 98
——蒋某春诉王某、财产保险公司机动车交通事故责任案

22. 交通事故中车辆贬值损失赔偿的司法认定 …… 104
——赵某阳诉李某清、财产保险公司机动车交通事故责任案

23. 刑事案件中自愿赔偿的精神抚慰金在民事赔偿中应当确认 …… 108
——秦某元等诉全某凯、财产保险公司机动车交通事故责任案

24. 医保统筹基金已作支付不能减轻侵权人的赔偿责任 …… 112
——蒋某平诉刘某兵等机动车交通事故责任案

25. 特殊情形下，营运车辆停运损失和司机误工费应同时予以支持 …… 117
——陈某中诉刘某星、财产保险公司机动车交通事故责任案

26. 超过法定退休年龄人员人身损害赔偿案件中误工费的认定 …… 121
——侯某旺诉财产保险公司等机动车交通事故责任案

27. 实习期间遭遇交通事故能否主张误工费 …… 126
——黄某秉诉吴某杰、财产保险公司机动车交通事故责任案

28. 停工留薪期收入不减少不支持受侵权人主张的误工费 …… 131
——焦某涛诉卢某国、财产保险公司机动车交通事故责任案

29. 误工时间应以医疗机构出具的证明或者司法鉴定意见书确定的时间为准 …… 135
——张某群诉李某星等机动车交通事故责任案

30. 个人体质因素不属于减轻或免除赔偿的法定情形 …… 139
——左某诉财产保险公司机动车交通事故责任案

31. 中老年常见疾病是否应作为交通事故损失参与度的考量因素 …… 146
——李某达诉夏某、甲财产保险公司机动车交通事故责任案

32. 机动车交通事故中损伤参与度在过错认定及责任承担中的作用界定 …… 151
——陈某诉刘某、财产保险公司机动车交通事故责任案

三、交通事故损害赔偿程序

33. 车辆临时停靠路边维修时突然后退致人受损的，应按道路交通事故认定 …… 159
——欧阳某兰等诉物流公司等机动车交通事故责任案

34. 机动车非故意由正常道路驶入施工道路造成财产损失的，应当认定为道路交通事故 …… 164
——市政园林工程公司诉杨某军等机动车交通事故责任案

35. 交通事故中因伤持续医疗费的司法审查问题 …… 168
——刘某嘉诉肖某、财产保险公司机动车交通事故责任案

四、交通事故保险理赔

36. 交通安全统筹并非保险，不应由统筹人直接赔偿受害人的损失而免除侵权人的责任 …… 172
——王某运诉田某华等机动车交通事故责任案

37. 商业保险免责条款中的交通肇事逃逸、无证驾驶及车辆检验不合格情形的认定 …… 177
——林某连等诉陈某等机动车交通事故责任案

38. 安全统筹不能在机动车交通事故责任纠纷案件中一并处理 …… 181
——臧某美等诉张某亮等机动车交通事故责任案

39. 保险公司拖延承保的交强险的保险期间应自保险合同成立之时起算 …… 184
——赵某柱诉张某春、财产保险公司机动车交通事故责任案

40. 保险公司因延迟对车辆定损理赔造成营运车辆停运损失应当承担不利的法律后果 …… 190
——客运公司诉文某坚、财产保险公司机动车交通事故责任案

41. 被保险车辆从事偶然性的有偿搭载乘客的“顺风车”业务不属于从事营运活动 …… 194
——吴某某诉陈某某等机动车交通事故责任案

42. “非碰撞型”交通事故中保险公司援引免责条款的合理性认定 …… 199
——吴某凤等诉网络公司等机动车交通事故责任案

43. 机动车安全互助统筹保险是否适用保险法规定 …… 203
——宋某青等诉苗某伟等机动车交通事故责任案

44. 购买安全互助统筹的机动车发生交通事故时，受害人无权直接要求统筹公司赔偿 …… 207
——赵某某诉王甲等机动车交通事故责任案

45. 交强险保险人可依法向涉嫌酒驾侵权人追偿 …… 211
——朱某忠诉李某机、财产保险公司机动车交通事故责任案

46. 社交筹款平台捐赠款项不属于商业保险免责范围 …… 217
——傅某洋诉邱某奎、财产保险公司电子商务营业部机动车交通事故责任案

47. 网络投保时通过程序设定强制投保人勾选免责条款不能认定保险公司已尽到提示说明义务 …… 221
——顾某泉诉韩某佳等机动车交通事故责任案

48. 约定“零时生效”的保单自合同成立时即生效 …… 225
——顾某美诉祝某付、财产保险公司机动车交通事故责任案

一、交通事故中的主体问题

1

下车后因车门夹住衣服被挂倒受伤的乘车人属于保险合同中的“第三者”

——袁某诉甲财产保险公司、乙财产保险公司机动车交通事故责任案

【案件基本信息】

1. 裁判书字号

河南省郑州市中级人民法院（2021）豫01民终6139号民事判决书

2. 案由：机动车交通事故责任纠纷

3. 当事人

原告（被上诉人）：袁某

被告（上诉人）：甲财产保险公司

被告：乙财产保险公司

【基本案情】

宋某与袁某系夫妻关系，2019年4月24日晚，宋某驾驶小型客车送袁某至某地。当晚22时许，宋某驾车从某地驶出至门口处时，将从小型客车内下车的袁某挂倒后碾压，致袁某受伤。公安机关出具的道路交通事故认定书认定宋

某负事故的全部责任，袁某无责任。

公安机关在调查时，宋某称其听见袁某下车关车门的声音后便开车走了。袁某也自述事故发生当天，其身穿中长款开衫，坐在车后排。下车将车门关上后，才发现衣服被夹在车门里，随后宋某在不知情的状况下启动汽车，将其挂倒，并从其身上碾压。

事故发生后，袁某在医院住院治疗。后经鉴定车祸致袁某肋骨骨折，构成十级伤残。

涉案豫小型客车在甲财产保险公司投保有交强险，在乙财产保险公司投保有商业三者险，事故发生时均在保险期间内。

【案件焦点】

袁某从涉案车辆下车并关上车门后，仅衣服被夹在车门上，其是否能认定为保险合同中的"第三者"。

【法院裁判要旨】[①]

河南省郑州市上街区人民法院经审理认为：交强险和商业三者险均属于第三者责任险范畴，而"第三者"是指除投保人、被保险人和保险人外的，因保险车辆发生意外事故遭受人身伤亡或者财产损失的保险车辆下的受害者。"第三者"和"车上人员"均为在特定时空下的临时性身份，二者可以因特定时空条件的变化而转化。判断因保险车辆发生意外交通事故而受害的人属于"第三者"还是属于"车上人员"，应以该受害人在交通事故发生当时这一特定的时间是否身处保险车辆之上为依据。本案中，袁某系下车关闭车门后，仅衣服被夹在车门上，其在本次交通事故发生时已脱离车辆，系该事故中的"第三者"身份，属于交强险及商业三者险的赔付对象。甲财产保险公司、乙财产保险公司辩称袁某衣服被涉案车辆夹住，尚未完全与涉案车辆分离，其仍然属于"车上人员"，该辩称系对"车上人员"的扩大理解。袁某在完成下车关车门动作

---

① 本书【法院裁判要旨】适用的法律法规等条文均为案件裁判当时有效，下文不再对此进行提示。

后，其本人已完全与车分离，不属于保险车辆的“车上人员”，故上述辩称不予采信。袁某因本次交通事故造成的各项损失应由甲财产保险公司、乙财产保险公司分别在交强险限额内和商业三者险限额内承担赔偿责任，因袁某未起诉实际侵权人，仍有不足的部分由其自行承担。

河南省郑州市上街区人民法院依照《中华人民共和国民法典》第一千一百七十九条、第一千二百零八条、第一千二百一十三条，《最高人民法院关于审理人身损害赔偿案件适用法律若干问题的解释》第六条、第七条、第八条、第九条、第十条、第十一条、第十二条、第十七条之规定，判决如下：

一、甲财产保险公司应于本判决生效后十日内赔偿袁某120000元；

二、乙财产保险公司应于本判决生效后十日内赔偿袁某79272.22元；

三、驳回袁某的其他诉讼请求。

甲财产保险公司不服一审判决，提起上诉。

河南省郑州市中级人民法院依照《中华人民共和国民事诉讼法》第一百七十条第一款第一项之规定，判决如下：

驳回上诉，维持原判。

【法官后语】①

根据《中华人民共和国道路交通安全法》第七十六条及《机动车交通事故责任强制保险条例》第三条之规定，道路交通事故第三者责任强制保险，即交强险的赔付对象为在道路交通事故中受害的“本车人员”“被保险人”以外的“第三者”。本案中，袁某在交通事故发生时能否认定为“第三者”，关系到保险公司是否对其损失承担赔偿责任。双方的争议焦点也在发生交通事故时，袁某是属于“车上人员”还是“第三者”，是否属于保险赔付范围。

机动车辆作为一种交通工具，任何人都不能永远置身于车上，总会有上车和下车的过程。上车是身体完全在车外到完全在车内的过程，下车则是身体完

① 本书【法官后语】对此类法律问题涉及的法律法规等内容进行了时效性更新，下文不再对此进行提示。

全在车内到完全在车外的过程。保险合同所涉“第三者”和“车上人员”均为特定时空条件下的临时性身份，非永久性固定不变的身份，两者可因特定时间条件的变化而转化。判断因保险车辆发生交通事故而受伤的人是属于“第三者”还是“车上人员”，应当以发生事故当时的特定时空条件下是否置身保险车辆之上为依据。因此，正在上下车人员与交强险中的第三者不能简单地画等号，应当从时间和空间上判断二者的身份：一是在时间上以发生交通事故的瞬间为时间节点，而非以事故发生的结果为时间节点。因为交通事故发生之时、结果发生之前的事由是导致损失的最直接、最有效、起决定作用的原因，即保险事故的近因。二是在空间上以本车为考量对象，即交强险中的本车人员，一般是指保险事故发生的瞬间，位于机动车驾驶室或车厢内等安全部位的人员，不包括原在车上，但在保险事故发生瞬间位于车下的人员。就本案而言，袁某在事故发生时，在空间位置上，其已完成下车关车门动作，已置身于车体之外，与车辆不再是一个整体；其在安全上较完全意义上的车上人员处于劣势，即已不再是本车交通的参与者，交通安全上已处于与车外人同等地位。事故发生的瞬间，仅衣服被夹在车门中致其被挂倒遭车辆碾压，是由于车辆的再次启动后车体外部与受害人接触，产生的冲击力作用于受害人。因此，袁某属于保险赔付范围的“第三者”。

另外，《机动车交通事故责任强制保险条例》的立法目的，旨在确保“第三者”在因交通事故受到损害时，能够及时从保险人处获得相应的救济，是为不特定的第三人利益而订立的合同。因此，当对“车上人员”与“第三者”的界定存在争议时，应从交强险的性质出发，以有利于受害人获得充分赔偿的公平理念为依据，依法作出认定。结合本案，袁某从车内下车被挂倒后遭到碾压，事故发生时袁某处于脱离车辆状态，既没有受到车辆外部坚硬结构的保护，也对车辆毫无控制能力，且事故发生也是由车辆行驶造成，和一般交通事故中第三人受伤情形并无差别，认定其作为“第三者”更符合上述立法目的。

综上，袁某下车后受伤，在交通事故发生时已脱离车辆，受伤的原因是被车辆碾压，其系事故“第三者”，属于交强险及商业三者险的赔付对象。

编写人：河南省郑州市上街区人民法院　徐丽叶　刘晨辰

2

融资租赁合同期间车辆发生事故的责任主体认定

——蒙某茂等诉卢某仕等机动车交通事故责任案

【案件基本信息】

1. 裁判书字号

广西壮族自治区来宾市中级人民法院（2021）桂13民终566号民事判决书

2. 案由：机动车交通事故责任纠纷

3. 当事人

原告（被上诉人）：蒙某茂、蒙某红、蒙某勇

被告（上诉人）：卢某忠

被告（被上诉人）：卢某仕、财产保险公司、销售公司、销售公司分公司、融资租赁公司

【基本案情】

2020年4月26日，卢某仕驾驶小型轿车行驶时，于当日23时37分，碰撞前面同方向由蓝某妹驾驶的电动车的尾部，造成蓝某妹死亡及电动车损坏的道路交通事故。事故发生后卢某仕驾驶该车逃逸，于2020年4月27日0时30分被公安机关抓获。2020年5月28日，忻城县公安局交通管理大队作出《道路交通事故认定书》，认定卢某仕承担本次交通事故全部责任。销售公司分公司系肇事车辆登记所有人；该车在财产保险公司购买机动车交通事故责任强制保险和商业险，事故发生在保险期间内。销售公司分公司系销售公司的分支机构。卢某忠是肇事车辆的实际所有人。卢某忠与销售公司分公司于2020年1月8日签署《销售合同》，同日与融资租赁公司签订《融资租赁合同》及2020年1月

9日签署《融资租赁合同补充协议》《新车交付提醒单》。蓝某妹的继承人认为本次交通事故造成的所有经济损失应当先由财产保险公司在交强险限额内赔偿（精神损害抚慰金优先赔偿），不足的部分先由财产保险公司在商业保险限额内赔偿，再由卢某仕、卢某忠、销售公司按事故责任比例承担连带赔偿责任。但自事故发生后，蒙某茂等人就赔偿事宜多次与被告协商未果。

另查明，蓝某妹出生于1962年8月24日，死亡时未满60周岁，蒙某茂系其丈夫，其子女蒙某红、蒙某勇均已成年。

【案件焦点】

1. 被告销售公司、销售公司分公司、融资租赁公司是否承担赔偿责任；2. 被告财产保险是否应当在本案的强制险和商业险范围内给予赔偿；3. 被告卢某忠在本案中是否承担赔偿责任。

【法院裁判要旨】

广西壮族自治区忻城县人民法院经审理认为：第一，在租赁、借用等情形下，机动车所有人与使用人不是同一人时，发生交通事故后属于该机动车一方责任的，由保险公司在机动车强制保险责任限额范围内予以赔偿。不足部分，由机动车使用人承担赔偿责任。机动车所有人对损害的发生有过错的，承担相应的赔偿责任。本案事故车辆登记所有人为被告销售公司分公司，已交付实际所有人被告卢某忠，被告卢某忠没有证据证实交付的车辆存在缺陷，也没有提供任何证据证实被告销售公司、销售公司分公司、融资租赁公司对本案发生的事故存在过错，《中华人民共和国合同法》第二百三十七条规定："融资租赁合同是出租人根据承租人对出卖人、租赁物的选择，向出卖人购买租赁物，提供给承租人使用，承租人支付租金的合同。"第二百四十六条规定："承租人占有租赁物期间，租赁物造成第三人的人身伤害或者财产损害的，出租人不承担责任。"为此，在机动车的融资租赁中，承租人应就机动车致他人的损害承担赔偿责任，因物件致人损害时，其所有人或管理人应当承担赔偿责任。原告请求被告销售公司、销售公司分公司、融资租赁公司按比例承担连带赔偿责任，该主张缺乏事实和法律依据。第二，《道路交通事故认定书》认定：事故因被告卢某仕的过错导致，且事故发生后驾车逃逸，应由其承担全部责任。根据《最高人民法院关于审理道路交通事故损害赔偿案件适用法律若干问题的解释》第十八条“有下列情形之一导致第三人人身损害，当事人请求保险公司在交强险责任限额范围内予以赔偿，人民法院应予支持……醉酒、服用国家管制的精神药品或者麻醉药品后驾驶机动车发生交通事故的……保险公司在赔偿范围内向侵权人主张追偿权的，人民法院应予支持……”的规定，饮酒后驾驶机动车是国家法律、法规的禁止性规定，也属于公众应当知悉且遵守的公共秩序，因此对原告主张被告财产保险公司在商业险范围给予赔付，不予采纳。被告财产保险公司在商业险范围内拒赔的主张成立。第三，本案卢某忠是事故车实际所有人，又是车辆管理人，被告卢某仕与被告卢某忠有特定关系（兄弟）。被告卢某忠将该车辆留在家里，并且把车钥匙留在家中而去广东务工，因其疏忽大意，管理不善，致使被告卢某仕将该车驶出发生交通事故，故其存在过错，应当承担赔偿责任。减除保险公司在交强险支付的112000元外，被告卢某忠对尚有赔偿余额承担30%的责任。

广西壮族自治区忻城县人民法院依照《中华人民共和国侵权责任法》第四条、第六条、第十六条、第二十条、第二十二条、第四十八条、第四十九条、第五十条，《中华人民共和国道路交通安全法》第七十六条，《中华人民共和国保险法》第十七条，《最高人民法院关于审理人身损害赔偿案件适用法律若干问题的解释》第十七条第三款、第十八条、第二十九条，《最高人民法院关于确定民事侵权精神损害赔偿责任若干问题的解释》第十条，《最高人民法院关于审理道路交通事故损害赔偿案件适用法律若干问题的解释》第十六条、第十八条，《最高人民法院关于适用〈中华人民共和国民事诉讼法〉的解释》第一百一十六条的规定，作出如下判决：

一、被告财产保险公司在机动车第三者责任强制保险限额范围内赔偿原告蒙某茂、蒙某红、蒙某勇各项经济损失共计112000元（其中包含精神损害抚慰金30000元）；

二、被告卢某仕赔偿原告蒙某茂、蒙某红、蒙某勇各项经济损失459261.34元，冲抵已支付37000元，尚欠422261.34元；

三、被告卢某忠赔偿原告蒙某茂、蒙某红、蒙某勇各项经济损失196826.29元；

四、驳回原告蒙某茂、蒙某红、蒙某勇的其他诉讼请求。

被告卢某忠不服一审判决，提出上诉。广西壮族自治区来宾市中级人民法院同意一审法院的裁判意见。

广西壮族自治区来宾市中级人民法院依照《中华人民共和国民事诉讼法》第一百七十条第一款第一项规定，判决如下：

驳回上诉，维持原判。

【法官后语】

融资租赁有租赁和买卖等特点，将融资和融物相结合是现代经济交易活动的重要组成部分。其涉及三方主体和两个合同，三方主体分别为出租人、承租人和出卖人；两个合同分别为融资租赁合同和买卖合同。机动车侵权是机动车在驾驶人的驾驶下对受害人造成的损害，是人的侵权与物的侵权相结合。当机动车登记所有人与实际所有人的分离、机动车所有人或管理人与机动车驾驶人又分离时，如融资租赁车辆发生事故，机动车侵权责任主体如何认定？

融资租赁合同中的车辆发生事故，在此类案件中，争议焦点一般主要有：如果是驾驶方存在过错，车辆销售方、出租方是否需要承担赔偿责任；如果是驾驶方存在过错，保险公司是否应当在相应的强制险和商业险范围内给予赔偿；涉案车辆实际所有人（或管理人）与驾驶人不一致时，车辆实际所有人是否需承担赔偿责任。

1. 如果是驾驶方存在过错，车辆销售方、出租方是否需要承担赔偿责任。

根据《中华人民共和国民法典》（以下简称《民法典》）第一千二百零九条规定，因租赁、借用等情形机动车所有人、管理人与使用人不是同一人时，发生交通事故造成损害，属于该机动车一方责任的，由机动车使用人承担赔偿责任；机动车所有人、管理人对损害的发生有过错的，承担相应的赔偿责任。

第七百三十五条规定，融资租赁合同是出租人根据承租人对出卖人、租赁物的选择，向出卖人购买租赁物，提供给承租人使用，承租人支付租金的合同。第七百四十九条规定，承租人占有租赁物期间，租赁物造成第三人人身损害或者财产损失的，出租人不承担责任。因此，融资租赁合同中，出售方虽作为车辆登记所有人，其已把车交付实际所有人，在没有证据证实交付的车辆存在缺陷，也没有证据证实出售方及出租方对事故的发生存在过错时，出售方及出租方均不需承担责任。

2. 如果是驾驶方存在过错，保险公司是否应当在相应的强制险和商业险范围内给予赔偿。

《机动车交通事故责任强制保险条例》第二十二条规定："有下列情形之一的，保险公司在机动车交通事故责任强制保险责任限额范围内垫付抢救费用，并有权向致害人追偿：（一）驾驶人未取得驾驶资格或者醉酒的；（二）被保险机动车被盗抢期间肇事的；（三）被保险人故意制造道路交通事故的。有前款所列情形之一，发生道路交通事故的，造成受害人的财产损失，保险公司不承担赔偿责任。"《最高人民法院关于审理道路交通事故损害赔偿案件适用法律若干问题的解释》第十五条规定："有下列情形之一导致第三人人身损害，当事人请求保险公司在交强险责任限额范围内予以赔偿，人民法院应予支持：（一）驾驶人未取得驾驶资格或者未取得相应驾驶资格的；（二）醉酒、服用国家管制的精神药品或者麻醉药品后驾驶机动车发生交通事故的；（三）驾驶人故意制造交通事故的。保险公司在赔偿范围内向侵权人主张追偿权的，人民法院应予支持。追偿权的诉讼时效期间自保险公司实际赔偿之日起计算。"因此，首先，在强制险赔偿方面，前一法条是规定了保险公司的免责情形，但为了保障受害人在发生交通事故后能及时得到救助，上述司法解释第十八条规定了如果当事人就强制险诉请至法院，法院应支持保险公司在强制险范围内无条件先行赔偿的要求，即"无过错责任"原则，保险公司对此部分的赔偿属于先行垫付，其具有追偿权。其次，在商业保险赔偿方面，国家对商业保险不作强制规定，商业险是保险人与被保险人基于平等自愿原则所签订的合同，其免责条款这里不作过多论述。

3. 涉案车辆实际所有人（或管理人）与驾驶人不一致时，车辆实际所有人是否承担赔偿责任。

根据《民法典》第一千二百零九条的规定，因租赁、借用等情形机动车所有人、管理人与使用人不是同一人时，发生交通事故造成损害，属于该机动车一方责任的，由机动车使用人承担赔偿责任；机动车所有人、管理人对损害的发生有过错的，承担相应的赔偿责任。第一千二百一十二条规定，未经允许驾驶他人机动车，发生交通事故造成损害，属于该机动车一方责任的，由机动车使用人承担赔偿责任；机动车所有人、管理人对损害的发生有过错的，承担相应的赔偿责任，但是本章另有规定的除外。在融资租赁合同中，承租人对车辆是实际占有人，即管理人，事故中驾驶人不是承租人的情况下，承租人承担的是过错责任，即承租人对车辆借用人有初步的审查判断义务，如将车辆借给没有驾驶资格、醉酒或服用麻醉药品的人，未将钥匙保管好致使亲友擅自借用等行为，都属于对车辆管理不到位，若发生事故作为车辆管理人则需承担相应的过错责任。所以在现实生活中，每个人对自己的车辆都应做到妥善管理，避免需要承担相应的赔偿责任。

编写人：广西壮族自治区忻城县人民法院　韦玉婷

3

维修店工作人员驾驶待维修车辆发生交通事故的，车辆所有人不承担赔偿责任

——周某梅诉杨某海等机动车交通事故责任案

【案件基本信息】

1. 裁判书字号

江苏省宜兴市人民法院（2021）苏0282民初8049号民事判决书

2. 案由：机动车交通事故责任纠纷

3. 当事人

原告：周某梅

被告：杨某海、蒋某军、商贸公司、汽车维修公司、财产保险公司

【基本案情】

2019年8月16日11时35分许，蒋某军（驾驶证被吊销期间）驾驶轻型普通货车与周某梅驾驶的电动自行车发生碰撞，造成周某梅受伤的交通事故。该事故经宜兴市公安局交通警察大队认定：蒋某军承担全部责任，周某梅不承担责任。经鉴定，周某梅构成两个十级伤残。周某梅定残时57周岁。蒋某军在事故发生后已支付了周某梅2740元。

另查明：轻型普通货车登记在商贸公司名下，该车系杨某海与商贸公司2015年合伙做生意时共同出资购买，后该车辆一直由杨某海使用、维护并由杨某海出资购买保险。财产保险公司承保了该车辆的交强险。

再查明：汽车维修公司由蒋某军经营，蒋某军系汽车维修公司的法定代表人，汽车维修公司经营范围包括汽车维修与洗车服务。事发当天，杨某海驾驶

涉案车辆至汽车维修公司门口的停车位上准备进行维修，因维修设备距离车辆较远，蒋某军上车移动车辆过程中撞到了人。蒋某军移动车辆系职务行为，蒋某军同意与汽车维修公司共同承担赔偿责任。

【案件焦点】

维修店工作人员驾驶待维修车辆发生交通事故的，车辆所有人是否承担赔偿责任。

【法院裁判要旨】

江苏省宜兴市人民法院经审理认为：公民的健康权受法律保护，行为人因过错侵害他人民事权益的，应当承担侵权责任。蒋某军在本起事故中承担全部责任，应承担 100%的赔偿责任。蒋某军系在替汽车维修公司履行职务过程中发生的交通事故，相应的赔偿责任应由汽车维修公司承担。周某梅要求蒋某军与汽车维修公司共同承担赔偿责任，蒋某军对此予以同意，并不违反法律规定，予以准许。

关于杨某海、商贸公司是否承担赔偿责任的问题。因租赁、借用等情形机动车所有人、管理人与使用人不是同一人时，发生交通事故造成损害，属于该机动车一方责任的，由机动车使用人承担赔偿责任，机动车所有人、管理人对损害的发生有过错的，应承担相应的赔偿责任。本案中，杨某海作为车辆的管理人（所有人），将车辆交给汽车维修公司修理，双方实际形成了车辆修理合同关系，汽车维修公司作为具有车辆维修资质的公司，应安排具有相应驾驶资格的人移动车辆，杨某海并无义务作进一步审查，故杨某海对于损害的发生并无过错。商贸公司作为车辆登记所有人，对本案损害的发生亦无过错。综上，杨某海、商贸公司不承担赔偿责任。

驾驶人未取得驾驶资格驾驶车辆致人损害的，当事人请求保险公司在交强险责任限额范围内予以赔偿，人民法院应予支持。本案中，财产保险公司承保了轻型普通货车的交强险，故周某梅的各项损失，首先应由财产保险公司在交强险限额内赔偿。交强险赔偿不足部分，由蒋某军及汽车维修公司共同承担赔偿责任。

江苏省宜兴市人民法院依照《最高人民法院关于适用〈中华人民共和国民法典〉时间效力的若干规定》第一条，《中华人民共和国侵权责任法》第二条、第三条、第六条、第十六条、第二十二条、第四十八条，《中华人民共和国道路交通安全法》第七十六条，《最高人民法院关于审理道路交通事故损害赔偿案件适用法律若干问题的解释》第十五条的规定，判决如下：

一、财产保险公司赔偿周某梅 114069 元，上述款项于本判决发生法律效力之日起 10 日内付清；

二、蒋某军、汽车维修公司共同赔偿周某梅 39729. 76 元，上述款项于本判决发生法律效力之日起 10 日内付清；

三、驳回周某梅的其他诉讼请求。

判决后，双方当事人均未上诉，本判决现已生效。

【法官后语】

在车辆所有人、管理人与使用人不是同一人时，发生交通事故造成损害，属于机动车一方责任的，对于车辆所有人、管理人是否承担赔偿责任，法官在裁判时要更加谨慎，需要充分查明车辆相关各方的法律关系，研判车辆所有人、管理人是否存在过错及其过错程度。

《中华人民共和国民法典》第一千二百零九条规定，因租赁、借用等情形机动车所有人、管理人与使用人不是同一人时，发生交通事故造成损害，属于机动车一方责任的，由机动车使用人承担赔偿责任，机动车所有人、管理人对损害的发生有过错的，承担相应的赔偿责任。在租赁、借用等基于所有人、管理人意思转移机动车占有、使用而导致管理人、所有人与使用人分离的情形下，所有人、管理人对机动车不再具有直接、绝对的支配力，也不再直接享有机动车运行利益，根据上述规定，应当依据过错承担相应的责任。在租赁、借用等基于所有人或者管理人意思转移机动车占有、使用情形下，虽然机动车所有人或者管理人不是机动车运行的实际控制人，但其在出租、出借时可以对使用人、驾驶人加以选择。因此，所有人或者管理人应当预见到机动车由他人驾驶可能会产生危险，在此情况下，所有人或者管理人应负有必要的注意义务。如机动车的车况是否良好、使用人是否具备必要的驾驶资格等。从危险开启和危险来源的角度看，如果所有人或者管理人没有尽到必要的注意义务，显然在一定程度上构成危险的来源。此外，从危险责任的角度看，不能科以所有人在此种场合下以危险责任，因为无论是借用还是租赁，都是现代社会中的必要交易方式，如果科以所有人或者管理人危险责任，对所有人或者管理人的行为自由、现代社会的社会关系和相关行业的发展都会造成过于严格的限制和阻碍。

本案中，车辆所有人杨某海将机动车交给没有驾驶资格的蒋某军驾驶时，未能核实蒋某军是否具备驾驶资格，从表面上看似乎没有尽到必要注意义务，存在一定过错。但杨某海将车辆送至汽车维修公司进行维修，虽然实际接车人为蒋某军个人，但蒋某军接车行为属于职务行为，行为效力及于汽车维修公司，从杨某海将车辆交付蒋某军那一刻起，其和汽车维修公司就形成了车辆修理合同关系，汽车维修公司成为涉案机动车事实上的管理人。杨某海并无义务审查汽车维修公司的接车人有无驾驶资格，因此杨某海对于损害的发生并无过错，其无须承担任何赔偿责任。汽车维修公司作为具有车辆维修资质的公司，应安排具有相应驾驶资格的人驾驶、移动车辆，其安排没有驾驶资格的人员驾驶车辆发生交通事故造成损害且驾驶人负事故全部责任，应承担全部赔偿责任。

编写人：江苏省宜兴市人民法院　孟理想

4

代驾司机发生交通事故后，代驾平台不必然承担责任

——王甲诉崔某等机动车交通事故责任案

【案件基本信息】

1. 裁判书字号

北京市通州区人民法院（2021）京0112民初9403号民事判决书

2. 案由：机动车交通事故责任纠纷

3. 当事人

原告：王甲

被告：崔某、科技公司、甲保险公司、乙保险公司、人力公司

第三人：刘某

【基本案情】

2020年11月9日2时0分，王甲、都某、潘某由西向东横过道路时，崔某驾驶小客车由北向南驶来，将王甲、都某、潘某撞倒，造成车辆损坏，王甲、都某、潘某受伤。事故经交管部门认定，崔某为全部责任，都某、潘某均为无责任。2021年6月15日，司法鉴定所出具鉴定意见：（一）被鉴定人轻度智能障碍，日常生活有关的活动能力极重度受限符合七级伤残；右上肢肌力Ⅳ级符合八级伤残；开颅术后符合十级伤残（综合赔偿指数50%）。（二）被鉴定人王甲误工期、护理期、营养期均截至评残前一日。

经查，肇事车辆登记在案外人王乙名下，第三人刘某向王乙借用该车辆。该车辆在被告乙保险公司投保交强险和商业三者险100万元（含不计免赔），事发在保险期间内。被告科技公司是代驾平台提供方，被告人力公司是代驾劳

务服务提供方，崔某为人力公司管理的代驾员。事发前第三人刘某通过代驾平台预约代驾，事发时崔某在为刘某提供代驾服务，驾驶过程中发生交通事故，造成本案原告王甲在内三人受伤。后王甲向本院提出诉求，主张被告赔偿医疗费330347.1元、住院伙食补助费9600元、营养费10850元、护理费38460元、误工费35000元、残疾赔偿金694340元、残疾辅助器具费9498元、精神损害抚慰金5万元、交通费1000元、住宿费1131元、其他费用2000元、鉴定费5750元，合计1187976.1元。

【案件焦点】

1. 代驾员提供代驾服务时发生交通事故致人损害的，责任主体如何界定；2. 交易平台是否需要承担责任。

【法院裁判要旨】

北京市通州区人民法院经审理认为：本案的争议焦点在于超出保险理赔限额之外的赔偿责任主体的界定，即作为第三方交易平台的经营者是否应当承担赔偿责任。在本案中，人力公司一方面作为平台内代驾服务的经营者应当承担服务提供者的民事责任，另一方面作为代驾司机崔某的雇佣单位，亦应当承担雇主责任。而关于科技公司的责任认定，其作为出行小程序中为用户和服务方提供代驾信息服务的平台，主要提供交易撮合、信息发布等服务，有对平台内经营者的资质资格进行审核的义务，在知道或者应当知道提供的代驾服务不符合保障人身、财产安全要求的情况下需要与人力公司承担连带责任，但是在本案中，代驾司机崔某所持驾驶证合法有效，且未有法律强制性规定的不宜驾驶情况，代驾司机于事故发生之前亦处于平稳驾驶环境，故无证据证明科技公司未尽到审核义务，科技公司也无法预知事故的发生，故科技公司在本案中不承担法律责任。综上，原告因本次事故造成的合理损失，应由崔某的用人单位也即平台内代驾服务经营者被告人力公司赔偿。故人力公司及肇事车辆保险公司应当对原告的合理损失承担赔偿责任。关于由道路交通事故社会救助基金先行垫付的122344.49元医疗费用，道路交通事故社会救助基金管理机构有权向交通事故责任人追偿，本案中对此项费用不再支持原告主张。关于原告主张的财产损失，证据不足，本院不予支持。因本起事故共有三个伤者，故本院在交强险限额内为其余伤者进行预留。

北京市通州区人民法院依照《中华人民共和国侵权责任法》第十六条，《中华人民共和国道路交通安全法》第七十六条之规定，作出如下判决：

一、被告乙保险公司赔偿原告王甲医疗费（含急救费）1万元，于本判决生效之日起七日内执行清；

二、被告乙保险公司赔偿原告王甲残疾赔偿金、精神损害抚慰金共计15万元，于本判决生效之日起七日内执行清；

三、被告乙保险公司赔偿原告王甲医疗费（含急救费）、住院伙食补助费、营养费、误工费、护理费、护理用品费、残疾赔偿金、残疾辅助器具费、交通费（含救护费）、住宿费共计862672.61元，于本判决生效之日起七日内执行清；

四、被告人力公司支付原告王甲复印费258元，于本判决生效之日起七日内执行清；

五、驳回原告王甲的其他诉讼请求。

判决后，双方当事人均未上诉，本判决现已生效。

【法官后语】

"酒驾入刑"及互联网的迅速发展，使得代驾行业不仅局限于饭店、酒吧等娱乐场所门口的个人接单，部分公司将代驾服务入驻网约车平台，消费者在网上下单后，由平台及时指派代驾司机为消费者提供代驾服务。在责任主体认定方面，一起代驾事故，通常牵扯到服务接受方、车辆所有人、代驾司机、平台内代驾服务经营者、交易平台经营者等多方主体，而不同主体之间又涉及多重民事法律关系。在审理中需要层层抽丝剥茧方能抓住案件的本质。本案是一起典型的代驾服务侵害第三人权利的侵权案件，在多重主体剖析下，法院认定由平台内服务经营者来承担侵权责任。笔者对相关法律问题分析如下：

1. 电子商务经营主体及法律关系。

网络订单中涉及多项合同关系。《中华人民共和国电子商务法》《网络交易监督管理办法》中明确了平台经营者及平台内经营者的区别。平台经营者为交易双方或多方提供网络经营场所、交易撮合、信息发布等服务。平台内经营者为通过电子商务平台销售商品或者提供服务的电子商务经营者，如网络购物平台中各商家。本案中第三人通过出行小程序中的“代驾”板块发出订单，代驾司机通过出行小程序接受订单进而前往提供代驾服务，表面看出行小程序的经营者为本案的平台方，但出行程序中涵盖了出租车、专车、快车、顺风车、代驾及大巴等出行和运输服务。代驾属于其中一个模块，其经营者为本案被告科技公司。科技公司作为平台方与服务方也即被告人力公司签订了《代驾服务协议》，故而科技公司为代驾服务的实际平台经营者，人力公司为平台内代驾服务经营者。而该份协议对内约定了因服务方代驾服务人员原因造成的交通事故责任承担事宜。另人力公司提供代驾服务，招募代驾司机、培训、管理，向服务接受方开具劳务发票，收取劳务费，劳务费收入进入人力公司在第三方开立的支付账户，人力公司向代驾司机结算劳务费，依法纳税，故而人力公司与代驾司机之间形成了劳务雇佣关系。再者，第三人刘某下单购买代驾服务内容，与人力公司之间形成了服务合同关系。

2. 各主体间的责任认定及举证责任分配。

经过第一层法律关系的分析，平台内经营者即服务提供方是当然的责任承担者，但是对于平台经营者的责任认定则需要进行分析审核。对内，平台经营者与平台内经营者签订合同，约定造成损失后果由平台内经营者承担。对外，根据《中华人民共和国电子商务法》的规定，平台经营者在知道或者应当知道提供的代驾服务不符合保障人身、财产安全要求的情况下需要与服务提供者承担连带责任。故而在举证责任的分配上，科技公司需要提供服务提供方及代驾人员资质审核的相关材料，否则将承担连带责任。关于代驾司机的责任，虽其为直接侵权人，但是在雇佣关系成立的前提下，因代驾造成他人损害的，由用人单位来承担侵权责任。用人单位承担侵权责任后，可向有故意或者重大过失的工作人员追偿。关于接受服务方的责任，在侵权责任认定中接受服务方是否存在过错，亦需要审查消费者所提供的车辆是否手续齐全、车况正常。在证明责任的分配上，适用一般民事案件的举证规则“谁主张，谁举证”，虽然对于明显处于信息劣势地位的原告来说较为不利，但是在交通事故发生后车辆管理所往往愿意配合受害人提供车辆信息，以此来节省原告的举证成本。故而证明责任分配给原告更为合适。

综上，在本案中，经过对合同关系、侵权关系的梳理和对于证据的质证审查，认定由服务提供方承担赔偿责任是正确的。在司法审判实践中，因电子商务带来的纠纷往往具有新颖性，本案将代驾中所遇到的各主体和法律关系进行分析，将赔偿主体认定为平台内经营者，完全符合电子商务下平台经营者、平台内经营者及实际服务提供者三者之间的内部约定，对外也有利于保障受害人的损失执行度，对于就类似代驾致第三人损伤纠纷具有现实的参考意义。

编写人：北京市通州区人民法院　崔艳丽

5

单方责任事故下建设施工单位未尽到合理警示义务的责任承担

——陈某军诉环境公司、环境公司分公司机动车交通事故责任案

【案件基本信息】

1. 裁判书字号

江西省吉安市中级人民法院（2021）赣 08 民终 2011 号民事判决书

2. 案由：机动车交通事故责任纠纷

3. 当事人

原告（被上诉人）：陈某军

被告（上诉人）：环境公司

被告：环境公司分公司

【基本案情】

2020年9月15日凌晨4时28分左右，原告陈某军之子陈某琦驾驶灯光不符合机动车安全运行标准的二轮轻便摩托车，与案涉大道上围栏的大门西门柱发生猛烈碰撞，并摔倒在围栏内。陈某琦于当日6时58分左右被人发现时已经死亡。2020年10月2日，吉水县公安局交通警察大队《道路交通事故证明书》认定，陈某琦无证驾驶机动车且夜间行驶未确保安全车速等违章行为是造成事故的全部原因，从而认定其应负事故的全部责任。陈某军对该事故责任认定不服申请复核，经市公安局交警支队复核后，出具《道路交通事故复核结论》予以维持。

事发路段工程的承包人系被告环境公司。环境公司为便于工程建设还成立了环境公司分公司。事发路段的围栏系因工程建设需要而在案涉大道两侧设置的防护设施。事故发生前，该部分围栏及大门上均未安装用于夜间示警作用的主动或被动发光设施。

因陈某琦死亡而产生的经济损失包括：丧葬费38065.5元、死亡赔偿金771120元、精神损害赔偿金3万元，共计839185.5元。

【案件焦点】

经交警部门认定为驾驶人员全部责任且发生在施工路段的单方事故，建设施工单位未尽合理警示义务是否承担赔偿责任。

【法院裁判要旨】

江西省吉水县人民法院经审理认为：被侵权人陈某琦未取得机动车驾驶资质、在夜间驾驶没有灯光的机动车且未确保安全车速行驶是造成案涉交通事故的主要原因，应承担事故的主要责任；被告环境公司在占用道路施工期间，未按规定设置夜间警示标志等，是导致事故发生的次要原因，应承担次要责任。因陈某琦死亡而产生的经济损失 839185.5 元，根据以上事故责任划分确认由被告环境公司承担 30%的赔偿责任，即赔偿 251755.65 元。被告环境公司吉水分公司系公司的分支机构，依法不具有民事责任能力，不具备承担赔偿责任的民事主体资格。原告陈某军要求两被告共同承担全部赔偿责任的诉讼请求，缺乏事实及法律依据，不予支持。被告环境公司以其已经履行了《中华人民共和国道路交通安全法》第三十二条第二款规定的义务为由，拒绝承担赔偿责任的答辩意见，与本案查明的事实不符，不予采纳。

江西省吉水县人民法院依照《中华人民共和国侵权责任法》第十六条、第十八条第一款、第二十二条第一款、第二十六条、第四十八条，《中华人民共和国道路交通安全法》第十条、第十九条第一款、第三十二条第二款、第四十二条第二款、第一百零五条，《中华人民共和国公司法》第十四条第一款的规定，作出如下判决：

一、被告环境公司应在本判决生效后五日内赔偿原告陈某军损失 251755.65 元；

二、驳回原告陈某军的其余诉讼请求。

被告环境公司不服一审判决，向江西省吉安市中级人民法院提出上诉。被告未提供新的证据，二审认定的事实与一审一致。

江西省吉安市中级人民法院依据《中华人民共和国民事诉讼法》第一百七十条第一款第一项的规定，作出如下判决：

驳回上诉，维持原判。

【法官后语】

本案是一起典型的经交警部门认定的单方责任交通事故。本案主要涉及两个焦点问题，一是交警部门出具的交通事故责任认定书是否为法院划分民事赔偿责任的唯一依据；二是本案建设施工单位的合理警示义务的边界。

1. 交警部门出具的交通事故责任认定书是否为法院划分民事赔偿责任的唯一依据。

首先，交通事故责任认定书是处理交通事故的重要证据，具有较高的证明效力。《中华人民共和国道路交通安全法》第七十三条规定："公安机关交通管理部门应当根据交通事故现场勘验、检查、调查情况和有关的检验、鉴定结论，及时制作交通事故认定书，作为处理交通事故的证据。交通事故认定书应当载明交通事故的基本事实、成因和当事人的责任，并送达当事人。"从上述规定可以看出，交通事故责任认定书属于证据，从民事证据分类的角度来看，应当是属于公文书证的一种，具有较高的证明效力。

其次，交通事故责任认定书不是法院处理交通事故案件的唯一证据。根据《最高人民法院关于审理道路交通事故损害赔偿案件适用法律若干问题的解释》第二十四条的规定："公安机关交通管理部门制作的交通事故认定书，人民法院应依法审查并确认其相应的证明力，但有相反证据推翻的除外。"交通事故责任认定书在证实交通事故发生的事实经过、原因分析、责任划分方面具有较强的证明效力，但这也只是证据的一种，人民法院根据相关证据查明的案件事实足以推翻事故责任认定书的，也可以重新划分相关赔偿责任。

2. 关于建设施工单位在工程施工路段的合理警示义务边界如何确定。

首先，建设施工单位承担赔偿责任的前提是必须有过错。前文已述，交通事故责任认定书不是法院划分民事责任的唯一依据，但这并不意味着建设施工单位就一定承担赔偿责任。此类单方参与交通的责任事故，建设施工单位无过错则无责任，承担责任的前提就是建设施工单位存在过错。

其次，建设施工单位的过错来源于未尽合理警示义务。根据《中华人民共和国道路交通安全法》第三十二条第一款的规定，因工程建设需要占用、挖掘道路，或者跨越、穿越道路架设、增设管线设施，应当事先征得道路主管部门的同意；影响交通安全的，还应当征得公安机关交通管理部门的同意。因此建设施工单位的首要义务是要在施工前征得道路主管部门的同意，影响交通安全的应当征得交警部门的同意。这就要求建设施工单位合法施工，如未取得相关部门的同意擅自施工的，应当承担相应的责任。

《中华人民共和国道路交通安全法》第三十二条第二款“施工作业单位应当在经批准的路段和时间内施工作业，并在距离施工作业地点来车方向安全距离处设置明显的安全警示标志，采取防护措施；施工作业完毕，应当迅速清除道路上的障碍物，消除安全隐患，经道路主管部门和公安机关交通管理部门验收合格，符合通行要求后，方可恢复通行”对建设施工单位在工程建设中以及建设施工完毕后的注意义务做了原则性规定。结合本案的情况，在建设施工的过程当中，建设施工单位应当在批准的路段范围内和规定的时间内施工，应当在距离施工作业点来车方向安全距离处设置明显的安全警示标志。

最后，建设施工单位合理警示义务边界的确定。这就涉及明确的安全距离与明显的安全警示标志，即多长的距离是安全距离，什么样的标志才属于明显的标志。安全距离没有绝对的数字标准，其一般与车辆的时速、车身的重量、车子的质量等相关，也与天气状况、光照强度、路面状况、司机自身的身体状况等因素相关。建设施工单位的合理警示义务边界在于自身责任的确定，排除非其责任的扩张。参照在没有限速标志、没有中心线的道路上，城市道路每小时最高30公里的速度，建设施工路段的安全距离至少应有30米。也就是说，在距离建设施工路段的30米之外，建设施工单位应当设置安全警示标志。安全警示标志应当合理明显，考虑设置的位置、高度、光照等情况，尤其是应当设置夜间反光标志，避免因光照不足产生的交通事故。

随着城市的发展扩大，旧城改造、道路扩建改建等在城区开展的项目工程不在少数。因相关建设施工工程发生的单方参与交通的责任事故也时有发生。因此，确立经交警部门认定驾驶方负全部责任的单方事故的归责原则，明确建设施工单位的安全警示义务边界就显得十分必要。

编写人：江西省吉水县人民法院　李逸　肖晖

6

未成年人组织聚餐饮酒致他人醉酒发生交通事故的赔偿主体认定

——胡甲、朱某诉董乙等机动车交通事故责任案

【案件基本信息】

1. 裁判书字号

河南省叶县人民法院（2021）豫 0422 民初 1308 号民事判决书

2. 案由：机动车交通事故责任纠纷

3. 当事人

原告：胡甲、朱某

被告：财产保险公司、许甲、司某、许乙、董甲、董乙

【基本案情】

许乙（17 岁）、左乙（17 岁）、董乙（17 岁）系同学关系。2021 年 1 月 14 日下午，董乙约左乙、许乙聚餐饮酒，许乙驾驶其父母的小型轿车，董乙驾驶电动车，三人在饭店喝了一瓶白酒，五六瓶啤酒。后许乙驾驶小型轿车，车上载着左乙，离开饭店。董乙随后也驾驶电动车离开。17 时 30 分许，许乙驾车与胡乙同向驾驶的二轮电动车相撞，造成胡乙受伤及车辆有损的交通事故。后胡乙经抢救无效死亡，抢救期间支付抢救费 30127 元。道路交通事故认定书载明，许乙无证醉酒是造成此次事故的原因，许乙负此事故的全部责任，胡乙无责任。司某（许乙之母）为涉案车辆在财产保险公司投有交强险以及商业三者险 50 万元。胡乙系大学在读学生，事发在其寒假期间。

胡甲、朱某（胡乙父母）向法院诉请各项损失共计 83 万元，主张许乙作

为未成年人无证醉驾承担赔偿责任，肇事车辆所有人、许乙之母司某未对车辆尽到监管义务，许乙之父许甲对其未成年的儿子许乙没有尽到监护义务致使其无证醉驾，董乙、左乙与许乙一起喝酒且对无证醉驾的许乙未加劝阻，董乙之父亲董甲、左乙之父亲左甲亦未对其子尽到监护义务，财产保险公司作为保险人，均应当承担侵权责任，向法院提起诉讼。审理过程中，胡甲、朱某撤回对左乙及其父亲左甲的起诉，另案主张赔偿。财产保险公司认为许乙系未成年人无证醉驾，其公司在交强险内垫付费用，商业险因已经对投保人司某尽到提示义务而免赔。董乙、董甲不同意承担赔偿责任，理由是：1. 董乙也是未成年人，事故发生时并不在车上，没有过错；2. 事故认定书认定许乙负此事故的全部责任，没有确认董乙承担民事责任，请求法院依法驳回对董乙、董甲的起诉。

【案件焦点】

董乙作为未成年人组织聚餐饮酒，事故发生时其亦未乘坐该事故车辆，董乙及其监护人董甲是否应当就案涉交通事故对受害人承担民事赔偿责任。

【法院裁判要旨】

河南省叶县人民法院经审理认为：胡乙因事故死亡，胡甲、朱某作为父母有权获得赔偿。财产保险公司作为涉案车辆保险公司，应当首先在交强险限额内赔偿，但因其提交的司某签名的免赔事项说明书等证据可以证实其就无证、醉驾等免赔条款尽到了提示义务，故商业三者险免责成立。超出交强险部分的损失，许乙作为直接侵权人，应当承担 50%的责任，由监护人许甲、司某承担。作为车辆管理使用人的许甲、司某，因未妥善保管车辆钥匙具有明显过错，应当承担 40%的责任。

对事故发生时未乘坐事故车辆的未成年聚餐饮酒组织者董乙及其监护人董甲的赔偿责任，合议庭经过充分的讨论后认为：事故责任认定书中并未载明董乙承担事故责任，并不意味着其没有民事赔偿责任，交通事故认定书是公安机关在交通事故发生后根据当事人的违法行为在交通事故中的作用所作的一种定性、定量的判断和确定，并非对民事赔偿法律责任的判定，是确定民事法律责任的一种证据，而民事法律赔偿责任的认定并非单纯以交通事故责任认定来确定，还应当从损害行为、损害后果、因果关系、过错程度等方面综合考虑。事故认定书中明确载明的事故原因是“许乙醉酒后驾驶机动车”，董乙作为聚餐饮酒组织者，虽然其系限制行为能力人，但根据其年龄和智力程度，其应当能够预料到醉酒驾驶的严重后果，其具有劝阻许乙酒驾车的义务，但并未尽到上述义务。董甲作为董乙的监护人，并未对董乙的组织饮酒行为尽到有效监护义务。考虑董乙作为组织者，未履行劝阻义务，以致造成的严重后果，合议庭认为董乙应当承担 5%的赔偿责任，由监护人董甲承担。

河南省叶县人民法院依照《中华人民共和国民法典》第二十七条、第一千零四十五条、第一千一百六十五条、第一千一百七十九条、第一千一百八十三条、第一千一百八十八条、第一千二百零八条，《中华人民共和国道路交通安全法》第七十三条、第七十六条，《中华人民共和国保险法》第六十五条，《最高人民法院关于适用〈中华人民共和国保险法〉若干问题的解释（二）》第十条、第十二条，《最高人民法院关于审理人身损害赔偿案件适用法律若干问题的解释》第一条、第六条、第十四条、第十五条，《最高人民法院关于审理道路交通事故损害赔偿案件适用法律若干问题的解释》第十二条、第十五条，《最高人民法院关于确定民事侵权精神损害赔偿责任若干问题的解释》第五条，《中华人民共和国民事诉讼法》第六十四条，《 最高人民法院关于适用〈中华人民共和国民事诉讼法〉的解释》第九十条之规定，判决如下：

一、财产保险公司赔偿胡甲、朱某 20 万元；

二、许乙支付胡甲、朱某 323782 元，由许甲、司某履行；

三、许甲、司某共同赔偿胡甲、朱某 209026 元；

四、董乙支付胡甲、朱某 32378 元，由董甲履行；

五、驳回胡甲、朱某的其他诉求。

判决后，双方当事人均未上诉，本判决现已生效。

【法官后语】

针对本案中未成年人组织聚餐饮酒，致他人醉酒发生交通事故的赔偿主体认定，有两个争议焦点，一是未成年组织者未参与事故发生的情况下，事故认定书责任划分与民事责任承担的关系；二是未成年组织者之家长的监护义务。

1. 事故认定书责任划分不能代替民事责任承担比例。

交通事故责任认定书是公安机关对交通事故引发因素认定判断所出具的法律文书，事故责任划分也是针对各方当事人就交通事故产生所负有的责任比例，是道路交通安全行政法规意义上的法律义务履行情况评价，与民事责任承担并非绝对一致。本案中未成年人董乙未驾驶或乘坐涉案事故车辆，未出现在事故现场，交通事故认定书也未认定其事故发生责任。但董乙是否就组织聚餐饮酒的行为承担责任，仍需要依据法律予以考虑。司法实践中，聚餐饮酒的召集者、组织者的注意义务主要体现在以下几个方面：一是提醒、通知义务。组织饮酒过程中，如发现饮酒者出现酗酒、醉酒或不良反应后应予以提醒，确有必要的情况下可通知其亲友或单位、医院等相关部门；二是扶助、照顾义务。组织饮酒过程中，特别是对于因酒醉而可能危及其人身安全的饮酒者应给予扶助、照顾；三是劝阻、护送义务，如饮酒者已经失去或即将失去对自己的控制能力，神志不清，无法支配自身行为时，召集组织者应妥善安排安全护送醉酒者，并劝阻其酒后行驾车、游泳等危险行为。根据《中华人民共和国民法典》第一千一百六十五条的规定，酒局组织者的归责原则系过错责任原则，其存在过错的，需要根据自身的过错程度承担一定的赔偿责任。结合本案而言，就是在饮酒后董乙是否对许乙进行了必要且合理的照顾。本案中，酒局召集者董乙虽然系未成年人，但根据其年龄和智力程度，其应当能够预料许乙无证醉驾的严重后果，但其以放任的态度让处于醉酒状态的许乙从事驾驶车辆的危险活动，而致使胡乙因交通事故死亡，作为召集组织者在主观上存有疏忽大意之过失，具有一定过错，该过错与胡乙的死亡后果之间存在因果关系，应当承担相应的侵权责任。

2. 未成年人组织聚餐饮酒，其家长应当尽到适当的监护义务。

未成年人饮酒本就应当加以禁止，家长和社会也应当教育、引导未成年人认识饮酒的危害，树立正确、理性饮酒的观念。根据《中华人民共和国民法典》第一千一百八十八条的规定，无民事行为能力人、限制民事行为能力人造成他人损害的，由监护人承担侵权责任。监护人尽到监护职责的，可以减轻其侵权责任。监护人对未成年人负有法定的教育监督义务，只有监护人才最有可能通过日常教育、引导以及其他有效途径避免或减少损害发生，有财产的无民事行为能力人、限制民事行为能力人造成他人损害的，从本人财产中支付赔偿费用；不足部分，由监护人赔偿。因此，本案中许乙、董乙的侵权责任，均由其相应监护人承担。但就本案而言，考虑到召集组织者、参与者均系未成年人，在监护人均不在场的情况下，也无法要求他们尽到更高的谨慎注意义务，因此法院在认定其责任时应当对实际情况予以适当考量。

编写人：河南省平顶山市中级人民法院　于帆
河南省叶县人民法院　王青丽　岳蒙晨

7

机动车驾驶员与行人均有过错情形下过失相抵的适用

——徐某鑫等诉罗某志、财产保险公司机动车交通事故责任案

【案件基本信息】

1. 裁判书字号

重庆市江津区人民法院（2021）渝0116民初4483号民事判决书

2. 案由：机动车交通事故责任纠纷

3. 当事人

原告：徐某鑫、徐某莲、徐某文、徐某平、徐某伦、徐某生、徐某、徐某梅、徐某英、徐某洪、徐某均

被告：罗某志、财产保险公司

【基本案情】

2020 年 8 月 9 日 14 时 30 分许，罗某志饮酒后驾驶小型客车，将车行方向从右往左横过人行横道的行人邹某金刮撞，造成邹某金受伤和车辆受损的交通事故。后罗某志驾车将邹某金送往医院抢救。邹某金于 2020 年 8 月 16 日医治无效死亡。

邹某金系徐某鑫之妻，邹某金与徐某鑫生育了徐某莲、徐某文、徐某平、徐某伦、徐某生、徐某梅、徐某、徐某英、徐某洪、徐某均十个子女。发生事故现场沥青路面，路面完好，干燥，视线良好，标志标线齐全，交通信号灯控制。罗某志驾驶的小型客车在财产保险公司投保交强险，财产保险公司已支付邹某金医疗费 9999 元。罗某志支付原告 54800 元。区公安局交巡警支队作出《道路交通事故责任认定书》，认为罗某志饮酒后驾驶机动车，在道路上行驶观察不足，遇行人横过人行横道未停车让行，且发生事故后未立即停车报警，保护现场，是造成本次事故的全部原因；邹某金未按交通信号灯的指示横过人行横道的行为，不是造成事故的原因，遂认定罗某志承担事故的全部责任，邹某金无责任。原告起诉请求判令被告罗某志赔偿邹某金的死亡赔偿金等总计 298487 元，财产保险公司在交强险限额内承担赔偿责任。

【案件焦点】

在机动车交通事故中，行人存在过错的，是否应当减轻机动车一方的赔偿责任。

【法院裁判要旨】

重庆市江津区法院经审理认为：侵权人因故意或者重大过失致人损害，受害人只有一般过失的，不减轻赔偿义务人的赔偿责任。经查，发生事故现场为沥青路面，路面完好，干燥，视线良好，标志标线齐全，相关证据证明事故发生地点是人行横道附近，人行横道属于交通信号，机动车通过时应当停车让行，确保行人的安全。礼让行人是机动车驾驶人的法定义务，罗某志酒后驾车，未尽观察义务，在行经人行横道时未采取必要措施，减速让行，以致发生交通事故致使邹某金死亡。邹某金虽违反交通信号灯，但其速度较慢属一般过失，驾驶员驾车经过时，如果处理得当，是可以预见和避免的，邹某金违反交通信号灯不是发生交通事故的唯一原因，而罗某志主观上存在重大过失，不足以减轻其赔偿责任。法院对交通事故认定书予以采信，罗某志应当负事故全部责任。

重庆市江津区人民法院依照《中华人民共和国侵权责任法》第六条第一款、第十六条、第二十二条，《中华人民共和国道路交通安全法》第七十六条第一款，《最高人民法院关于审理人身损害赔偿案件适用法律若干问题的解释》第十七条、第十八条、第二十二条、第二十四条、第二十九条，《最高人民法院关于审理道路交通事故损害赔偿案件适用法律若干问题的解释》第二十四条、第二十五条，《中华人民共和国民事诉讼法》第六十四条，《最高人民法院关于适用〈中华人民共和国民事诉讼法〉的解释》第九十条之规定，判决如下：

一、被告财产保险公司于本判决生效之日起十日内赔偿原告死亡赔偿金、丧葬费、误工费、交通费、精神损害抚慰金共计11万元；

二、被告罗某志于本判决生效之日起十日内赔偿原告死亡赔偿金、丧葬费、误工费、交通费、精神损害抚慰金186487元，抵扣已经支付的54800元，实际还应赔偿131687元；

三、驳回原告的其他诉讼请求。

判决后，双方当事人均未上诉，本判决现已生效。

【法官后语】

在机动车一方与行人均有过错的情况下，应当将双方当事人的行为对于损害结果的发生或者扩大所具有的原因力进行比量，兼顾过错的程度，从而确定双方当事人各自应当承担何种责任，并划分相应的责任份额比例。

所谓原因力是指在构成损害结果的诸多原因中，每一个原因行为对损害结果发生或扩大所发挥的作用力。过失相抵中损害结果的发生，往往是侵权人与受害人共同行为酿成的，每一个行为对损害结果的发生都产生了对应的原因力。原因力比例的斟酌就成为确定侵权行为人损害赔偿债务份额的必要因素。如果损害主要是由加害人的行为所造成的，应少减或不减轻加害人的责任；如果损害主要是由受害人的行为所造成的，应减轻或免除加害人的责任；如果加害人存在故意或重大过失之情形，不得免除其责任；如果受害人存在故意或重大过失之情形，可免除加害人之责任。可见，是否适用过失相抵制度虽与双方当事人的主观状态有联系，但主要从因果关系的角度来考虑后果分担。“以原因力为主”并不是忽略行为人的过错程度在确定责任份额时所起到的作用，但过错程度只起一定的调节作用。在行人存在过失的情况下，还需综合考虑双方对道路交通法规注意义务的轻重，按机动车辆危险性的大小以及对危险回避的能力优劣程度等。

具体到本案中，被告罗某志驾车将正从人行道经过的行人邹某金撞伤，致其经抢救无效死亡的事故，表面上看是车辆与行人之间的冲突，但其本质是车辆通行权与人的生命权之间冲突与博弈。机动车比行人危险性大，两者在行使通行权方面的地位事实上是不平等的。作为被告罗某志处于相对优越、强势的地位，对机动车有更高的掌控力、危险避让能力，应让其承担更多的注意义务。而行人邹某金处于相对弱势的地位，毋庸置疑，被告罗某志负有高度的安全注意义务，这是法定的注意义务。首先，事故现场无论路面、视线皆良好，标志标线与信号灯清楚齐全，被告罗某志在道路上正常行驶尤其经过人行横道附近时应尽基本的观察及谨慎驾驶义务，注意减速慢行、避让行人；其次，“喝酒不开车、开车不喝酒”是众所周知的行为规范，被告罗某志明知该规定，仍然酒后驾车上路，这一行为本身就具有重大的社会危害性，造成的是积极的损害；最后，受害人邹某金系一名93岁的年迈老人，由于年龄、身体状况等原因，过马路时行动稍微迟缓、认识能力偏低，违反交通信号灯指示，相较于被告罗某志的行为而言仅存在轻微过失。被告罗某志若在未醉酒状态下行驶，适当的留意人行道附近缓慢经过的行人，并及时采取应急避让措施，本次事故完全可以避免。基于上述分析，被告罗某志的行为是本次事故发生的全部原因，且在本案中存在较大过错，应承担全部责任。

过失相抵是法官根据法律规定斟酌适用的措施，在机动车驾驶员本身存在故意或重大过失的情形下，以“行人违反道路交通安全法律、法规”的情形抗辩，不能作为减轻机动车一方赔偿责任的条件，不应适用过失相抵原则减轻加害人的责任。

编写人：重庆市江津区人民法院 曹鹃

8

交通意外事故归责原则的司法适用

——宋某珍诉汤某贵等机动车交通事故责任案

【案件基本信息】

1. 裁判书字号

重庆市第一中级人民法院（2021）渝 01 民终 4136 号民事判决书

2. 案由：机动车交通事故责任纠纷

3. 当事人

原告（被上诉人）：宋某珍

被告（上诉人）：汤某贵、汽车销售公司、融资租赁公司、甲财产保险公司、乙财产保险公司

【基本案情】

2020 年 5 月 22 日 21 时 46 分，汤某贵驾驶小型普通客车，在人行道将停驶的车辆倒车并准备驶入某环道路段处时，恰逢经过此处在人行道上行走的宋某珍，宋某珍因人行道与车库出入口高处有高度差，在行走至此处时不小心踩空后跌倒在车库出入口处，汤某贵在行人宋某珍跌倒时，车辆仍处于未完全倒车回正位置上，随后汤某贵驾驶车辆向某环道方向行驶时，因宋某珍跌倒的位置处于驾驶室内汤某贵观察的盲区，汤某贵无法观察到倒在路面上的宋某珍，导

致碾压宋某珍，造成宋某珍受伤的道路交通事故。经交通巡逻警察支队认定，驾驶人汤某贵与行人宋某珍均无导致交通事故过错，属于意外事故，双方均不承担事故责任。宋某珍对上述交通事故认定结论不服，要求对事故责任进行复核。经复核，结论为上述交通事故认定事实清楚、证据确实充分、适用法律正确、责任划分公正、调查及认定程序合法，决定维持上述事故责任。

宋某珍受伤后，被送往A医院治疗，住院64天后，于2020年7月25日出院后又再次进入B医院治疗33天，于2020年8月27日出院。出院诊断为颅底骨折、多处肋骨骨折等，出院医嘱为一月后复查、注意休息、适度运动等。

2020年10月13日，宋某珍的伤情经鉴定为：1. 被鉴定人宋某珍目前属一个九级伤残；2. 被鉴定人宋某珍的续医费评定为12000元或以实际产生为准；3. 被鉴定人宋某珍的护理期限评定为受伤至2020年7月25日出院后30日。

另查明，小型普通客车登记在汽车销售公司名下，融资租赁公司指定汽车销售公司代持案涉车辆的所有权。2020年1月2日，融资租赁公司作为出租人与承租人汤某贵就案涉车辆签订了《汽车融资租赁合同（III）》，并将该车辆于签订合同当日交付给汤某贵。该车在甲财产保险公司购买了交强险，在乙财产保险公司购买了100万元商业三者险，含不计免赔附加险，事故发生在保险责任期间内。

再查明，宋某珍在就医过程中，产生了住院医疗费198684.32元，其中宋某珍自行垫付了部分，汤某贵垫付了部分，甲财产保险公司垫付了1万元，乙财产保险公司垫付了部分，目前尚欠医院部分医疗费。宋某珍、汤某贵和乙财产保险公司均同意在本案中对医疗费不予处理。

【案件焦点】

1. 交通意外事故的民事责任如何承担；2. 赔偿费用如何认定。

【法院裁判要旨】

重庆市江北区人民法院经审理认为：关于本案民事责任如何承担的问题。交通事故，是指车辆在道路上因过错或者意外造成的人身伤亡或者财产损失的事件。本次事故符合交通事故的定义，故应当按照道路交通安全法和侵权责任法的相关规定依法处理此案。交通巡逻警察支队作出了事故认定书并经过了复核程序，该事故认定书能够作为认定本案事实及责任承担的依据。《中华人民共和国道路交通安全法》将机动车行驶视为危险活动，机动车与非机动车、行人之间发生交通事故的归责原则符合无过错责任规则原则的特点。《中华人民共和国道路交通安全法》第七十六条第一款第二项规定，机动车发生交通事故造成人身伤亡、财产损失的，由保险公司在机动车第三者强制保险责任限额范围内予以赔偿，不足部分，针对机动车与非机动车驾驶人、行人之间发生交通事故，非机动车驾驶人、行人没有过错的，由机动车一方承担赔偿责任；有证据证明非机动车驾驶人、行人有过错的，根据过错程度适当减轻机动车一方的赔偿责任；机动车一方没有过错的，承担不超过百分之十的赔偿责任。《最高人民法院关于审理道路交通事故损害赔偿案件适用法律若干问题的解释》第十六条规定，同时投保交强险和商业三者险的机动车发生交通事故造成损失，当事人同时起诉侵权人和保险公司的，人民法院应当按照下列规则确定赔偿责任：（一）先由承保交强险的保险公司在责任限额范围内予以赔偿；（二）不足部分，由承保商业三者险的保险公司根据保险合同予以赔偿；（三）仍有不足的，依照道路交通安全法和侵权责任法的相关规定由侵权人予以赔偿。《中华人民共和国侵权责任法》第四十九条规定，因租赁、借用等情形机动车所有人与使用人不是同一人时，发生交通事故后属于该机动车一方责任的，由保险公司在交强险范围内予以赔偿，不足部分，由机动车使用人承担赔偿责任；机动车所有人对损害的发生有过错的，承担相应的赔偿责任。针对本案具体案情，汤某贵驾驶机动车致行人宋某珍受伤，虽然双方对事故的发生均无过错，但机动车与行人之间发生交通事故的归责原则为无过错责任原则，故应当由机动车一方即汤某贵承担赔偿责任；因行人宋某珍对事故的发生无过错，不符合可以减轻机动车一方责任的情形，不能根据“机动车一方没有过错的，承担不超过百分之十的赔偿责任”确认本案的赔偿责任范围。本案肇事车辆在甲财产保险公司购买了交强险，在乙财产保险公司购买了商业三者险，该车的实际所有人融资租赁公司将涉案车辆通过融资租赁的方式出租给汤某贵，由汤某贵实际控制并驾驶涉案车辆。因此，对于此事故造成宋某珍的各项损失，先由甲财产保险公司在交强险责任限额范围内赔偿，不足部分，由乙财产保险公司在商业三者险范围内予以赔偿，仍有不足的，由汤某贵予以赔偿，融资租赁公司和汽车销售公司不承担赔偿责任。

重庆市江北区人民法院判决如下：

一、甲财产保险公司于本判决生效之日起十日内赔偿宋某珍72742.40元；

二、乙财产保险公司于本判决生效之日起十日内赔偿宋某珍5820元；

三、汤某贵于本判决生效之日起十日内赔偿宋某珍2500元；

四、驳回宋某珍的其他诉讼请求。

乙财产保险公司不服一审判决，提出上诉。重庆市第一中级人民法院同意一审法院的裁判意见。

【法官后语】

本案所称交通意外事故，是指机动车与行人之间发生造成行人人身伤亡或财产损失时，公安机关交通管理部门认定机动车与行人均无发生交通事故过错的事件。交通意外事故应当适用何种归责原则是处理该类纠纷的核心问题。适用不同的归责原则对机动车一方的责任承担会有完全不同的后果，所以准确理解《中华人民共和国道路交通安全法》（以下简称《道路交通安全法》）第七十六条的具体适用条件，推导出交通意外事故的归责体系，是公平、公正处理此类案件的关键所在。

1. 本案能否适用公平责任的规定。

（1）公平责任的含义与发展。

关于公平分担损失的规定，我国法律中最早的规定始于1987年施行的《中华人民共和国民法通则》。该法通过“具体列举+一般规定”的模式来规定公平责任。《中华人民共和国侵权责任法》（以下简称《侵权责任法》）继续保留了公平责任，首先，对公平责任采取了统一的表述，即“补偿”而非“赔偿”或“民事责任”；其次，增加了适用责任的具体情形。

（2）《中华人民共和国民法典》对公平责任适用范围的限制。

《中华人民共和国民法典》（以下简称《民法典》）针对公平分担损失的适用条件进行了严格的限制，将《侵权责任法》规定中的“根据实际情况”修改为“依照法律的规定”，即《民法典》第一千一百八十六条规定：“受害人和行为人对损害的发生都没有过错的，依照法律的规定由双方分担损失”。根据本条规定，公平责任的适用有严格的限制，具体条件为：一是受害人和行为人对损害的发生都没有过错，二是必须有法律规定的适用公平责任的情形，三是当事人的行为需与损害后果的发生具有一定的因果关系。根据逻辑解释可知，《民法典》第一千一百八十六条中的“法律”既包括《民法典》，也包括其他的单行法律。检索《民法典》及其他相关法律的规定可知，并没有法律规定机动车交通事故责任纠纷可以适用公平责任。

（3）公平责任的性质

关于公平责任的性质问题，有观点认为公平责任是侵权法中的一项独立的归责原则，也有观点认为公平责任并非一项独立的归责原则，它只是公平原则在侵权法中的体现而已。笔者认为，公平责任并非一项独立归责原则，其只是法律规定的例外情形；也就是说，在公平责任中，法律基于公平的考虑在加害人与受害人之间强制进行了损失分摊，而非确定了由加害人承担侵权赔偿责任。因此，从法律逻辑的本质上讲，公平责任不属于责任确定的原则，仅作为一种补充适用的归责方式。在法律适用上，要坚持如果一行为属于法律规定适用无过错责任或者过错责任情形下的侵权行为类型，要首先适用这两个归责原则再确定责任构成。本案交通意外事件属于交通事故，受害人和行为人对事故的发生均无过错，因此本案应当优先适用无过错责任或者过错责任，且无法律明确规定可适用公平分担损失之情形，故交通意外事故无适用公平责任的可能。

2. 机动车交通事故的归责原则。

（1）机动车交通事故责任的含义。

机动车交通事故，是指机动车在道路上因过错或意外造成的人身伤亡或者财产损失的事件。《民法典》侵权责任编第五章延续了《侵权责任法》第六章的相关规定——“机动车交通事故责任”，该责任指机动车发生交通事故造成损害时的侵权责任，即机动车交通事故造成他人损害时，机动车的所有人、管理人、使用人等民事主体依法应当承担的侵权责任；至于非机动车发生交通事故造成损害的，属于一般侵权行为，适用一般的过错责任。

（2）机动车交通事故的归责原则。

《道路交通安全法》第七十六条分两款分别规定了机动车交通事故损害赔偿的归责原则，具体如下：

一是机动车之间发生交通事故时的归责原则。根据该条的规定，机动车之间发生交通事故造成人身伤亡、财产损失的，应当先由保险公司在机动车第三者责任强制保险责任限额范围内予以赔偿；不足的部分，由有过错的一方承担赔偿责任；双方都有过错的，按照各自过错的比例分担责任。由此可见，机动车之间发生交通事故的，就第三者强制保险赔偿限额范围外的损失之赔偿责任，适用的是过错责任原则。之所以如此，“主要是考虑到机动车驾驶人之间属于平等主体，不存在强弱的区别，并负有相同的义务。”①。

二是机动车与非机动车驾驶人、行人之间发生交通事故的归责原则。该情形下机动车一方适用的规则原则是无过错责任还是过错推定责任呢？无过错责任说和过错推定说主要有以下两点区别：一是侵权赔偿责任的成立。在大多数情况下，过错推定责任与无过错责任对受害人保护力度的差别可能并不大，因为实践中机动车交通事故的发生往往是由于机动车一方的过错所致，即便实行过错推定，机动车一方也很难举证推翻对其过错的推定。但过错推定与无过错责任的免责事由有所区别。如果采取过错推定，行为人还有机会通过证明自己没有过错而免责，而无过错责任就不存在这样的问题。更重要的，过错推定责任说难以解释《道路交通安全法》第七十六条第一款第二项第三句话的规定。因为该句规定，即便机动车一方没有任何过错，也要承担不超过10%的赔偿责任。有观点认为这是公平分担损失的规定，但无论是加害人还是受害人有过错，

① 朗胜主编：《中华人民共和国道路交通安全法释义》，法律出版社2004年版，第171页。

都不能适用公平责任。上述规定适用的情形却是受害人有过错而加害人没有过错。因此，不能将该规定解释为公平责任。二是减轻责任的事由。如果采取过错推定责任的观点，只要有证据证明作为受害人的非机动车驾驶人、行人对损害的发生具有过错，无论是一般过失，还是重大过失，机动车一方都可以减轻责任；相反，在采取无过错责任的情况下，只有受害人对损害的发生具有重大过失，才能减轻加害人的赔偿责任。

由此可见，笔者认为当机动车造成非机动车驾驶人、行人损害时，机动车一方应当承担的是无过错责任，而非过错责任或过错推定责任，理由如下：首先，立法者关于道路交通安全法立法说明时已明确指出，机动车作为高速运输工具，对行人、非机动车驾驶人的生命财产安全具有一定的危险性，发生交通事故时，应当实行无过失原则，即机动车与非机动车驾驶人、行人发生交通事故，由机动车一方承担民事责任；如果能够证明损害是由受害人故意造成的，则不承担民事责任①。其次，无过错责任仅指侵权责任的成立不需要考虑加害人的过错。根据《道路交通安全法》第七十六条第一款第二项的规定，如果有证据证明非机动车驾驶人、行人有过错的，根据过错程度适当减轻机动车一方的赔偿责任。因此，采用无过错责任并不会出现鼓励行人、非机动车违法违章的弊端。最后，根据《道路交通安全法》第七十六条第一款第二项，即便是机动车一方没有过错的，也需要承担不超过10%的赔偿责任。机动车一方没有过错，也需要承担赔偿责任，只是法律上对其责任进行了限制。

3. 交通意外事故归责原则的司法适用。

在明确了机动车与非机动车、行人之间发生交通事故应当适用无过错责任归责原则而无适用公平分担损失的情形下，针对交通意外事故如何确定行为人的责任呢？

根据《道路交通安全法》第七十六条第一款第二项规定，机动车与非机动

---

① 《全国人大法律委员会关于〈中华人民共和国道路交通安全法修正案（草案）修改情况的汇报〉》，载朗胜主编：《中华人民共和国道路交通安全法释义》，法律出版社2004版，第313页。

车驾驶人、行人之间发生交通事故，非机动车驾驶人、行人没有过错的，由机动车一方承担赔偿责任；有证据证明非机动车驾驶人、行人有过错的，根据过错程度适当减轻机动车一方的赔偿责任；机动车一方没有过错的，承担不超过百分之十的赔偿责任。第七十六条第二款规定，交通事故的损失是由非机动车驾驶人、行人故意碰撞机动车造成的，机动车一方不承担赔偿责任。从机动车免责事由的规定以及上文的分析可以确定本案应当适用无过错责任归责原则进行处理。因无过错责任归责原则是一种严格责任，其唯一的免责事由就是受害人故意，否则就应当由机动车一方承担责任。

关于本案是否可以适用“机动车一方没有过错的，承担不超过百分之十的赔偿责任”的规定，笔者认为，《道路交通安全法》第七十六条虽然未明确就机动车与非机动车驾驶人、行人均无过错的情况下确定责任归属，但对该条文第二项的三句话应进行统一解读，其中第一句话确定的是非机动车驾驶人、行人没有过错情形下的归责原则，第二句话确定的是机动车和非机动车驾驶员、行人均有过错情形下的归责原则，第三句话确定的是非机动车驾驶人、行人有过错而机动车一方没有过错情形下的归责原则。是否减轻机动车一方赔偿责任是以非机动车驾驶人、行人一方是否存在过错为前提的，即只有当非机动车驾驶人、行人在交通事故中存在过错，才可以减轻机动车一方责任。在交通意外事故中，受害人并无过错，故无适用“可以减轻机动车一方责任”条文的余地。

综上，笔者认为，在处理本文所涉交通意外事故案件的司法实践中，应当严格依照《道路交通安全法》的立法本意，全面理解并正确适用《道路交通安全法》第七十六条第一款第二项的具体规定。因机动车与行人之间发生交通事故应适用无过错责任归责原则，故无法依照公平责任的规定由机动车一方与行人一方合理分担损失；因受害人对于事故的发生无过错，故最终的风险应当由危险系数较高的机动车一方承担全部的民事赔偿责任。

编写人：重庆市江北区人民法院　黄庆华

9

快递特许经营主体将其业务许诺无资质者经营的，被许诺人致他人损害的，许诺人应承担连带赔偿责任

——张某峰等诉快递公司等机动车交通事故责任案

【案件基本信息】

1. 裁判书字号

北京市第三中级人民法院（2021）京 03 民终 5013 号民事判决书

2. 案由：机动车交通事故责任纠纷

3. 当事人

原告（被上诉人）：张某峰、梁某、梁某涛

被告（上诉人）：刘某辉、快递公司

被告（被上诉人）：快递公司分公司、科技公司

【基本案情】

2019 年 9 月 23 日 21 时，杜某驾驶三轮摩托车与梁某坚身体相撞，造成梁某坚受伤。经交通支队认定，杜某负全部责任。后梁某坚入院治疗。2019 年 10 月 29 日，鉴定机构出具鉴定意见：梁某坚身体所受损伤，构成重伤二级。2019 年 12 月 5 日，梁某坚经抢救无效死亡。

梁某坚出生于 1955 年 10 月 10 日，张某峰系梁某坚之妻，梁某系梁某坚之女，梁某涛系梁某坚之子，梁某坚父母已去世。

2019 年 4 月 25 日，快递公司（甲方）与科技公司（乙方）签订《快递特许经营合同》，约定：甲方拥有特许经营体系，授予乙方快递业务的特许经营权。本合同期限从 2019 年 4 月 25 日起至 2022 年 4 月 24 日止。乙方获准行使特

许经营权的区域为“以 A 区域为准”。特许经营单位开业的条件：乙方应当具备经营快递业务的证照和资质。

快递公司与科技公司之间的经营关系，两公司均认可科技公司作为加盟快递站点，需向快递公司支付购买快递面单等费用，同时快递公司会根据派件量向各快递站点支付派件服务费。

刘某辉系科技公司员工，科技公司将 A 区域站点的快递业务发包给刘某辉，科技公司不参与该站点的经营管理，根据刘某辉承包该站点的派件量发放报酬。

刘某辉雇用杜某做快递员，并给其提供快递运送车，该快递车车灯损坏，但未及时修理。

快递公司分公司作为投保人和被保险人投保了一份雇主责任险，该保单雇员名单中包含有杜某，事故发生时在保险期间内。快递公司分公司与刘某辉、科技公司一致陈述，该保单实际是由刘某辉交纳的保险费，杜某是刘某辉雇用的快递员，因为投保该险种需要企业具有相应资质，故以快递公司分公司的名义投保该保险。

【案件焦点】

如何确定损害赔偿的责任主体。

【法院裁判要旨】

北京市顺义区人民法院经审理认为：第一，从外部看，杜某驾驶由刘某辉提供的三轮车，且装有快递件；从时间看，事故发生在 21 点，刘某辉认可杜某送快递一般至 21 点左右；从快递员日常工作看，杜某平时下班会将未送完的快递件带回家，故杜某正在履行职务，刘某辉应承担赔偿责任。

第二，科技公司与刘某辉均认可，科技公司将顺义石园申通快递站点的业务分包给刘某辉。科技公司负有管理监督职责，且从该站点直接获利，故科技公司应与刘某辉承担连带赔偿责任。

第三，快递公司表示其与科技公司系特许经营合同关系，应该由科技公司独立承担责任，但该约定系内部约定。快递公司根据科技公司业务量给科技公司发放派件服务费，即快递公司通过特许经营方式获取了市场份额、形成规模化经营等隐性经济利益，还从科技公司直接获取经济利益。《中华人民共和国邮政法》规定，未经许可，任何单位和个人不得经营快递业务。快递公司未审查科技公司是否具备快递经营资质。事故发生系因杜某驾驶的三轮车灯损坏，且该车灯损坏已持续了较长时间，快递公司作为特许人负有监督管理职责，故快递公司应在本案应承担连带赔偿责任。

虽快递公司分公司作为投保人为杜某投保了雇主责任险，但现有证据不能证明快递公司分公司与杜某之间存在雇佣关系，故快递公司分公司不应成为本案赔偿主体。

因杜某已受到刑事处罚，故精神损害抚慰金，本院亦不予支持。

北京市顺义区人民法院依照《中华人民共和国侵权责任法》第二条、第三条、第六条、第十六条、第十八条、第四十八条，《最高人民法院关于审理人身损害赔偿案件适用法律若干问题的解释》第十七条第三款、第十九条、第二十一条、第二十三条、第二十四条、第二十七条、第二十八条、第二十九条，《中华人民共和国民事诉讼法》第一百四十四条之规定，作出如下判决：

一、被告刘某辉、科技公司、快递公司于本判决生效之日起七日内共同赔偿原告张某峰、梁某、梁某涛各项损失费共计1404750.25元；

二、驳回原告张某峰、梁某、梁某涛的其他诉讼请求。

北京市第三中级人民法院作出如下判决：

驳回上诉，维持原判。

【法官后语】

当前，快递行业有自营运输和非自营加盟两种模式。本案涉及的即是在非自营加盟模式下，快递业务经过层层发包后，快递员发生交通事故时对外承担赔偿责任主体的认定。解决这一问题的难点在于一方面要维护和促进新业态下快递业市场经济主体的活力，另一方面要依法保护被侵权人的利益和维护公共安全秩序。因此，在处理这一问题时不能采用绝对的、一刀切式的审理思路，而是应该在综合考量个案的具体细节时，做出既符合公众对公平正义的期待，又有利于保障快递行业健康有序发展的裁判。

本案的审理思路主要考量了以下几个因素：快递员发生交通事故时是否在履行职务、快递特许人（被加盟方）与被特许人（加盟方）之间经营关系的紧密程度以及快递特许人（被加盟方）在本次事故中的过错程度。

关于职务行为的认定，在当前司法实践中，快递员与雇主不一定有严格的身份关系认定依据，可能只是口头约定，连制服、派送工具都是自己购买，此时让快递员举证确实困难，因此只要快递员能够初步证明其外观行为系履行职务行为，且通过其他证据可以印证客观事实即可。如“雇主”一方否认，则法院应释明由“雇主”来承担相应的举证责任。

认定快递员的职务行为后，快递特许人（被加盟方）、被特许人（加盟方）、内部承包人的责任如何分配？首先，内部承包人作为快递员的直接雇主，应该直接承担雇主替代责任。其次，被特许人（加盟方）对其内部承包人的经营行为负有管理监督职责，且从内部承包人的经营业务中直接获取利益，应与内部承包人承担连带赔偿责任。最后，关于快递特许人的责任承担。这是此类案件裁判的主要争议点和难点。因为，从表象上看，快递特许人和被特许人，或者说加盟方和被加盟方之间都是相对独立的市场主体关系，且快递特许人和被特许人之间往往也签订有诸如快递特许人不承担相关责任的免责约定。如一刀切式地认定快递特许人承担责任或者排除其责任，都存在利益上的失衡风险：如一概排除特许人的责任，则会导致特许人为扩大经营而降低被特许人的加盟标准，大规模发展无赔偿能力的被特许人，最终将风险转嫁给社会公众；如一概认定特许人的责任，则又有可能导致快递企业发展缓慢，影响市场活力。因此，在认定快递特许人的责任承担上应该个案化考量快递特许人（被加盟方）与被特许人（加盟方）之间经营关系的紧密程度以及快递特许人（被加盟方）在本次事故中的过错程度。本案即是在认定快递公司与科技公司经营紧密性程度较高，快递公司在选任科技公司做被特许人时没有审查其快递业务经营资质，在监管上存在过错的基础，否认快递公司与科技公司之间有关快递公司免责的内部约定。

司法裁判不仅解决个案，同时也要给相关行业主体树立行为规范。通过本案，可以给快递行业从业者提供一种行为指引：作为快递特许经营主体，应当认真对待所获取的经营资质，避免资质无序使用，在对外选择被特许人时，应认真查阅对方主体是否具备相应资质；在日常经营监管中，要切实负起责任，防止带隐患经营、工作，减少不必要的损害发生。

编写人：北京市顺义区人民法院　李青　张国龙

10

拼装车、套牌车的认定及多次转让过程中事故责任主体的认定

——沈某柱等诉曹某永等机动车交通事故责任案

【案件基本信息】

1. 裁判书字号

北京市第一中级人民法院（2021）京01民终1525号民事判决书

2. 案由：机动车交通事故责任纠纷

3. 当事人

原告（被上诉人）：沈某柱、沈某阳、沈某跃

被告（上诉人）：曹某永、赵某祥

被告：胡某林、赵某国、薛某江、财产保险公司

【基本案情】

2019年1月18日12时0分许，赵某国驾驶A2型重型半挂牵引车（行驶证登记所有人为胡某林）及重型集装箱半挂车（行驶证登记所有人赵某国）行驶时，由于车辆左前轮紧固螺母与转向节端部螺纹紧固失效，开口销疲劳失效，

造成车辆左前轮脱落，脱落的车轮撞到道路清洁工张某并致其死亡。此次事故经交通支队认定，赵某国负全部责任、张某无责任。事故车辆在财产保险公司投保交强险，事故发生在保险期间内。

另查明，2016年，胡某林所有的半挂牵引车因自燃报废且经保险赔付。该车辆停放于赵某祥修理厂院内，胡某林为抵债，将该车辆以及车辆手续包括机动车登记证书、行车本、车牌、营运证（已过期）、胡某林身份证复印件等一并交与赵某祥。2017年，经薛某江介绍，曹某永联系赵某祥，其明知车辆的情况后，仍以一万多元购得上述手续以及从该车辆切割下的车架号，车架号系赵某祥安排工人切割。曹某永使用前述车架号与一辆没有手续的半挂车拼装成涉案事故车辆，并将前述手续套用在涉案事故车辆之上。2019年1月3日，曹某永将涉案车辆出售给赵某国，赵某国驾驶过程中发生上述事故。

还查明，张某与沈某柱系夫妻关系，二人婚后生育一女沈某阳、一子沈某跃，为主张因张某死亡而产生的各项损失，沈某柱、沈某阳、沈某跃诉至法院。赵某国、财产保险公司、胡某林、曹某永、赵某祥不同意沈某柱、沈某阳、沈某跃的全部诉讼请求，薛某江未出庭亦未提交书面意见。

【案件焦点】

1. 涉案车辆的性质认定和赵某国、胡某林、赵某祥、曹某永、薛某江在车辆转让、受让过程中的身份认定；2. 赵某国所负赔偿责任，胡某林、赵某祥、曹某永、薛某江应否连带赔偿。

【法院裁判要旨】

北京市延庆区人民法院经审理认为：案件的争议焦点一为，涉案车辆的性质认定和赵某国、胡某林、赵某祥、曹某永、薛某江在车辆转让、受让过程中的身份认定问题。根据已查明事实，法院认为，涉案车辆系使用胡某林报废车辆车架号部分组装的拼装车和套用胡某林报废车手续的套牌车。在涉案车辆转让、受让过程中：（1）胡某林系报废车转让人，且因其违法出售报废车辆手续，应视为其本人同意被套牌；（2）赵某祥系报废车受让人（自胡某林处受让）和转让人（转让给曹某永）；（3）薛某江系报废车辆交易介绍人；（4）曹某永系报废车受让人（自赵某祥处受让）和报废车、拼装车、套牌车转让人（转让给赵某国）；（5）赵某国系报废车、拼装车、套牌车受让人（自曹某永处受让）。争议焦点二为，赵某国所负赔偿责任，胡某林、赵某祥、曹某永、薛某江应否连带赔偿。该案中，胡某林、赵某祥、曹某永、赵某国均为涉案车辆的转让人或受让人，根据《最高人民法院关于审理道路交通事故损害赔偿案件适用法律若干问题的解释》第六条的规定，沈某柱、沈某阳、沈某跃要求胡某林、赵某祥、曹某永、赵某国承担连带赔偿责任，有事实及法律依据，法院予以支持；此外，胡某林作为被套牌机动车所有人，违法出售报废车辆手续应视为其本人同意被套牌，根据《最高人民法院关于审理道路交通事故损害赔偿案件适用法律若干问题的解释》第五条的规定，其亦应与套牌车实际所有人赵某国承担连带责任；薛某江并非直接侵权人，也非报废车、拼装车的转让人或受让人，亦非套牌车或被套牌车的所有人或管理人，故法院认为薛某江无须承担连带赔偿责任。

北京市延庆区人民法院依照《中华人民共和国侵权责任法》第六条第一款、第十四条、第四十八条、第五十一条，《中华人民共和国道路交通安全法》第十六条、第七十六条第一款，《最高人民法院关于审理人身损害赔偿案件适用法律若干问题的解释》第十七条、第十九条、第二十七条、第二十九条、第三十五条，《最高人民法院关于审理道路交通事故损害赔偿案件适用法律若干问题的解释》第五条、第六条、第十八条第一款第一项，《最高人民法院关于适用〈中华人民共和国刑事诉讼法〉的解释》第一百三十八条第二款，《中华人民共和国民事诉讼法》第六十四条第一款、第一百四十四条，《最高人民法院关于适用〈中华人民共和国民事诉讼法〉的解释》第九十条之规定，判决如下：

一、财产保险公司在机动车第三者责任强制保险限额内赔偿沈某柱、沈某阳、沈某跃医疗费 776.44 元、死亡赔偿金 110000 元（于本判决生效后 7 日内履行）；

二、赵某国、胡某林、赵某祥、曹某永连带赔偿沈某柱、沈某阳、沈某跃死亡赔偿金1245120元、丧葬费23084元（于本判决生效后7日内履行）；

三、驳回沈某柱、沈某阳、沈某跃的其他诉讼请求。

赵某祥、曹某永不服一审判决，提出上诉。北京市第一中级人民法院经审理认为：涉案事故车辆套用其他已达到报废车辆的牌照，买卖该报废车辆手续，尤其是将具有该车辆识别功能的、属于车体固定部分的车架号，用切割、重新组装的手段安装到涉案事故车辆上，使该事故车辆改变原车辆性质，以虚假形式获得从事营运的资质，进而便于出售获益。赵某祥、曹某永的行为符合拼装车、已达到报废标准的机动车或者依法禁止行驶的其他机动车被多次转让的行为构成要件，主观、客观过错明显，一审法院据此判令赵某祥、曹某永承担事故连带赔偿责任，认定事实清楚，适用法律正确。

北京市第一中级人民法院依据《中华人民共和国民事诉讼法》第一百七十条第一款第一项之规定，判决如下：

驳回上诉，维持原判。

【法官后语】

1. 拼装车、套牌车的认定。

拼装车、套牌车具有极大安全危害，并且扰乱正常市场经营秩序，国家严格禁止拼装车、套牌车交易，禁止上路行驶。但受利益驱动，在汽配市场仍然存在将报废车辆重新拼装后继续售卖或将车辆套牌后继续使用的情况，司法实践中亦存在驾驶拼装车、套牌车发生交通事故的案例，因此裁判者准确认定事故车辆性质，对于厘清各方赔偿责任承担具有重要意义。

《报废汽车回收管理办法》第二条第二款规定：本办法所称拼装车，是指使用报废汽车发动机、方向机、变速器、前后桥、车架（以下统称五大总成）以及其他零配件组装的机动车。本案中，事故车辆是由报废汽车五大总成之车架组装而成，系典型的拼装车，对于拼装车的判定可依照《报废汽车回收管理办法》的规定予以认定。目前，通俗理解套牌车即为使用其他车辆号牌的汽车。本案中，涉案车辆既是拼装车亦是套用了报废车辆手续的套牌车。

2. 拼装车、套牌车多次转让过程中事故责任主体的认定。

根据《最高人民法院关于审理道路交通事故损害赔偿案件适用法律若干问题的解释》第六条之规定，当事故车辆属于拼装车、已达到报废标准的机动车或者依法禁止行驶的其他机动车，且涉及多次转让，当事人请求由所有的转让人和受让人承担连带责任的，人民法院应予支持。因为对上述车辆进行交易、行驶，本身就属于对法律强制性规定的违背，此种情形下产生的交易风险、使用风险均应由行为人自担。所以笔者认为，多次转让的表现形式应定性为广义的所有权变动形式，不限于连环买卖，还可以是以物抵债、赠与等所有权变动形式，以此更能凸显法律的强制性。本案中，胡某林报废的车辆、手续及涉事拼装车通过买卖、以物抵债两种形式被多次转让，因此法院认定转让人或受让人赵某国、胡某林、赵某祥、曹某永均应承担连带赔偿责任。

根据《最高人民法院关于审理道路交通事故损害赔偿案件适用法律若干问题的解释》第五条之规定，套牌机动车发生交通事故造成损害，属于该机动车一方责任，当事人请求由套牌机动车的所有人或者管理人承担赔偿责任的，人民法院应予支持；被套牌机动车所有人或者管理人同意套牌的，应当与套牌机动车的所有人或者管理人承担连带责任。司法实践中，明示同意当然属于“同意套牌”，但亦存在以非明示方式表明同意的情形。比如，在明知车辆已经毁损、灭失等无法继续使用情形下仍对车辆及手续进行买卖、赠与、以物抵债等转让行为，从一般理性角度衡量，其对被套牌可能性应是明知的，虽然此时并无明示的同意，若将这种交易行为本身视作“同意套牌”，就意味着对于套牌车辆造成的交通事故承担连带赔偿责任实属对自身未尽管理义务、配合违法行为所产生法律风险的负担，从法律效果看更为适宜。本案中，法院认定胡某林利用以物抵债形式出售报废车辆及手续的行为应视为其本人同意被套牌，故从套牌车角度分析其亦应承担连带赔偿责任。

编写人：北京市延庆区人民法院　刘艳玲　王一博

11

网约代驾致第三人损害交通事故责任分析

——刘某伯诉段某培等机动车交通事故责任案

【案件基本信息】

1. 裁判书字号

北京市丰台区人民法院（2020）京0106民初17122号民事判决书

2. 案由：机动车交通事故责任纠纷

3. 当事人

原告：刘某伯

被告：段某培、于某、汽车公司、甲财产保险公司、乙财产保险公司

【基本案情】

2019年6月25日22时22分，段某培驾驶小型轿车由东向北行驶，刘某伯骑自行车由东向西行驶，发生交通事故，造成两车无损，刘某伯受伤。经交管部门认定，段某培驾车时有其他妨碍安全行车的过错违法行为，对该事故负全部责任，刘某伯无违法行为，对事故无责。事故当日，刘某伯被送至医院就诊，经影像检查诊断为左踝关节合并左腓骨近端骨折。治疗过程中，共花费：挂号费、住院费、门诊医药费、康复治疗费等医疗费用共计51247.46元，残疾器具费1387元。

关于案涉车辆，经查，该车系由于某所有，车辆类型为小型轿车，事故发生当晚，于某通过汽车公司经营的代驾平台发出代驾订单，司机段某培从该平台接受派单代为驾驶涉案车辆，段某培于2011年10月18日取得准驾车型为C1即小型汽车的机动车驾驶证，于某为该车辆在甲财产保险公司投保了交强险

及商业三者险 30 万元，事故发生在保险期间内。汽车公司在乙财产保险公司投保代驾责任险 30 万元。

【案件焦点】

1. 代驾司机段某培是否具有被保险人地位，在代驾服务过程中，因代驾司机过错引发交通事故致第三人受伤时，机动车三者责任险是否应当予以赔偿；2. 机动车所有人（被代驾人）是否应承担赔偿责任；3. 代驾平台汽车公司与代驾司机段某培构成何种法律关系，是否应承担侵权责任。

【法院裁判要旨】

北京市丰台区人民法院经审理认为：公民的人身权益受法律保护。道路交通事故认定书认定段某培负主要责任，刘某伯无责任，双方对此均无异议，本院予以确认，故段某培应对此事故造成的损失承担全部赔偿责任。

根据《最高人民法院关于审理道路交通事故损害赔偿案件适用法律若干问题的解释》第十六条的规定："同时投保机动车第三者责任强制保险（以下简称'交强险'）和第三者责任商业保险（以下简称'商业三者险'）的机动车发生交通事故造成损害，当事人同时起诉侵权人和保险公司的，人民法院应当按照下列规则确定赔偿责任：（一）先由承保交强险的保险公司在责任限额范围内予以赔偿；（二）不足部分，由承保商业三者险的保险公司根据保险合同予以赔偿；（三）仍有不足的，依照道路交通安全法和侵权责任法的相关规定由侵权人予以赔偿。被侵权人或者其近亲属请求承保交强险的保险公司优先赔偿精神损害的，人民法院应予支持。"本案事故车辆在甲财产保险公司同时投保了交强险与商业三者险 30 万元，故甲财产保险公司应当在其责任限额范围内承担此次事故的赔偿责任。关于当事人对于段某培非甲财产保险公司的投保人亦非车主，故甲财产保险公司不应承担其保险责任的争议，法院认为，交强险及商业三责险系对因投保车辆引起的交通事故对车辆外的第三者造成损害时承担赔偿的责任险，该险种的设立是为了更好保障受害第三人能及时获取损失赔偿，亦减轻或分担投保人及第三者可能会承受的事故风险。此外，根据《机动车交通事故责任强制保险条例》第四十一条的规定，该条例所称的交强险中所指的被保险人包含投保人及其允许的合法驾驶人，甲财产保险公司与于某订立的商业三者险合同中对于被保险人亦有相似约定，即均将车辆投保人允许的合法驾驶人放置于与投保人同样的“被保险人”地位，结合本案来看，于某使用代驾平台寻求代驾服务，并发起订单，平台派单给由其审核过的代驾司机段某培，在此代驾服务过程中，段某培依据代驾服务合同关系成为于某允许的合法驾驶人，故段某培依法依约拥有甲财产保险公司的被保险人身份，甲财产保险公司应对此次事故承担其交强险及商业三者险限额范围内的保险责任。

对于甲财产保险公司保险限额范围外的责任承担，根据《中华人民共和国侵权责任法》第四十九条的规定，因租赁、借用等情形机动车所有人与使用人不是同一人时，发生交通事故后属于该机动车一方责任的，由保险公司在机动车强制保险责任限额范围内予以赔偿。不足部分，由机动车使用人承担赔偿责任；机动车所有人对损害的发生有过错的，承担相应的赔偿责任，本案中，依上述分析，段某培依据代驾服务合同关系成为涉案车辆的实际使用人，其亦因自身过错在该事故中承担全部责任，车主于某并无过错，且代驾司机段某培亦在其提供的代驾服务中获取相应利益，故无论依据法律规定，抑或兼具运营支配地位及运行利益的法理要求，段某培均应对甲财产保险公司保险责任限额范围外的损失承担赔偿责任。对于代驾服务合同关系是否像汽车公司所述仅存在于代驾司机及车主之间、代驾司机与汽车公司之间为何种法律关系的争议，法院结合当事人庭审中提供的证据及当庭陈述综合考虑后认为，汽车公司虽主张其仅为代驾服务过程中的居间人，仅提供信息服务及平台，但其对司机进行考核管理、礼仪培训、接单奖励、拒单惩罚、收取服务费等行为均已远超于居间人仅为提供居间服务行为的法律特征，且从平台使用人角度出发来看，车主从汽车公司开发的代驾平台寻求司机代驾车辆，并非仅系对司机驾驶技术及驾驶资格的考量，更多的是出于对代驾服务及代驾司机提供平台的信任，而汽车公司认为其在用户注册平台时即已将代驾服务的法律主体系司机与车主予以告知故代驾服务关系仅存在于司机与车主之间，认为该合同完全排除平台责任，并将平台置于居间人地位的条款是不符合代驾司机、代驾平台及车主三者之间所体现的代驾服务合同法律关系特征的。另外，对于汽车公司与段某培之间的法律关系，法院认为，段某培虽受汽车公司考核、培训、管理，但双方并未形成紧密的人身依附性及经济从属性，故对于甲财产保险公司主张段某培提供代驾服务系职务行为、于某主张其系劳动关系的意见，均无事实与法律依据，法院不予采信，根据汽车公司陈述及本案事实来看，段某培与汽车公司应系合作关系，汽车公司在代驾司机进驻平台之前进行考核培训，司机进驻平台之后予以提供派单信息，并在代驾服务提供过程中予以奖励或惩罚的方式对司机进行规范管理，双方在此过程中共享代驾服务收益，即基于双方共同的行为才促成代驾服务合同的成立及代驾行为的完成，故基于此，考虑代驾服务合同中三者的法律地位，汽车公司与段某培的合作关系，汽车公司应在与段某培共享收益的同时共担合作风险，应与段某培就甲财产保险公司保险责任限额范围外的损失承担共同赔偿责任。

对于乙财产保险公司的代驾责任险承担，依据其提供的代驾责任保险条款约定：在保险期间内，被保险人的代驾司机在为被保险人的客户提供机动车代驾服务过程中发生意外事故，致使第三者遭受人身伤亡或财产直接损失，依法应由被保险人承担的经济赔偿责任，保险人对于超过代驾车辆机动车交通事故责任强制保险及商业第三者责任保险应赔偿金额以上的部分，按照本保险合同的约定负责赔偿。据此，乙财产保险公司应依据保险合同约定，对汽车公司及段某培需共同承担的损失在其保险责任限额范围内承担赔偿责任。

综上，关于本案中事故责任承担，应当按照如下顺序，甲财产保险公司首先在交强险限额内承担赔偿责任，超过交强险赔偿限额的部分，由甲财产保险公司在商业三者险限额内按照保险合同约定承担相应赔偿责任，不足的部分，由乙财产保险公司按照保险合同的约定承担赔偿责任，仍有不足的部分，由段某培及汽车公司承担共同赔偿责任。于某在本次事故中无过错，无须承担赔偿责任。

北京市丰台区人民法院依照《中华人民共和国侵权责任法》第十六条、第四十八条、第四十九条，《最高人民法院关于审理道路交通事故损害赔偿案件适用法律若干问题的解释》第十六条，《最高人民法院关于审理人身损害赔偿案件适用法律若干问题的解释》第二十二条、第二十三条、第二十四条、第二十五条、第二十六条，《机动车交通事故责任强制保险条例》第四十一条之规定，作出如下判决：

一、被告甲财产保险公司于本判决生效之日起十日内在机动车第三者责任强制保险限额内赔偿原告刘某伯医疗费用 1 万元、精神损失赔偿金 8000 元，伤残赔偿金 102000 元；

二、被告甲财产保险公司于本判决生效之日起十日内在机动车交通事故第三者责任商业保险限额内赔偿原告赔偿刘某伯医疗费用 41247. 46 元，住院伙食补助费 900 元，营养费 4500 元，伤残赔偿金 45698 元，残疾辅助器具费 1387 元，误工费 3 万元，交通费 3000 元，护理费 14000 元；

三、被告段某培、汽车公司于本判决生效之日起十日内共同赔偿原告刘某伯鉴定费 4151. 2 元；

四、驳回原告刘某伯的其他诉讼请求。

判决后，双方当事人均未上诉，本判决现已生效。

【法官后语】

1. 代驾司机属于“投保人允许的合法驾驶人”。

根据《中华人民共和国民法典》第一千二百一十三条的规定[①]，机动车发生交通事故造成第三者损害时，车辆的第三者责任险承保公司应当依法优先承担赔偿责任，但按照投保人与保险公司订立的保险合同约定，保险公司予以赔偿的前提在于交通事故中的侵权人应具有被保险人的地位，而代驾司机既非投保人亦非车主，故在代驾服务过程中发生交通事故引起纠纷时，代驾司机的被

---

① 《中华人民共和国民法典》第一千二百一十三条：机动车发生交通事故造成损害，属于该机动车一方责任的，先由承保机动车强制保险的保险人在强制保险责任限额范围内予以赔偿；不足部分，由承保机动车商业保险的保险人按照保险合同的约定予以赔偿；仍然不足或者没有投保机动车商业保险的，由侵权人赔偿。

保险人地位存在争议。

根据《机动车交通事故责任强制保险条例》第四十二条第二项规定："被保险人，是指投保人及其允许的合法驾驶人"。结合本案来看，笔者认为，交强险及商业三者险系对因投保车辆引起的交通事故对车辆外的第三者造成损害时承担赔偿的责任险，该险种的设立是为了更好保障受害第三人能及时获取损失赔偿，亦减轻或分担投保人及第三者可能会承受的事故风险，故无论是法律规定抑或保险合同条款的约定，均将车辆投保人允许的合法驾驶人放置于与投保人同样的"被保险人"地位，而代驾司机依据代驾服务合同关系成为车辆投保人允许的合法驾驶人，依法依约拥有被保险人身份，车辆承保公司应当在交强险及商业三者险限额范围内承担赔偿责任。

2. 代驾服务中机动车所有人赔偿责任的排除。

根据《中华人民共和国民法典》第一千二百零九条的规定①，对于因"租赁、借用等情形"致机动车所有人与使用人不是同一人时，如果发生交通事故，属于机动车一方责任的，由机动车使用人担负赔偿责任。代驾服务中同样存在机动车"所有人与使用人"两个主体的问题，在此法律关系中能否对"租赁、借用等情形"作扩大解释从而类推适用上述条文，确定代驾司机作为"机动车使用人"的责任主体地位，值得讨论。

关于机动车一方作为责任主体的认识标准问题，理论上主要采危险责任说。据此，我国司法实务上引申出交通事故赔偿责任主体认定的运行支配和运行利益的二元标准。所谓运行支配，通常是指可以在事实上支配管理机动车之运行的地位；所谓运行利益，一般认为是指因机动车运行而生的利益，即以该人与机动车之间是否有运行支配和运行利益的关联性来确定机动车交通事故损害赔偿的主体。在代驾过程中，存在代驾人与被代驾人两方主体，前者为机动车使

---

① 《中华人民共和国民法典》第一千二百零九条：因租赁、借用等情形机动车所有人、管理人与使用人不是同一人时，发生交通事故造成损害，属于该机动车一方责任的，由机动车使用人承担赔偿责任；机动车所有人、管理人对损害的发生有过错的，承担相应的赔偿责任。

用人，后者为机动车所有人，两者何为责任主体，亦需根据运行支配和运行利益分析。在代驾过程中，代驾司机对机动车具有直接的、绝对的支配力，享有明显的运行支配地位，其次，代驾司机通过代驾获取报酬，显然具有运行利益，机动车所有人虽然被送至指定目的地，但该利益仅来源于其所支付的对价，而非车辆本身，即因支付对价才实现被送至目的地的目标，因此，不宜认定其享有机动车的运行利益。故在代驾服务提供过程中时，机动车所有人与机动车使用人的分离应类推适用《中华人民共和国民法典》一千二百零九条，即作为机动车使用人的代驾司机承担赔偿责任。

3. 代驾平台与代驾司机的法律关系。

代驾平台与代驾司机之间的关系影响侵权责任的认定，在本案中即可以看出，当事人对此持不同观点，平台认为其与司机之间为居间合同关系，仅为司机提供代驾服务信息，但司机则认为在履行代驾服务过程中平台对其更多的是管理关系，包括培训、奖惩等行为，符合劳动关系的认定特点。笔者认为，对此关系的认定，还是应当结合案情来具体分析。劳动关系区别于普通民事法律关系的特点在于，除了其中包含的财产要素以外还有身份上的属性，劳动者本人必须亲自提供劳动，劳动者与用人单位形成从属关系，劳动者需服从用人单位的管理，且认定劳动关系最核心的标准还是管理标准，即用人单位与劳动者之间是否存在管理与被管理、指挥与被指挥、监督与被监督的关系。据此，如果代驾平台依法制定的各项劳动规章制度适用于代驾司机，代驾司机受代驾平台的劳动管理，从事代驾平台安排的有报酬的劳动，可以认定双方之间存在劳动关系。具体到本案，代驾司机虽受代驾平台考核、培训、监督，但是否工作完全由其自行安排，在不上线的情况下亦不受代驾平台的约束，双方并未形成紧密的人身依附性及经济从属性，因此不足以认定二者之间存在劳动关系。根据本案查明事实及当事人陈述来看，代驾平台与代驾司机应系合作关系，双方之间是一种平等的民事主体关系，通过共同的行为才促成代驾服务合同的成立及代驾行为的完成，并在提供代驾服务中共享代驾收益，基于此，代驾平台应在与代驾司机共享收益的同时共担合作风险，应就对第三人侵权造成的损失承担共同赔偿责任。据此，代驾平台投保的代驾责任险承保公司，亦应当按照保险合同约定承担替代赔偿责任。

综上，在类案审理中应注意，通过网约代驾平台获取有偿代驾服务过程中，因代驾司机过错造成第三人损害而引发的机动车交通事故责任纠纷中，需要明确代驾司机作为“投保人允许的合法驾驶人”而具有的被保险人地位，厘清机动车所有人与代驾平台、代驾司机之间的驾驶服务合同关系，平台与司机之间的合作关系，并区分机动车第三者责任险与代驾责任险的适用前提，通过层层剥离，确定侵权责任主体，准确划分机动车第三者责任险、代驾责任险、代驾平台与代驾司机的赔偿范围，从而使第三者权益得到有效保障。

编写人：北京市丰台区人民法院　胡星星

12

未成年人租赁车辆发生交通事故责任由谁承担

——张某诉王某等机动车交通事故责任案

【案件基本信息】

1. 裁判书字号

山东省郯城县人民法院（2021）鲁 1322 民初 3715 号民事判决书

2. 案由：机动车交通事故责任纠纷

3. 当事人

原告：张某

被告：王某、朱某、李某凤、周某、周某兵、李某、邓某、甲责任保险公司、乙财产保险公司

【基本案情】

朱某系王某之母，周某兵是周某之父，李某是周某之母。2021年2月2日6时46分许，被告王某（16岁）驾驶小型轿车，与顺行窦某驾驶三轮电动车发生追尾相撞，致窦某及三轮车乘员张某受伤，两车损坏的交通事故。事故发生后王某弃车逃逸。该事故经交警大队认定被告王某负事故的全部责任，窦某、张某无责任。原告受伤后在医院治疗支出医疗费共计82072.24元。原告主张的损失范围：医疗费82072.24元及本案诉讼费用。

另查明，被告王某驾驶的肇事车辆在被告甲责任保险公司投保交强险，在被告乙财产保险公司投保商业三者险200万元含不计免赔，事故发生在保险期间内。

再查明，被告王某驾驶的小型轿车实际车主为本案被告李某，邓某从汽车租赁公司租赁该车，被告王某及被告周某又从被告邓某处租赁。

【案件焦点】

1. 未成年人驾驶租赁车辆发生交通事故的，侵权责任如何划分及承担；2. 交强险是否应足额赔偿。

【法院裁判要旨】

山东省郯城县人民法院经审理认为：公民的人身权利及财产权利受法律保护，侵害他人人身权利及财产权利造成的损失均应予赔偿。对交警大队作出的交通事故责任认定书，双方当事人均无异议，予以采信，据此，被告王某负全部责任。原告主张的医疗费损失均有相关证据予以佐证，予以认可。综上，原告的损失确认为：医疗费82072.24元。

被告王某作为限制民事行为能力人，在未达到驾驶许可条件，未取得机动车驾驶证的情况下驾驶机动车上路行驶，发生交通事故后弃车逃逸，被告王某的违法行为是造成本次事故的直接原因，应承担赔偿责任；被告周某明知王某系未成年人，仍与其一起从被告邓某处租赁车辆，对事故的发生亦具有相应的责任，应与被告王某共同承担赔偿责任；朱某作为王某的法定监护人，周某兵、李某作为周某的法定监护人，均未尽到监护责任，依法均应承担侵权责任，赔偿原告之损失。根据《中华人民共和国民法典》第一千二百零九条的规定，因租赁、借用等情形机动车所有人、管理人与使用人不是同一人时，发生交通事故造成损害，属于该机动车一方责任的，由机动车使用人承担赔偿责任；机动车所有人、管理人对损害的发生有过错的，承担相应的赔偿责任，被告邓某作为车辆承租方即管理人，负有审核租赁人主体资格的责任，其在知道或应当知道被告王某、周某系未成年人无证驾驶的情况下，仍将车租给该二被告，对事故的发生具有一定的过错责任，酌情认定被告邓某与被告王某、周某承担的比例为5∶5。

被告王某驾驶的肇事车辆在被告甲责任保险公司投保交强险，在被告乙财产保险公司投保商业三者险200万元含不计免赔，事故发生在保险期间内。交强险属于强制性责任保险，实质是一种具有公益性及法定性的保险，最大程度地为交通事故受害人提供及时和基本的保障。《最高人民法院关于审理道路交通事故损害赔偿案件适用法律若干问题的解释》第十五条规定："有下列情形之一导致第三人人身损害，当事人请求保险公司在交强险责任限额范围内予以赔偿，人民法院应予支持：（一）驾驶人未取得驾驶资格或者未取得相应驾驶资格的……"被告甲责任保险公司主张因被告王某无证驾驶交强险拒赔的答辩意见不应支持。据此，根据《中华人民共和国道路交通安全法》第七十六条及最高人民法院相关司法解释的规定，被告甲责任保险公司应在交强险责任限额内赔偿原告医疗费17758元；因被告王某系逃逸，故被告乙财产保险公司商业三者险拒赔的答辩意见予以支持；对于剩余的医疗费损失64314.24元，应由被告朱某、周某兵、李某赔偿32157.12元，被告邓某赔偿32157.12元；被告李某凤系车辆所有权人，其将车辆放在汽车租赁公司供他人租赁，其对该转租情况并不知情，本案亦无证据证明其具有过错责任，故被告李某凤无须承担赔偿责任。

山东省郯城县人民法院依照《中华人民共和国民法典》第一千一百七十条、第一千一百七十九条、第一千一百八十二条、第一千一百八十四条、第一千一百八十八条、第一千二百零八条、第一千二百零九条，《中华人民共和国道路交通安全法》第七十四条、第七十六条，《最高人民法院关于审理道路交通事故损害赔偿案件适用法律若干问题的解释》第一条、第十条、第十二条、第十五条及《中华人民共和国民事诉讼法》第一百四十四条之规定，判决如下：

一、被告甲责任保险公司在保险限额内赔偿原告张某失共计人民币 17758 元，限当事人于本判决生效后十日内履行完毕；

二、被告朱某、周某兵、李某赔偿原告张某损失共计人民币 32157. 12 元，限当事人于本判决生效后十日内履行完毕；

三、被告邓某赔偿原告张某损失共计人民币 32157. 12 元，限当事人于本判决生效后十日内履行完毕。

判决后，双方当事人均未上诉，本判决现已生效。

【法官后语】

本案事故中，限制民事行为能力人被告周某的法定监护人周某兵、李某应承担监护责任；事故车辆出租人邓某应承担相应过错责任；事故车辆交强险承保公司应在保险限额内承担赔偿责任。

1. 法定监护人应承担赔偿责任。

无民事行为能力人、限制民事行为能力人造成他人损害的，由监护人承担侵权责任。监护人尽到监护义务的，可以减轻其侵权责任。

被告王某作为限制民事行为能力人，在未达到驾驶许可条件，未取得机动车驾驶证的情况下驾驶机动车上路行驶，发生交通事故后弃车逃逸，被告王某的违法行为是造成本次事故的直接原因，应承担赔偿责任；被告周某明知王某系未成年人，仍与其一起从被告邓某处租赁车辆，对事故的发生亦具有相应的责任，应与被告王某共同承担赔偿责任；朱某作为王某的法定监护人，周某兵、李某作为周某的法定监护人，均未尽到监护责任，依法均应承担侵权责任，赔偿原告之损失。

2. 事故车辆租赁公司出租人应承担过错责任。

《中华人民共和国民法典》第一千二百零九条规定："因租赁、借用等情形机动车所有人、管理人与使用人不是同一人时，发生交通事故造成损害，属于该机动车一方责任的，由机动车使用人承担赔偿责任；机动车所有人、管理人对损害的发生有过错的，承担相应的赔偿责任。"该法条明确了机动车所有人、管理人与使用人相分离的情况下发生交通事故应当由哪个主体承担责任以及机动车所有人、管理人在何种情形下应当承担责任。具体可从以下两点进行理解把握：

第一，借用或租赁他人的车辆，如果发生交通事故，造成他人损害，机动车使用人作为最直接的侵权责任人必然要承担赔偿责任，因为使用人不仅是最有效控制机动车危险的主体，也是直接享受机动车运行利益的主体。

第二，对于机动车所有人、管理人来说，如果其存在过错，也应当承担相应的赔偿责任。根据该条规定，机动车所有人、管理人承担赔偿责任的前提是存在过错。实践中，机动车所有人、管理人的过错主要表现在以下两个方面：

一是机动车所有人、管理人在知道或者应当知道机动车存在故障的情况下仍然将车辆出借或出租给他人使用，从而导致发生交通事故造成损害。例如，机动车所有人、管理人明知自己的车辆是报废车或者车辆存在刹车装置不全等故障仍然将车借给或租给他人使用，导致发生交通事故或者因此加重事故后果。故所有人、管理人作为对机动车负有管理义务的主体，其应当确保出借或出租的车辆系合格的车辆，如果因为车辆缺陷造成交通事故并致人损害，应认定其对损害的发生存在管理方面的过错。二是机动车所有人、管理人明知车辆使用人没有驾驶资格、未取得相应驾驶资格或者存在不能驾驶机动车的情形仍将车辆出借或出租给其使用，其中不能驾驶机动车的情形一般包括饮酒、吸毒或患有妨碍机动车驾驶的疾病等情形。首先，《中华人民共和国道路交通安全法》中明确规定，驾驶机动车应当依法取得机动车驾驶证，驾驶人应当按照驾驶证载明的准驾车型驾驶机动车。因此，如果无机动车驾驶证、驾驶证被吊销、超过有效期或者未取得相应车型的驾驶证，就不得驾驶相应车辆，否则不仅违反法律规定，而且可能给自身或他人造成损害。机动车所有人、管理人明知使用人存在上述情况依然租赁、出借给该人使用机动车的，主观上具有放任风险发生的过错，因此应承担相应赔偿责任。其次，《中华人民共和国道路交通安全法》明确规定，饮酒、服用国家管制的精神药品或者麻醉药品，或者患有妨碍安全驾驶机动车的疾病，或者过度疲劳影响安全驾驶的，不得驾驶机动车。因此，所有人、管理人明知使用人存在上述影响安全驾驶行为的身体方面的原因，依然允许该人驾驶的，应当认定其有过错并承担相应赔偿责任。

具体到本案中，被告邓某作为车辆承租方即管理人，负有审核租赁人主体资格的责任，其在知道或应当知道被告王某、周某系未成年人无证驾驶的情况下，仍将车租给该二被告，对事故的发生具有一定的过错责任，主观上具有放任风险发生的过错，故被告邓某应对被告王某对原告造成的损害承担50%的赔偿责任。

3. 事故车辆交强险应在保险限额内承担赔偿责任。

交强险属于强制性责任保险，实质是一种具有公益性及法定性的保险，最大程度地为交通事故受害人提供及时和基本的保障。驾驶人未取得驾驶资格或者未取得相应驾驶资格导致第三人人身损害，当事人请求保险公司在交强险责任限额范围内予以赔偿，人民法院应予支持。

被告王某驾驶的肇事车辆在被告保险公司投保交强险，在被告乙财产保险公司投保商业三者险200万元含不计免赔，事故发生在保险期间内。《最高人民法院关于审理道路交通事故损害赔偿案件适用法律若干问题的解释》第十五条规定："有下列情形之一导致第三人人身损害，当事人请求保险公司在交强险责任限额范围内予以赔偿，人民法院应予支持：（一）驾驶人未取得驾驶资格或者未取得相应驾驶资格的……"被告乙财产保险公司主张因被告王某无证驾驶交强险拒赔的答辩意见不应支持。

正所谓"道路千万条，安全第一条"，机动车驾驶人应当遵守道路交通安全法律、法规的规定，按照操作规范安全驾驶、文明驾驶，借用他人的车辆，更应该遵守交通规则，谨慎驾驶。未成年人监护人更是要尽到监护责任，家校合力加强管理教育，避免类似事故的发生；同时出借人在出借、出租车辆时，也应当把安全的车辆借给合格的驾驶人。

编写人：山东省郯城县人民法院　孙柳

13

因道路管理者维护缺陷导致交通事故的责任认定

——吴某诉罗某等机动车交通事故责任案

【案件基本信息】

1. 裁判书字号

北京市第二中级人民法院（2021）京02民终6983号民事判决书

2. 案由：机动车交通事故责任纠纷

3. 当事人

原告（被上诉人）：吴某

被告（上诉人）：罗某、高速公路开发公司

被告（被上诉人）：贾某、甲财产保险公司、交通公司、乙财产保险公司

【基本案情】

2018年9月某日3时许，罗某驾驶小型轿车行驶，车辆前部碰撞路面体型较小的动物后失衡，车辆右侧尾部与道路右侧护栏发生碰撞（第一次碰撞），适有贾某驾驶小型客车行驶至同路段，贾某车辆左前侧与道路中央隔离护栏发生碰撞，失控后的车辆左侧车身又与罗某驾驶的车辆左侧车身发生第二次碰撞，造成罗某及乘车人吴某受伤，两车及高速公路设施不同程度损坏。后吴某诉至法院，要求贾某、罗某及二人车辆投保的保险公司、高速公路开发公司、交通公司赔偿其医疗费、营养费、护理费、残疾赔偿金等共计314万余元。

2018年10月9日交通管理部门出具事故认定书，驾驶人罗某、贾某未按操作规范安全驾驶机动车，本次交通事故第一次碰撞罗某负全部责任，第二次碰撞贾某负全部责任，乘车人吴某无责任。通过对路面遗留血迹及组织进行鉴定发现，罗某第一次碰撞的路面障碍物为猪，而该动物如何出现在高速路面现有证据无法查清。

对于吴某伤情与第二次碰撞的因果关系问题，第一次鉴定结论载明未检见有客观证据表明吴某损伤与贾某车辆刮碰罗某车辆的车体有对应关系。而第二次鉴定载明贾某驾驶车辆事故时的车速无法鉴定，无法确定吴某的伤痕在事故中与车体的对应关系。罗某驾驶的车辆在乙财产保险公司投保车上人员责任险（乘客）。贾某驾驶的车辆在甲财产保险公司投保交强险及商业三者险。

经诊断，吴某为开放性颅脑损伤特重型、颅骨骨折等，先后在多家住院治疗。对此吴某亦提交了医疗费、护工费、交通费等票据佐证其损失。经鉴定，吴某属于重度智能减退，不能完全独立生活，需经常有人监护，构成三级伤残；其左侧肢体肌力III级（偏瘫），构成四级伤残；其颅脑损伤经手术治疗后，构成十级伤残，综合伤残赔偿指数为90%。2019年2月25日吴某经法院宣判为无民事行为能力人，妻子姚某被指定为监护人。

高速公路开发公司提供2018年养护工区1到12月份高速公路养护巡查日志，含每日养护巡查日志、清扫车作业日志，用于证明其公司履行了安全防护管理维护义务。

【案件焦点】

1. 吴某伤情是否与贾某车辆的二次碰撞具有因果关系；2. 高速公路开发公司应对吴某的损失承担何种赔偿责任及赔偿比例。

【法院裁判要旨】

北京市丰台区人民法院经审理认为：结合关于吴某伤情与第二次碰撞的因果关系的鉴定结论，在双方均未提供证据证明吴某所受损伤与第二次碰撞之间有因果关系的情况下，吴某要求贾某及其保险公司赔偿损失的诉讼请求，法院不予支持。因事故发生地点属于高速公路开发公司负责经营、管理、养护地段，高速公路开发公司具备独立承担民事责任的主体资格，吴某要求交通公司赔偿损失依据不足，法院不予支持。根据道路交通事故认定、鉴定意见及双方提供证据的情况，法院确认吴某所受损伤系因第一次碰撞所致，故罗某应承担赔偿责任。因罗某驾驶车辆系非营运车辆其善意搭载吴某回京，依法可减轻罗某的赔偿责任。高速公路开发公司作为收费公路的经营、管理者，保障公路安全、畅通是其基本职责之一，本案中路面存在障碍物系导致第一次碰撞的重要原因，而该动物从何处来、在此处存在了多久均应由高速公路开发公司完成举证更为合理，但高速公路开发公司未对此举证。现高速公路开发公司仅提供了巡查日志即称完成了管理责任有违公众认知。作为 24 小时运营收费公路，管理责任应时刻存在，现高速公路开发公司提供的巡查日志主要为日间记录缺乏 24 小时履行管理责任的证据，综上，法院确定高速公路开发公司应在其承担管理责任范围内承担补充赔偿责任。

北京市丰台区人民法院判决如下：

一、乙财产保险公司于判决生效后 7 日内在车上人员责任险（乘客）责任限额内赔偿吴某 10000 元；

二、罗某于判决生效后 90 日内赔偿吴某医疗费、住院伙食补助费、营养费、护理费、误工费、残疾赔偿金（含被扶养人生活费）、精神损害抚慰金、残疾辅助器具费、鉴定费、交通费共计 2191395.19 元（已付 40000 元）；

三、高速公路开发公司在乙财产保险公司、罗某不能按照前项判决履行赔偿义务时，在前项判决总金额百分之二十（即 440279.04 元）范围内承担补充赔偿责任；

四、驳回吴某的其他诉讼请求。

罗某、高速公路开发公司均不服一审判决，提起上诉。北京市第二中级人民法院经审理认为：关于罗某上诉主张贾某车辆的二次碰撞加重了吴某伤情问题，公安机关交管部门曾先后两次鉴定，但鉴定机构并未对二者是否有因果关系进行明确认定，结合车辆碰撞情况、吴某受伤情况、各方对案件事实的陈述及本案现查明的事实，依据日常生活经验和逻辑法则，难以排除吴某所受损伤与第二次碰撞之间不存在因果关系。尤其在吴某因第一次碰撞头部已经受到重伤的情况下，第二次碰撞有极大可能会加重吴某伤势，故贾某应对吴某损失承担一定赔偿责任。结合本案实际认定罗某承担50%的赔偿责任，因其善意搭载吴某应依法减轻赔偿责任，最终认定罗某承担35%的赔偿责任，贾某承担10%的赔偿责任。

关于高速公路开发公司应承担的责任，高速公路开发公司对事故发生路段负有经营、管理、养护职责，有义务保证公路安全、畅通。但第一次碰撞系因路面障碍物所致，高速公路开发公司作为养护单位对该路段监控视频或公路具体情况的查明具有一定天然优势，但本案中其未能提交监控视频，亦未能对障碍物来源进行明确说明。其作为24小时运营的收费公路，管理职责亦时刻存在，应对路面障碍物及时发现并清理，仅依据其提交的巡查日志难以认定其充分尽到养护管理义务，最终认定高速公路开发公司应对吴某合理损失承担40%的赔偿责任。如其认为涉及其他责任主体，可在证据充分条件下另行主张权利。

北京市第二中级人民法院依照《中华人民共和国侵权责任法》第六条、第十六条，《最高人民法院关于审理道路交通事故损害赔偿案件适用法律若干问题的解释》第九条、第十六条，《中华人民共和国民事诉讼法》第一百七十条第一款第二项之规定，判决如下：

一、维持北京市丰台区人民法院民事判决第一项；

二、撤销北京市丰台区人民法院民事判决第二项、第三项、第四项；

三、罗某于本判决生效后90日内赔偿吴某医疗费、住院伙食补助费、营养费、护理费、误工费、残疾赔偿金（含被扶养人生活费）、精神损害抚慰金、残疾辅助器具费、鉴定费、交通费共计953 110.4元（已付40 000元）；

四、高速公路开发公司于本判决生效后10日内赔偿吴某医疗费、住院伙食补助费、营养费、护理费、误工费、残疾赔偿金（含被扶养人生活费）、精神损害抚慰金、残疾辅助器具费、鉴定费、交通费共计1 100 697.6元；

五、甲财产保险公司在机动车交通事故强制保险限额内，于本判决生效后

10日内赔偿吴某医疗费10000元、残疾赔偿金（含被扶养人生活费）110000元；

六、甲财产保险公司在商业第三者责任保险限额内，于本判决生效后10日内赔偿吴某医疗费、住院伙食补助费、营养费、护理费、误工费、残疾赔偿金（含被扶养人生活费）、精神损害抚慰金、残疾辅助器具费、鉴定费、交通费共计155174.4元；

七、驳回吴某的其他诉讼请求。

【法官后语】

从上述案例可以看出，在对交通事故导致的损害赔偿责任进行划分时，责任主体不仅包含肇事方，还可能涉及养护管理职责缺位的道路管理者。道路管理者承担责任的法律依据及归责原则值得探讨。

1. 道路管理者承担赔偿责任的法律依据。

《最高人民法院关于审理道路交通事故损害赔偿案件适用法律若干问题的解释》第七条第一款规定，因道路管理维护缺陷导致机动车发生交通事故造成损害，当事人请求道路管理者承担相应赔偿责任的，人民法院应予支持，但道路管理者能够证明已按照法律、法规、规章、国家标准、行业标准或者地方标准尽到安全防护、警示等管理维护义务的除外。该条对因道路管理维护缺陷导致交通事故造成损害的赔偿责任主体进行了明确，即因道路管理者管理维护缺陷造成交通事故且构成交通事故的发生原因之一的，道路管理者应当承担相应的赔偿责任。《中华人民共和国民法典》第一千二百五十六条规定，在公共道路上堆放、倾倒、遗撒妨碍通行的物品造成他人损害的，由行为人承担侵权责任。公共道路管理人不能证明已经尽到清理、防护、警示等义务的，应当承担相应的责任。该条也明确了公共道路管理人在不能证明自身尽到清理、防护等义务造成损害时应承担相应责任。

2. 道路及道路管理者的界定。

对于道路管理者的主体范围界定，应结合我国道路管理现状，以相应的法律、法规为依据进行判断。我国对于道路管理采取多层级、多元化管理模式，公路按照不同标准进行划分。《中华人民共和国公路法》第六条第一款规定，公路按其在公路路网中的地位分为国道、省道、县道和乡道，并按技术等级分为高速公路、一级公路、二级公路、三级公路和四级公路。具体划分标准由国务院交通主管部门规定。而依据公路是否收费标准，公路又可为收费公路和非收费公路。收费公路是指按照相关规定，经批准依法收取车辆通行费的公路，又可分为政府还贷公路和经营性公路。非收费公路是指全部由政府投资或者社会组织、个人捐资建设的公路。对于因公路管理维护缺陷导致损害的责任主体界定，需要依据我国法律、行政法规、规章等，按照对公共道路实际支配和控制、负有法定管理职责的角度进行判断，实现权责一致，避免盲目扩大道路管理者的范围。

3. 道路管理者应承担的责任类型。

对于何为道路管理维护缺陷，实践中对道路管理者的责任进行认定时还应当结合该路段具体情况及相关法律法规作出认定。从相关道路管理法律规定中可以看出，道路管理者的责任包含但不限于以下类型：

第一，危险警示责任。《中华人民共和国道路交通安全法》第三十条第一款规定，道路出现坍塌、坑漕、水毁、隆起等损毁或者交通信号灯、交通标志、交通标线等交通设施损毁、灭失的，道路、交通设施的养护部门或者管理部门应当设置警示标志并及时修复。

第二，道路养护责任。《中华人民共和国公路法》第三十五条规定，公路管理机构应当按照国务院交通主管部门规定的技术规范和操作规程对公路进行养护，保证公路经常处于良好的技术状态。

第三，安全巡查责任。《公路安全保护条例》第四十七条第一款规定，公路管理机构、公路经营企业应当按照国务院交通运输主管部门的规定对公路进行巡查，并制作巡查记录；发现公路坍塌、坑槽、隆起等损毁的，应当及时设置警示标志，并采取措施修复。

第四，路面保洁、清障责任。《公路养护技术规范》第 4.1.1 条规定，路面养护应符合下列要求：（1）经常清扫路面，及时清除杂物、清理积雪积水，保持路面整洁，做好路面排水；（2）加强路况巡查，发现病害，及时维修、处治。

4. 道路管理者承担责任的归责原则及构成要件。

结合前述法律及司法解释规定，对于因道路管理者维护缺陷导致损害责任归责原则应为过错推定原则，即推定道路管理者具有过错，如道路管理者不能证明其没有过错，应该承担相应的赔偿责任。有观点认为，前述过错推定原则，增加了道路管理者的举证责任，尤其对非收费公路，管理部门不能从运营中获利，将会极大增加其管理成本。但前述观点值得商榷，首先，过错推定责任本质上为过错责任，道路管理者为其过错承担赔偿责任符合现代侵权责任法理论。作为道路管理者，《中华人民共和国道路交通安全法》《中华人民共和国公路法》等都规定了道路管理者的相关义务，如果道路管理者未尽到前述法律法规明确规定的义务导致损害发生，即构成了侵权法上的过错，应当对此承担相应责任。其次，过错推定责任并不过分加重道路管理者的责任。道路管理者的管理维护义务是由法律行政法规规定的，只要管理者举证证明其已按照相关标准履行前述义务，既不存在过错，也不承担侵权责任。最后，过错推定责任符合侵权责任法以保护被侵权人为中心的立法思路。

结合侵权责任构成要件的一般规定，道路管理者因维护缺陷构成侵权的要件包括以下几点：第一，道路管理者实施了违反安全防护、警示等义务的行为。实践中道路管理者违反前述义务的行为通常表现为不作为方式。第二，相对人人身、财产受到损害，产生了相应损害后果。第三，相对人人身、财产损害后果与道路管理者实施违反相关义务的行为之间存在因果关系。即道路管理者维护缺陷是造成损害结果的原因或原因之一。第四，道路管理者违反安全防护、警示义务的行为存在过错。只有同时满足以上四个要件，道路管理者才承担相应赔偿责任。

本案中，高速公路开发公司作为事发路段道路管理者，对该路段负有管理养护职责，有义务保障路面安全、畅通。因其未及时发现并清理路面障碍物导致案涉事故发生并造成吴某受伤，其未履行相关管理职责与吴某受伤存在因果关系。且其作为24小时运营的收费公路，管理职责和义务时刻存在，而现有证据并不能证明其公司充分履行了应尽义务。从查明事实的角度而言，高速公路开发公司作为道路养护单位对事发路段监控视频或公路具体情况的查明具有一定天然优势，但本案中因监控探头损坏，导致未能查清障碍物来源，高速公路开发公司亦有一定过错。故最终法院认定高速公路开发公司承担40%的赔偿责任。

编写人：北京市第二中级人民法院 陈捷鹰 杨云霞

14

行人在交通事故中即使有责任亦无须对其他受害行人承担赔偿责任

——熊某诉黄某等机动车交通事故责任案

【案件基本信息】

1. 裁判书字号

重庆市第三中级人民法院（2021）渝03民终1904号民事判决书

2. 案由：机动车交通事故责任纠纷

3. 当事人

原告（被上诉人）：熊某

被告（上诉人）：财产保险公司

被告（被上诉人）：黄某、物流公司

第三人（被上诉人）：向甲、唐某

第三人：医保中心

【基本案情】

2021 年 1 月 25 日 12 时 55 分许，黄某驾驶重型半挂牵引车拖挂重型仓栅式半挂车行驶时，与横过道路的行人向乙相撞后再与行人熊某相撞，造成向乙当场死亡、熊某受伤的道路交通事故。交通巡逻警察大队于 2021 年 2 月 2 日作出道路交通事故认定书，认定："黄某在此事故中为同等过错，负此次事故同等责任；向乙在此事故中为同等过错，负此次事故同等责任；熊某在此事故中无过错，不负此次事故责任。"熊某受伤后，当日被送往医院住院治疗，2021 年 2 月 23 日出院。

另查明，重型半挂牵引车及重型仓栅式半挂车均系黄某挂靠在物流公司经营。重型仓栅式半挂车未投保交强险及商业三者险。重型半挂牵引车在财产保险公司投保了商业三者险和交强险、不计免赔。向甲与唐某系向乙的父母，熊某系向乙的祖母。涉案交通事故发生后，因向乙死亡，法院已另案受理并作出生效判决。

【案件焦点】

机动车交通事故致两人伤亡，机动车方与其中一个行人负此次事故同等责任，对于无责任行人受到的损害，该如何赔偿。

【法院裁判要旨】

重庆市垫江县人民法院经审理认为：本案中，黄某未保持安全车速，对行人动态预判不足，未提前采取有效的制动措施，操作措施不当，系造成熊某受伤的主要原因；熊某听见鸣笛虽有转身的动作，但其作为成年人长辈在突发情况发生时下意识关爱、担心未成年孙子向乙人身安全的行为，符合社会主义核心价值观，不应认定存在过错。结合道路交通事故认定书认定结果，熊某受伤产生的损失由黄某承担全部责任，熊某不承担责任。因涉案肇事车辆均系黄某挂靠在物流公司经营，故物流公司应在黄某赔偿的范围内承担连带责任。又因重型半挂牵引车在财产保险公司投保了商业三者险和交强险、不计免赔，事故亦发生在保险期间内，结合另案生效判决已确认财产保险公司在交强险及商业三者险范围内对本次事故另一受害人向乙之父母向甲、唐某赔付金额进行扣减。熊某因本次事故受伤产生的合法损失，首先由财产保险公司在交强险责任限额剩余金额范围内予以赔偿，不足部分，由财产保险公司在商业三者险剩余金额范围内予以赔偿，仍有不足部分，再由黄某和物流公司承担相应赔偿责任。

重庆市垫江县人民法院依照《中华人民共和国民法典》第一千一百六十五条、第一千一百七十九条、第一千一百八十三条、第一千二百一十一条、第一千二百一十三条，《中华人民共和国道路交通安全法》第七十六条，《最高人民法院关于审理人身损害赔偿案件适用法律若干问题的解释》第十七条、第十八条、第十九条、第二十条、第二十一条、第二十二条、第二十三条、第二十四条、第二十五条及《中华人民共和国民事诉讼法》第一百四十四条之规定，判决如下：

一、财产保险公司自判决发生法律效力之日起 10 日内支付给熊某因交通事故产生的各项经济损失 128360. 14 元；

二、财产保险公司自判决发生法律效力之日起 10 日内支付给医保中心经统筹基金支付的 135 元；

三、黄某自判决发生法律效力之日起 10 日内支付给熊某鉴定费 2190 元，物流公司承担连带责任；

四、驳回熊某的其他诉讼请求。

财产保险公司不服一审判决，提起上诉。重庆市第三中级人民法院审理后认为本案中向乙的同等责任仅用于减轻黄某对向某的赔偿责任，并不影响其对熊某应承担的赔偿责任。

重庆市第三中级人民法院判决如下：

驳回上诉，维持原判。

【法官后语】

机动车交通事故责任，是指机动车在道路上运行时，因不当驾驶活动或意外事件直接或间接致人人身损害、财产损害产生的责任。司法实践中，事故发生地的交通巡逻警察大队出具的道路交通事故认定书是法院判断事故主体责任承担的重要依据。本案探讨的重点系在多人伤亡的交通事故中，机动车一方投保了商业三者险和交强险，甲行人与机动车一方承担同等责任的交通事故发生后，机动车一方因该事故又撞伤了乙行人，在乙行人无过错的情况下，保险公司是否可以按责任比例承担对乙行人的赔付。此类情况在司法审判中较为罕见，具有较强的探讨价值。

本案中，案涉事故发生后，交通巡逻警察大队出具道路交通事故认定书，认定黄某和向乙在此事故中为同等过错，负此次事故同等责任；熊某在此事故中无过错，不负此次事故责任。黄某据此向二审法院主张，本案是共同侵权案件，熊某的损失是由上述承担事故同等责任的双方所致，而非黄某一人所致，因此其损失应由黄某同向乙按责任比例分担。二审法院审理后认为，本案中向乙的同等责任仅用于减轻黄某对向乙的赔偿责任，并不影响其对熊某应承担的赔偿责任，根据《中华人民共和国道路交通安全法》及《重庆市道路交通安全条例》之规定，机动车与行人之间发生交通事故，由机动车一方承担赔偿责任，行人有过错的，根据过错程度适当减轻机动车一方的赔偿责任，由此可以推定机动车事故的赔偿仅限于机动车与发生事故的行人之间，而不应扩大解释至行人之间，因此熊某的赔偿应由机动车一方承担。

笔者认为，据《中华人民共和国道路交通安全法》第七十六条规定，机动车发生交通事故造成人身伤亡、财产损失的，由保险公司在机动车第三者责任强制保险责任限额范围内予以赔偿。交强险作为强制保险，在保额范围内采取无过错赔偿原则，其立法目的就是转移赔偿风险，使受害方获得及时有效的赔付。现实中，机动车事故致多人伤亡的情形时有发生，事故发生后，若因甲行人与机动车负事故同等责任，就按比例减轻机动车对乙行人的责任，极有可能导致乙行人得不到及时有效的赔付，严重损害其合法权益。因为甲行人负事故同等责任必然导致其得到的赔付金额会按照责任划分相对减少，而甲行人在交通事故中也受到人身伤亡，本身也需要支付医疗开销。此时甲行人能否在承担完自身的医疗开销后再按责任比例分担乙行人的损害完全取决于甲行人个人的经济实力，若甲行人不能承担，乙行人的权益将无法得到保障。而机动车一方因为投保了商业三者险和交强险，保险公司作为代赔付的主体，经济实力强劲，完全有赔付能力，足以及时对受害方给予权利救济。且机动车交通事故本身系严重损害受害方人身权益和财产权益的意外事故，对于受害方的权利救济本身就尤为重要。因此，从保障受害人权益出发，明确在多人伤亡的机动车交通事故中，代替机动车一方承担赔付责任的保险公司不能因一行人过错而减免对另一无过错行人应承担的赔付责任更符合社会主义核心价值观。

编写人：重庆市第三中级人民法院　何玥婷

15

非机动车、行人非故意时不承担肇事机动车车损的赔偿责任

——周某诉高某机动车交通事故责任案

【案件基本信息】

1. 裁判书字号

江苏省宿迁市宿豫区人民法院（2021）苏1311民初935号民事判决书

2. 案由：机动车交通事故责任纠纷

3. 当事人

原告：周某

被告：高某

【基本案情】

2020年12月29日8时许，被告高某驾驶电动三轮车与原告周某驾驶的小型轿车相撞，造成双方车辆损坏，被告高某受伤的交通事故。

另查明，原告在发生事故当日将车辆送至汽车销售服务公司修理，支付维修费6500元；周某系混凝土公司驾驶员，月工资4500元/月。

【案件焦点】

机动车一方是否可以请求非机动车一方承担损害赔偿责任。

【法院裁判要旨】

江苏省宿迁市宿豫区人民法院经审理认为：机动车发生交通事故造成损害的，依照道路交通安全法的有关规定承担赔偿责任。本案属于交通事故，故应根据道路交通安全法的相关规定予以处理。机动车与非机动车驾驶人、行人之间发生交通事故，非机动车驾驶人、行人没有过错的，由机动车一方承担赔偿责任；有证据证明非机动车驾驶人、行人有过错的，根据过错程度适当减轻机动车一方的赔偿责任；机动车一方没有过错的，承担不超过百分之十的赔偿责任。据此，在机动车与非机动车、行人的交通事故中，机动车一方具有法定赔偿义务，而非机动车和行人不具有法定赔偿义务。根据"优者危险负担"原则，非机动车不应赔偿机动车的车辆损失。机动车无论在速度、硬度、重量及对他人的危险性上，均远远高于非机动车和行人，应负更高的避险义务。法院认为，被告驾驶的车辆是电动三轮车，而原告驾驶的是小型轿车，机动车控制交通事故危险的能力和避险义务要远高于非机动车。

江苏省宿迁市宿豫区人民法院依照《中华人民共和国侵权责任法》第四十八条，《中华人民共和国道路交通安全法》第七十六条第一款第二项，《中华人民共和国民事诉讼法》第一百四十四条之规定，判决如下：

驳回原告周某的诉讼请求。

判决后，双方当事人均未上诉，本判决现已生效。

【法官后语】

首先，从《中华人民共和国道路交通安全法》第七十六条规定可以看出，机动车与非机动车、行人之间发生交通事故，归责原则为无过错责任。其出发点是为了促使包括但不限于机动车所有人、驾驶人尽到高度谨慎的驾驶注意义务，使机动车这种危险的高速运输工具得到有效的控制，预防和减少事故发生，避免给相对弱势的非机动车、行人一方造成严重的后果。该法条只规定了机动车一方的责任，而并未规定此种情况下非机动车、行人对机动车一方造成的财产损失承担赔偿责任。因此，机动车一方可向非机动车一方请求承担赔偿损失于法无据。

其次，从“优者危险负担”原则出发，机动车作为高速运行的交通工具，由于本身具有极大的危险性，一旦发生交通事故便会产生较大的人身损失和财产损失，其危险性远远高于非机动车和行人，因此机动车一方应负更高的避险义务，这是对“优者危险”的买单，同时也是权利义务对等原则的要求。

最后，否定非机动车一方应赔偿机动车一方的财产损失是法理的应然之义。本案中被告驾驶的车辆是电动三轮车，而原告驾驶的是小型轿车，在发生交通事故时，相比较机动车一方，非机动车或行人的损害往往更严重，常常是非死即伤，而机动车一方多为财产损失。因此，机动车在控制交通事故危险的能力和避险义务上要远高于非机动车。如果机械地理解赔偿责任分担原则，判定非机动车一方或行人根据事故责任大小对肇事车辆损失进行赔偿，极有可能出现行人或非机动车一方得不到赔偿甚至倒赔机动车一方的极端情况。同时我国从保护交通事故中弱势一方的角度考虑，作出了非机动车、行人优于车辆的立法安排，充分体现了人身权优于财产权的现代文明准则，对弱势一方作适度有利推定符合公平原则。

编写人：江苏省宿迁市宿豫区人民法院　于海秋

16

机动车交通事故中，无近亲属被害人死亡赔偿权利主体的认定

——丁某祥等诉吴某伟、财产保险公司机动车交通事故责任案

【案件基本信息】

1. 裁判书字号

江苏省泰州市兴化市人民法院（2021）苏1281民初7529号民事判决书

2. 案由：机动车交通事故责任纠纷

3. 当事人

原告：丁某祥、丁某凤、丁某兰

被告：吴某伟、财产保险公司

【基本案情】

2020年9月4日，吴某伟驾驶重型长栅式货车行驶时，与驾驶电动三轮车的丁某荣发生碰撞，事故致丁某荣经抢救无效后死亡。经事故责任认定，吴某伟负本起事故的次要责任，丁某荣负本起事故的主要责任。吴某伟驾驶的车辆在财产保险公司处投保了机动车强制保险和第三者责任保险，事故发生在保险期间内。

丁某祥、丁某凤、丁某兰系丁某付子女，丁某付与丁某荣系兄弟关系。丁某荣生前未婚未育，未与村委会签订扶养协议。事故发生前，一直与丁某祥共同生活。因事故死亡后，丁某祥处理了丁某荣的丧葬事宜。丁某祥、丁某凤、丁某兰向法院提起诉讼，要求被告吴某伟、财产保险公司赔偿死亡赔偿金、丧葬费、精神损害抚慰金等各项损失合计226037.58元。

【案件焦点】

无近亲属被侵权人死亡的，其侄子、侄女能否作为请求赔偿的权利主体。

【法院裁判要旨】

江苏省泰州市兴化市人民法院经审理认为：丁某荣与原告丁某祥系叔侄关系，丁某荣生前无其他近亲属，未与村委会或其他个人、组织形成扶养关系，其与侄子丁某祥共同生活多年，由丁某祥赡养并处理了其丧葬事宜，故丁某祥与丁某荣之间已经建立起特殊的家庭成员关系。叔侄建立起的家庭关系中家庭成员之间的权利义务，在不违背公序良俗的前提下可以适用习惯。丁某荣死亡时近80岁，其生前由丁某祥赡养，在长期共同生活中，双方不仅具有亲情关系，还形成了紧密的经济联系。该家庭成员关系符合社会道德观念的要求，故应当承认其合法性。因丁某祥与丁某荣长期共同生活，丁某祥承担并履行了赡养丁某荣的义务，故基于权利义务相一致原则，丁某祥应当享有请求赔偿的权利。从鼓励赡养孤寡老人、支持家庭养老的良善社会风俗出发，本院认为，原告丁某祥具有赔偿权利主体资格。原告丁某凤、丁某兰因非丁某荣近亲属，亦未对其进行赡养，故不属于赔偿权利人。

江苏省泰州市兴化市人民法院依照《中华人民共和国侵权责任法》第六条、第十六条、第二十二条、第四十八条，《中华人民共和国保险法》第六十五条、第六十六条，《中华人民共和国道路交通安全法》第七十六条第一款，《最高人民法院关于审理道路交通事故损害赔偿案件适用法律若干问题的解释》第十三条、第二十四条，《中华人民共和国民事诉讼法》第六十四条、第一百四十二条，《最高人民法院关于适用〈中华人民共和国民法典〉时间效力的若干规定》第一条的规定，作出如下判决：

一、被告财产保险公司于本判决生效后三十日内赔偿原告丁某祥各项损失合计 190305.58 元；

二、被告财产保险公司于本判决生效后三十日内返还被告吴某伟 30000 元；

三、驳回原告丁某祥、丁某凤、丁某兰的其他诉讼请求。

判决后，双方当事人均未上诉，本判决现已生效。

【法官后语】

1. 被害人死亡的赔偿权利主体的立法梳理。

（1）关于“近亲属”的法律规定。

被害人死亡涉及民事侵权赔偿、刑事附带民事赔偿以及国家赔偿，三大诉讼法在被害人死亡时的赔偿权利主体一致规定为近亲属。《中华人民共和国民法典》第一千一百八十一条第一款规定，被侵权人死亡的，其近亲属有权请求侵权人承担侵权责任。我国民事诉讼法中对“近亲属”未有明确规定，一般依据民事实体法中对“近亲属”的规定判断，即《中华人民共和国民法典》第一千零四十五条第二款规定的近亲属为配偶、父母、子女、兄弟姐妹、祖父母、外祖父母、孙子女、外孙子女；《中华人民共和国刑事诉讼法》第九十九条规定，被害人由于被告人的犯罪行为而遭受物质损失的，在刑事诉讼过程中，有权提起附带民事诉讼。被害人死亡或者丧失行为能力的，被害人的法定代理人、近亲属有权提起附带民事诉讼。第一百零六条规定，刑事诉讼中的近亲属，是指夫、妻、父、母、子、女、同胞兄弟姊妹；《中华人民共和国行政诉讼法》第二十五条第二款规定，有权提起诉讼的公民死亡，其近亲属可以提起诉讼。《最高人民法院关于适用〈中华人民共和国行政诉讼法〉的解释》第十四条规定，行政诉讼法中的“近亲属”，包括配偶、父母、子女、兄弟姐妹、祖父母、外祖父母、孙子女、外孙子女和其他具有扶养、赡养关系的亲属。可见我国在实体与程序、公法与私法领域里对“近亲属”的认定并不一致。

（2）无近亲属时赔偿权利人的法律规定。

《最高人民法院关于审理人身损害赔偿案件适用法律若干问题的解释》第一条第二款规定，“赔偿权利人”指因侵权行为或者其他致害原因直接遭受人身损害的受害人以及死亡受害人的近亲属。根据《中华人民共和国民事诉讼法》第一百二十二条第一款第二项的规定，原告是与本案有直接利害关系的公民、法人和其他组织。因此，与死亡受害人之间存在民事权利义务关系的人或组织可以原告的身份主张权利。即垫付了实际费用的人或者组织可以此提起诉讼，即使并非近亲属也不是一概认定不具备原告主体资格。

关于死亡赔偿金的权利主体，《最高人民法院关于审理道路交通事故损害赔偿案件适用法律若干问题的解释》第二十三条第一款规定，被侵权人因道路交通事故死亡，无近亲属或者近亲属不明，未经法律授权的机关或者有关组织向人民法院起诉主张死亡赔偿金的，人民法院不予受理。对该条文作文义解释，经法律授权的机关或有关组织可以主张死亡赔偿金。第二十三条第三款同时规定，被侵权人因道路交通事故死亡，无近亲属或者近亲属不明，支付被侵权人医疗费、丧葬费等合理费用的单位或者个人，请求保险公司在交强险责任限额范围内予以赔偿的，人民法院应予支持。综合前述规定，可见无近亲属被侵权人死亡的，医疗费、丧葬费等实际支出的费用可以由相关利害关系人来主张，而死亡赔偿金作为对被侵权人近亲属的精神补偿，在无近亲属的情形下只能由法律授权的机关或者组织来主张。

2. 无近亲属被害人死亡的赔偿权利主体的实践认定。

当被侵权人无法定近亲属时，其死亡赔偿金的权利主体如何认定，在司法实践中并没有对非近亲属的主张一概否定，而是根据被侵权人生前实际的生活情况进行区分认定。

3. 对无近亲属死亡被害人赔偿权利主体的认定路径。

（1）具有法律上的直接利害关系。

原告与案件具有法律上的直接利害关系是诉讼成立的要件之一。具有直接利害关系，即原告对该诉具有诉的利益，对诉的利益享有有两种情形，一是该利益属于原告，二是原告基于法律规定或约定而主张该利益。具体到道路交通事故责任纠纷案件中，被害人因交通事故死亡，其近亲属是法律规定的赔偿权利人，当然具有原告主体资格；非近亲属因不属于法定赔偿权利人，在起诉时须初步证明其与案件具有直接利害关系，从是否支付医疗费、丧葬费等实际产生费用的角度，可初步判断该非近亲属是否具有原告主体资格，即其提起的诉讼应否受理。至于其请求中的死亡赔偿金、精神损害抚慰金等项目能否得到支持，须经法院实体审理才能作出判断。不能简单依据《中华人民共和国民法典》中对“近亲属”的定义排除非近亲属的诉讼主体资格。

（2）从死亡赔偿金的性质分析。死亡赔偿金是对由于被侵权人死亡而产生的财产损失的赔偿。关于其性质，在理论上有扶养丧失说和继承丧失说两种观点。扶养丧失说认为，因受害人死亡而遭受财产损害的是其生前负有扶养义务的人，由于受害人死亡导致其生前具有法定扶养义务的被扶养人丧失了生活来源，因此侵权人应当向被扶养人进行赔偿。继承丧失说认为，受害人若未因侵权死亡，其会增加财产收入，增加部分作为受害人的遗产将会由法定继承人进行继承。因侵权人的侵权行为导致受害人死亡从而使得这些未来可以获得的收入丧失，导致受害人的继承人在将来所能够继承的财产减少。我国立法将死亡赔偿金的计算方式明确为以城镇居民人均可支配收入为标准，从该标准的确立初衷，可见我国立法对死亡赔偿金的认定采继承丧失说。在代位继承权方面，

《中华人民共和国民法典》第一千一百二十八条第二款规定："被继承人的兄弟姐妹先于被继承人死亡的，由被继承人的兄弟姐妹的子女代位继承。"相比《中华人民共和国继承法》，《中华人民共和国民法典》扩大了法定继承人的范围。综上所述，虽然《中华人民共和国民法典》对近亲属的范围没有作扩大规定，但基于死亡赔偿金的继承丧失说性质，以及上述扩大法定继承人范围的立法精神，都不宜一概否定侄子女对死亡赔偿金进行主张的权利。

编写人：江苏省泰州市兴化市人民法院　姚卫强　丁军生

17

乘车人承担车辆油费的行为不影响好意同乘的认定

——赖某某诉刘某等机动车交通事故责任案

【案件基本信息】

1. 裁判书字号

江西省铜鼓县人民法院（2021）赣0926民初1047号民事判决书

2. 案由：机动车交通事故责任纠纷

3. 当事人

原告：赖某某

被告：刘某、刘某清、财产保险公司

【基本案情】

2021年5月16日，原告赖某某向被告刘某发出搭乘的意愿，询问被告刘某是否愿意搭载其去宜丰县，被告刘某表示愿意搭载也正好同原告一起去宜丰县玩，得到被告刘某同意后，原告搭乘被告刘某驾驶的小型客车前往宜丰县人民法院办事。途中，原告提出再搭载案外人张某勇，被告刘某表示同意。路经加油站时，被告刘某驾驶车辆需要加油，收取了原告200元加油费。当日20时，被告刘某驾驶小型客车行驶时，因操作不当撞向对向护栏，造成车辆受损、原告赖某某受伤、公路护栏受损的交通事故。事故发生后原告被送至医院治疗，共住院24天，住院费用32372.03元。被告只支付了2000元医疗费给原告。经道路交通事故认定书认定，在此事故中，被告刘某负全部责任。经司法鉴定中心鉴定，原告赖某某误工期为300日、护理期为105日、营养期为75日，后续医疗费为10000元。

【案件焦点】

原告赖某某支付油费的行为能否当然导致其与被告刘某之间形成交通运输法律关系。

【法院裁判要旨】

江西省铜鼓县人民法院经审理认为：公民的生命健康权应受法律保护，侵害他人生命健康权应当承担相应法律责任。在此次交通事故中，被告刘某造成原告生命健康权损害应承担相应责任。关于事故责任划分，案件发生当天，原告赖某某向被告刘某发起同乘的意思表示，起初被告刘某表示愿意搭载原告时并没有向原告表示要收取费用，而且中途原告提出再搭载案外人张某勇的时候被告刘某也没有拒绝，也没有收取原告和张某勇任何费用，原、被告此行的主要目的是原告要去宜丰县人民法院办事，被告刘某只是无明确目的的和原告去玩，虽然中途被告刘某所驾驶车辆加油产生的200元油费是原告所付，但原告支付200元加油款的行为不当然转化原告与被告刘某之间的法律关系，即不能认为被告刘某用其所控制客车送原告去宜丰县转变为了有偿服务，上述行为不影响被告刘某搭载原告的行为是好意同乘，被告刘某好意搭载原告前往宜丰县是助人为乐的中国优良传统文化精神的体现，对此应当予以肯定，原告的损失由被告刘某承担全部责任既不合法也不合乎情理，应当减轻其赔偿责任，酌定原告应自行承担50%，被告刘某承担50%。被告刘某驾驶的小型客车在财产保险公司投保了机动车车上人员责任保险-乘客，故原告所受损失应优先在保险责任限额内予以赔偿。原告的各项损失共计95145.36元，该损失优先在保险责任限额10000元内予以赔偿，剩余85145.36元，原告承担50%即42572.68元，被告刘某承担50%即42572.68元，被告已付原告的2000元，可以冲抵，被告刘某还需给付原告40572.68元。

江西省铜鼓县人民法院依照《中华人民共和国民法典》第一千一百七十九条、第一千二百零八条、第一千二百一十七条，《最高人民法院关于审理人身损害赔偿案件适用法律若干问题的解释》第一条、第六条、第八条、第九条、第十条、第十一条，《中华人民共和国民事诉讼法》第一百四十二条之规定，判决如下：

一、由被告财产保险公司于判决生效后十日内支付原告赖某某10000元；

二、由被告刘某于判决生效后十日内支付原告赖某某40572.68元；

三、驳回原告赖某某的其他诉讼请求。

判决后，双方当事人均未上诉，本判决现已生效。

【法官后语】

本案例为特殊情况下机动车交通事故责任纠纷中就好意搭乘行为如何认定提供了参考模式。

1. 好意同乘的性质判断及归责原则适用。

好意同乘俗称搭便车，是指车辆驾驶人基于友邻关系或是出于好意等原因，无偿邀请或者同意他人搭乘自己车辆的一种社会行为。好意同乘区别于无因管理，需双方意思表示一致方可成立，具有合意性，但这种合意性又不同于合同性法律关系的合意，该合意下双方只是基于情谊关系而互帮互助，具有“无偿”属性，并无受法律约束的意思表示之意。虽然在法律效力上双方意思表示不具有约束力，但是车辆驾驶人在无偿搭乘他人后仍然负有将乘客安全送达的义务。倘若发生侵权行为，造成搭乘者人身或是财产损害，车辆驾驶人是否应当承担侵权责任以及如何承担侵权责任？《中华人民共和国民法典》第一千二百一十七条明确了“好意同乘”的法律规则，为好意同乘情况下造成侵权明确了归责原则即“过错+减轻+例外”责任原则，对确属于机动车一方责任的，应当减轻赔偿责任，机动车驾驶人有故意或者重大过失的除外。本案中被告搭乘原告的行为属好意同乘，应依据《中华人民共和国民法典》规定减轻其赔偿责任。

2. 好意同乘“无偿性”属性的判断。

实践中，搭乘者常常会为了表示感谢而主动要求承担油费、过路费或是给付其他财物，此种情况是否可以视搭乘行为为“有偿性”呢？答案是否定的。搭乘行为的“有偿性”“无偿性”应从车辆驾驶人的角度来判断，如果车辆驾驶人从搭乘行为开始至结束都未表示要收取搭乘人的相关费用，即使搭乘人自愿承担了相关费用，也不应认定此车辆驾驶人搭乘行为具有“有偿性”。好意同乘行为是优秀传统道德文化的彰显，能够有效地增进人与人之间的情谊，促进社会和谐，倘若将搭乘人因感谢而自愿承担油费、过路费等行为视为对车辆驾驶人搭乘行为的对价支出，则必然会大大打击这种好意施惠行为的积极性。本案中原告承担油费行为系其自愿承担而并非被告索要，不宜认定被告搭乘行为具有“有偿性”。因此，在认定搭乘行为是否具有“无偿性”，法院应秉持法理和情理相统一原则，确保车辆驾驶人不因自身好意搭乘行为而过度承担相关责任。

3. 搭乘人负担油费行为同属好意施惠行为，不应视为“有偿性”。

社会活动中，好意施惠行为应是一种双向表示行为的传统美德，法律不能苛责施惠一方只能进行无偿奉献，而不能接受受惠之人的感谢之意，否则不能成立好意施惠。就本案而言，正确看待搭乘人负担油费行为在一定程度上对提倡好意同乘行为具有一定作用。本案中原告自愿要求承担油费的行为本身是对被告免费搭载行为的善意回应和感谢，与被告免费搭载行为同属好意施惠行为，体现了“好意”“无偿”等之意，亦能有效增进人与人之间情谊，有利于营造构建助人为乐的和谐社会浓厚氛围，也应提倡和鼓励，自愿承担油费行为不宜视为对车辆驾驶人搭乘行为的对价支出，即搭乘行为的“有偿性”付出。

编写人：江西省铜鼓县人民法院　袁永胜　付云平

18

好意同乘情形的界定与减责例外之认定

——陈某圆诉陈某级等机动车交通事故责任案

【案件基本信息】

1. 裁判书字号

福建省厦门市中级人民法院（2021）闽02民终5878号民事判决书

2. 案由：机动车交通事故责任纠纷

3. 当事人

原告（上诉人）：陈某圆

被告（被上诉人）：陈某级

被告：叶某成、公交公司、财产保险公司

【基本案情】

陈某圆与陈某级是朋友。2020年12月1日8时35分许，陈某级驾驶自有的普通二轮摩托车载陈某圆行驶时，与左侧同向行驶的由叶某成驾驶的大型普通客车发生碰撞，造成陈某级、陈某圆受伤及两车损坏的后果。《道路交通事故认定书》认定陈某级负事故主要责任，叶某成负事故次要责任，陈某圆不负事故责任。陈某圆2020年12月1日至2021年3月4日在医院住院治疗，医生诊断：左上肢碾压伤：左上肢套脱伤、左肱桡肌毁损、左肱三头肌内侧头断裂、左前臂屈伸肌群断裂、左手背撕脱伤、左肱骨外上髁撕脱骨折、左上肢神经损伤。财产保险公司于2020年12月22日支付给陈某圆医疗费18000元，款付至陈某圆在医院账户。2020年12月1日至2021年2月1日陈某圆在医院住院治疗医疗费217079.44元，陈某圆预缴款66000元，欠下医院医疗费151079.44

元未付。公交公司是大型普通客车所有人，叶某成是公交公司驾驶员。叶某成履行职务发生交通事故。大型普通客车在财产保险公司投保交强险，事故发生在保险期限内。事故发生时陈某级驾驶普通二轮摩托车非营运无偿搭载陈某圆。

【案件焦点】

陈某级搭载陈某圆是否构成好意同乘及是否符合对陈某级进行减轻责任的条件。

【法院裁判要旨】

福建省厦门市翔安区人民法院经审理认为：对于陈某圆医疗费 217079.44 元，财产保险公司应在交强险限额内先赔偿医疗费 18000 元。交强险不能赔偿的医疗费 199079.44 元，公交公司是叶某成雇主，应据叶某成负事故次要责任按 30%予以赔偿；事故发生时陈某级驾驶普通二轮摩托车非营运无偿搭载陈某圆，依法可减轻陈某级的赔偿责任，据陈某级负事故主要责任按 70%确定赔偿医疗费金额 139355.61 后，依法减轻陈某级其中 10%的赔偿责任。

福建省厦门市翔安区人民法院依照《中华人民共和国民法典》第一千二百一十七条等相关规定，判决如下：

一、陈某级应赔偿陈某圆医疗费 125420.05 元；

二、公交公司应赔偿陈某圆医疗费 59723.83 元；

三、驳回陈某圆其他诉讼请求。

陈某圆不服一审判决，提出上诉。福建省厦门市中级人民法院认为：从在案证据和当事人的陈述来看，陈某级系基于朋友关系以私家机动车无偿搭载陈某圆外出游玩，属于情谊行为，不属营运行为，双方之间并无受法律约束的意思表示，符合《中华人民共和国民法典》第一千二百一十七条规定的好意同乘情形。本案事故经道路交通事故认定，事故形成原因及责任为：陈某级驾车变更车道时影响相关车道行驶的机动车正常行驶，该行为与事故有直接因果关系，对事故发生起的作用较大，负事故主要责任；公交车驾驶员叶某成驾车未注意观察前方交通状况，遇情况未采取有效避险措施，该行为与事故发生有直接因果关系，对事故发生起的作用较小，负事故次要责任。可见，本案事故主要是因陈某级驾驶摩托车变更车道引起，而根据《中华人民共和国道路交通安全法实施条例》第四十四条“摩托车应当在最右侧车道行驶”的规定，陈某级变更车道属于违反道路交通安全法规的严重行为，其对本案事故的发生具有严重过错，故陈某圆上诉主张陈某级对陈某圆因本案事故受损害存在重大过失，理由充分。同时，并无证据证明陈某圆自身对其在本案事故中受损害存在过错。因此，陈某圆主张不应减轻陈某级因本案事故应对陈某圆承担的赔偿责任，依法有据。

福建省厦门市中级人民法院依照《中华人民共和国民法典》第一千二百一十七条、《中华人民共和国道路交通安全法实施条例》第四十四条、《中华人民共和国民事诉讼法》第一百七十条第一款第二项之规定，判决如下：

一、维持福建省厦门市翔安区人民法院民事判决第二项，即公交公司应赔偿陈某圆 2020 年 12 月 1 日至 2021 年 2 月 1 日医疗费 59723.83 元，款限于本判决生效之日起五日内付清；

二、撤销福建省厦门市翔安区人民法院民事判决第三项，即驳回陈某圆本案其他诉讼请求；

三、变更福建省厦门市翔安区人民法院民事判决第一项为：陈某级应赔偿陈某圆 2020 年 12 月 1 日至 2021 年 2 月 1 日医疗费 139355.61 元，款限于本判决生效之日起五日内付清。

【法官后语】

1. 好意同乘情形的认定要点。

根据《中华人民共和国民法典》第一千二百一十七条条文的表述，可以很直观看出“好意同乘情形”首先应当具备“非营运车辆”“无偿搭乘”的条件：

关于“非营运车辆”的理解，应是发生事故时该车辆并非在营运，如果机动车使用人将营运车辆用于非营运的目的，也应当是符合好意同乘的条件。

关于“无偿性”的理解，应注意无偿性是好意同乘的必备条件，但并非无偿搭乘就一定是好意同乘，也存在看起来无偿但需要排除于好意同乘情形之外的搭乘行为，如客运合同中经承运人同意免票的旅客，或是酒店、超市、房地产公司以营利为目的提供的免费搭乘车。此外，目前司法实践中多数观点认为，对于某些出于朋友关系的搭乘，搭乘人自愿承担部分路费、油费的情形，也可适用好意同乘规则。

关于“搭乘”应理解为双方达成合意的搭载、乘坐，不论哪一方主动，“搭乘”并非狭义地理解为须是搭乘方主动请求乘坐。

2. 好意同乘减责例外的重大过失情形认定。

好意同乘情形的归责原则适用过错责任原则。机动车使用人一方在交通事故中只具有一般过错的情况下，应当减轻其赔偿责任，而其对事故发生有故意或者重大过失时则不予减责。因此，好意同乘规则的适用难点在于机动车使用人过错的认定，特别是重大过失情形的认定。

交通事故责任认定书认定机动车使用人负事故次要责任的，一般认定为机动车使用人不具有重大过失或故意的；交通事故责任认定书认定机动车使用人负事故全部责任的，一般认定为机动车使用人具有重大过失或故意；以上两类情形较容易进行认定与区分，不易产生争议，易发生争议的情形是：交通事故责任认定书认定机动车使用人负事故主要责任的情形下，机动车使用人的过错是否达到重大过失的程度。对此，主要有以下两种观点：

一种观点认为交通事故责任认定书认定机动车使用人负事故主要责任的，理应认定机动车使用人具有重大过失；另一种观点则认为交通事故责任的认定不等同于过错认定，是否负事故主要责任还应区分责任具体原因从而认定机动车使用人是否具有重大过失以上的过错。

笔者认为，第一种观点偏于绝对，确实存在一些负事故主要责任的情形非因机动车使用人的重大过失所致，但从实践来看交通事故责任认定为负事故主要责任的绝大部分情形是机动车使用人的过错所致，机动车使用人不具有重大过失的情形应是少数。对于明显因机动车使用人在行车过程中有意违反交通法规是导致事故发生主要原因的情形，应当认定机动车使用人具有重大过失，就如本案。

编写人：福建省厦门市中级人民法院　陈丽英

19

好意同乘因重大过失不减责

——陈某辉等诉盛某等机动车交通事故责任案

【案件基本信息】

1. 裁判书字号

广东省佛山市中级人民法院（2021）粤06民终11629号民事判决书

2. 案由：机动车交通事故责任纠纷

3. 当事人

原告（被上诉人）：陈某辉、陈某源、陈某礼、黄某平、肖某群

被告（上诉人）：盛某、张某玫

被告：甲财产保险公司、乙财产保险公司

【基本案情】

2020年1月10日晚，盛某发驾驶A小型轿车（搭乘黄某）行驶时，由于心脏疾病发作致车辆失控驶出右侧路外，先后碰撞路边绿化树、石墩、灯柱以及停放的B小型轿车（登记所有人为陈某），盛某发当场死亡，黄某经医院抢救无效死亡。交警部门认定盛某发承担事故全部责任，黄某不承担事故责任，陈某不承担事故责任。事故发生前，黄某后排就座；事故发生时，其被抛出车外受伤，后排安全带完好。

2020年1月13日，司法鉴定中心对盛某发死亡原因进行鉴定。该鉴定中心于2020年2月17日作出《司法鉴定意见书》，鉴定意见是：死者盛某发符合在患有扩张型心肌病和主动脉瓣人工瓣膜置换术后的基础上，因突发心律失常、心力衰竭等，导致心源性猝死。

2006年11月7日，盛某发到医院进行住院治疗，2006年11月24日出院。出院诊断：主动脉瓣关闭不全等，其于2006年11月15日行主动脉瓣人工瓣膜置换术。

A小型轿车的登记所有人为盛某发，其持有的驾驶证显示有效起始日期是2011年7月10日，有效期为10年。该车在乙财产保险公司处投保了交强险和保险限额为50万元的商业第三者责任保险，事故发生在保险期限内；在甲财产保险公司处投保了交强险和保险限额为100万元的商业第三者责任保险，事故发生在保险期限内。

因案件审理需要，二审法院向佛山市公安局交通警察支队发函咨询相关事项。该所复函主要内容如下：2011年7月11日盛某发办理机动车驾驶证期满换证时，其明确申告自己不具有器质性心脏病等妨碍安全驾驶疾病等，经医院体检合格后才办理机动车驾驶证换证业务。驾驶员若具有器质性心脏病，根据《机动车驾驶证申领和使用规定》要求，不得申请机动车驾驶证。盛某发两次换领机动车驾驶证均未如实申告，公安机关一经发现，将对其机动车驾驶证予以注销。

二审中，盛某、张某玫、陈某辉等均确认盛某发驾驶机动车搭乘黄某是无偿的。

【案件焦点】

1. 盛某发对本案损害后果的发生是否具有重大过失；2. 应否减轻盛某发赔偿责任。

【法院裁判要旨】

广东省佛山市南海区人民法院经审理认为：本次事故发生的原因系盛某发在驾驶车辆的过程中心脏病发作，致使车辆失控，虽其并无主观上的故意，但事故确系其驾驶车辆过程中未能控制车辆所致，故交警部门认定盛某发承担事故的全部责任，并无不当。即便盛某发和黄某在本案中符合好意同乘关系，但盛某发应承担事故的全部责任，本案不符合《中华人民共和国民法典》第一千二百一十七条规定的可以减轻盛某发赔偿责任的条件，故对盛某、张某玫要求减轻赔偿责任的辩解意见不予采纳。

黄某被抛出车外致使受伤，而后排安全带完好，可以推定其在事故发生时没有佩戴安全带，法院酌定对超出交强险部分的损失，由其自行承担10%的责任，盛某发承担90%的责任。

广东省佛山市南海区人民法院依照《中华人民共和国侵权责任法》第三条、第十六条、第四十八条，《中华人民共和国道路交通安全法》第七十六条，《最高人民法院关于审理人身损害赔偿案件适用法律若干问题的解释》第十九条、第二十七条、第二十八条、第二十九条，《中华人民共和国民事诉讼法》第六十四条第一款的规定，判决如下：

一、盛某、张某玫应于本判决发生法律效力之日起十日内在继承盛某发的遗产范围内赔偿1448362.44元予陈某辉、陈某源、陈某礼、黄某平、肖某群；

二、驳回陈某辉、陈某源、陈某礼、黄某平、肖某群的其他诉讼请求。

盛某、张某玫不服一审判决，提起上诉。广东省佛山市中级人民法院经审理认为：虽然本案盛某发无偿搭乘黄某的行为构成好意同乘，但盛某发存在重大过失，不应减轻其赔偿责任。理由如下：

其一，从行为人应尽的注意义务来看。重大过失是行为人未尽到一般理性人应尽的注意义务，即行为人“显然欠缺应有的注意”，一般过失是行为人“因疏忽而未能达到通常的注意义务所要求的谨慎程度的过失”。本案中，盛某发作为驾驶人，其负有将搭乘人安全运送至目的地的义务。虽然对于事故的发生，盛某发并无主观上的故意，但其明知自身患有妨碍安全驾驶机动车的疾病，仍驾驶机动车并搭乘黄某，其对可能带来的损害风险，显然欠缺应有的注意，这与一般过失所要求的“因疏忽而未能达到通常的注意义务”的过失程度明显不同。

其二，从交警部门认定的事故过错责任来看。盛某发患有妨碍安全驾驶机动车的疾病仍驾驶机动车，违反了《中华人民共和国道路交通安全法》《机动车驾驶证申领和使用规定》等法律、部门规章的规定。盛某发在驾驶过程中，心脏病发作，致使车辆失控发生碰撞从而导致搭乘人黄某死亡。经交警部门认定，盛某发的上述违法行为，是导致本次事故的全部过错，应承担本次事故的全部责任。虽然事故全责并不当然等于有重大过失，但盛某发具有不得驾驶机动车的情况，其仍违法搭乘他人，其行为应认定为严重过错，不应减轻其责任。

其三，从盛某发换领机动车驾驶证的主观态度和客观表现来看。盛某发换领机动车驾驶证时，其未主动如实告知曾经做过主动脉瓣人工瓣膜置换术，其向交警部门提交的《机动车驾驶证申请表》及《机动车驾驶人身体条件证明》中，均明确申告自己不具有器质性心脏病等妨碍安全驾驶的疾病。可见，盛某发有故意隐瞒过往病情的行为。对于盛某发的上述行为，交警部门复函明确认为，如果驾驶员具有器质性心脏病，而在换领机动车驾驶证时未如实告知，公安机关一经发现，将根据公安部《机动车驾驶证申领和使用规定》（第139号令）第七十七条的规定，对其机动车驾驶证予以注销。从盛某发的病情诊断、治疗情况及死因鉴定来看，盛某发患有器质性心脏病。因盛某发主、客观上均未如实告知身体情况，从而获取机动车驾驶证，继而在驾驶车辆过程中，因突发心脏病导致本次事故发生，盛某发显然具有重大过失。

其四，从法益的价值取舍来看。好意同乘能促进人际关系和谐，是人与人之间互帮互助的表现，通常情况下，可以构成减责事由，以增加社会成员间的相互信任。本案虽为好意同乘，但因盛某发具有侵权的重大过失，其在患有妨碍安全驾驶机动车的疾病仍驾驶机动车搭乘他人，不仅有造成自身危险的可能，而且对搭乘人乃至道路交通安全都有一定隐患，故在其行为会对他人人身安全及公共安全造成危害的情况下，应在二者之间进行价值取舍，对具有重大过失的好意同乘行为不应予以减责，以提示和教育行为人对他人生命和身体健康尽合理谨慎的注意义务。

广东省佛山市中级人民法院依照《中华人民共和国民事诉讼法》第一百七十条第一款第一项规定，判决如下：

驳回上诉，维持原判。

【法官后语】

《中华人民共和国民法典》第一千二百一十七条规定："非营运机动车发生交通事故造成无偿搭乘人损害，属于该机动车一方责任的，应当减轻其赔偿责任，但是机动车使用人有故意或者重大过失的除外。"也就是说，当驾驶人的过错为故意或重大过失时，对其责任不予减轻。

什么是重大过失？重大过失虽然难以量化，但将相应义务的来源和性质作为锚点，并作为一般标准予以考量，也不失为统一裁判的一种方法。比如，违反了以下几种义务：(1) 法律、法规、规章的禁止性规定；(2) 特定身份、特定职务的人员应当达到的通常注意义务；(3) 因先行为而产生的高于一般人的注意义务；(4) 理性人或善良管理人的标准，在普通人看来，这种行为是不可理解的，也是不可宽恕的，可以认定为重大过失。

那么，具体到好意同乘中重大过失的认定，由于有交警部门的事故认定书，通常来说，如果事故认定书认定驾驶人负主要责任以上，一般可推定为重大过失。

对于本案认定盛某发的行为构成重大过失，不应减轻其责任。主要有以下几个理由：一是盛某发违反了《中华人民共和国道路交通安全法》和《机动车驾驶证申领和使用规定》等法律、规章的禁止性规定。虽然盛某发通过故意隐瞒的手段取得了驾驶证，但交警部门一经发现就会吊销，这个后果可视为无证驾驶。二是盛某发没有提交术后复查资料，交通事故认定书认定其为全责，事故的发生也正是因其心脏病而引发，与本案损害具有相当因果关系。三是从一般人的理性和谨慎义务来看，如果黄某知道盛某发通过隐瞒、欺骗的手段获取了驾驶证，黄某搭乘的可能性会大大降低。四是从价值取向来看，因自身疾病不能取得驾驶证，如果通过隐瞒、欺骗的手段取得并驾驶车辆，这个行为不仅有造成自身危险的可能，还会对他人人身安全和公共安全造成危害。认定为重大过失，有利于提示和教育行为人对他人生命和身体健康应尽合理谨慎的注意义务。

编写人：广东省佛山市中级人民法院　刘红

二、交通事故损害赔偿

20

多方过错下机动车交通事故的责任划分及承担

——秦某诉姜某强等机动车交通事故责任案

【案件基本信息】

1. 裁判书字号

广东省深圳市宝安区人民法院（2019）粤0306民初37456号民事判决书

2. 案由：机动车交通事故责任纠纷

3. 当事人

原告：秦某

被告：姜某强、物流公司、水利水电公司、财产保险公司、水电建设公司、环境建设公司

【基本案情】

2018年9月，被告姜某强驾驶重型半挂牵引车牵引挂重型罐式半挂车行驶时，与原告驾驶的二轮机动车与牵引车发生碰撞，倒地后与施工现场围挡下浮焊接伸出机动车道的未喷涂、粘贴反光标识的铁支架发生碰撞，造成半挂车碾压原告身体下肢致其受伤。《道路交通事故认定书》认定：被告姜某强承担事故主要责任，原告及被告水利水电公司承担次要责任。经查明，被告姜某强系

涉案牵引车及半挂车的驾驶人、被告物流公司系涉案车辆所有人。涉案牵引车在被告财产保险公司购买了交强险及商业三者险，事故发生在承保期限内。被告水电建设公司与被告环境建设公司签订协议，约定由环境建设公司负责上述工程施工，因施工方作业不当给第三人造成的人身、财产损失由环境建设公司承担。另查明，经鉴定，原告因事故构成一个三级伤残和一个十级伤残，其因事故而导致的医疗费、伤残赔偿金等共计2520963.03元。被告物流公司、财产保险公司分别垫付医疗费143348.8元、9万元并预付原告赔偿款2万元、5万元。

【案件焦点】

1. 施工方是否承担责任及施工路段责任的承担主体；2. 关于事故的责任划分；3. 关于具体赔偿责任的承担，即交强险限额适用范围或适用顺序。

【法院裁判要旨】

广东省深圳市宝安区人民法院经审理认为：对于施工方是否承担责任及施工路段责任的承担主体。现场施工围挡下浮焊接所用铁支架伸出机动车道，且未喷涂、粘贴反光标识，对包括原告在内的来往车辆构成安全隐患，后原告车辆与被告姜某强车辆发生碰撞后又与该铁支架发生碰撞导致半挂车碾压原告下肢。据此可认定施工方采取施工围蔽措施不当与原告损害后果存在一定因果关系，应承担相应的侵权责任。本案事故施工路段备案登记建设单位为被告水利水电公司，实际建设单位为被告水电建设公司，实际施工方为被告环境建设公司，故依据《最高人民法院关于审理道路交通事故损害赔偿案件适用法律若干问题的解释》第十一条的规定，被告环境建设公司与被告水电建设公司应对其妨碍通行行为给原告造成的损失承担连带赔偿责任。

关于事故责任划分。根据《道路交通事故认定书》，被告姜某强驾驶存在安全隐患的机动车，未仔细观察道路交通安全状况导致事故应承担主要责任；原告未取得机动车驾驶证、未按规定佩戴安全头盔等，对事故损害后果存在一定过错；被告水利水电公司未按交通疏解专项施工方案要求进行施工，围蔽措施不当，未采取安全防护措施，对事故发生亦存在过错。故本案事故发生及损害后果是多个行为共同作用造成的，三方均有过错。交通事故是造成原告损害的主要原因，道路建设施工不当行为是次要原因，综合考虑三方过错程度及各自行为对事故发生的原因力大小，酌定造成交通事故的双方（原告与被告姜某强）共同承担70%的侵权责任，妨害通行的建设施工方（被告环境建设公司与被告水电建设公司）承担30%的侵权责任；在道路交通事故内部，双方均为机动车，被告姜某强承担主要责任，原告承担次要责任，酌定赔偿比例分别为70%和30%。

关于具体赔偿金额的承担。根据一般侵权责任赔偿规则与道路交通事故责任特殊赔偿规则，上述主体赔偿责任具体为：施工方被告环境建设公司与被告水电建设公司应连带赔偿原告2520963.03×30%＝756288.91元。在交通事故内部，被告姜某强驾驶的牵引车在被告财产保险公司投保了交强险及商业三者险200万元（含不计免赔），且财产保险公司已垫付医疗费9万元并预付原告赔偿款5万元，姜某强履职单位即被告物流公司已支付143348.8元并预付原告赔偿款2万元，故被告财产保险公司应在交强险及商业三者险赔偿范围内赔偿原告120000+（2520963.03－756288.91－120000）×70%－90000－50000－143348.8－20000＝967923.08元。因此，原告还应得赔偿总额为756288.91元+967923.08＝1724211.99元。原告请求在交强险内优先赔付精神损害抚慰金，符合法律规定，予以支持。

广东省深圳市宝安区人民法院依照《中华人民共和国侵权责任法》第十二条，《中华人民共和国道路交通安全法》第七十六条，《最高人民法院关于审理道路交通事故损害赔偿案件适用法律若干问题的解释》第十一条、第十六条，《最高人民法院关于审理人身损害赔偿案件适用法律若干问题的解释》第十七条，《中华人民共和国民事诉讼法》第六十四条第一款，《人民法院诉讼费用交纳办法》第二十九条之规定，判决如下：

一、确认原告秦某因本案道路交通事故应得赔偿总额为人民币1724211.99元；

二、被告财产保险公司于本判决生效之日起十日内在交强险及商业三者险赔偿限额内赔偿原告秦某人民币 967923.08 元（其中 81000 元精神损害抚慰金为交强险优先赔付项目）；

三、被告环境建设公司与被告水电建设公司于本判决生效之日起十日内连带赔偿原告秦某人民币 756288.91 元；

四、驳回原告秦某的其他诉讼请求。

判决后，双方当事人均未上诉，本判决现已生效。

【法官后语】

在机动车交通事故责任纠纷中，一般侵权行为的介入往往导致责任主体复杂化，进而导致各方当事人赔偿范围的计算成为审判难点。本案例针对的是机动车交通事故双方均存在过错又介入第三方侵权行为共同导致交通事故的发生或加剧损害结果的情形下，各方当事人责任的划分及交强险适用范围。在司法实务中各方赔偿责任的计算方法主要有以下两种：

方法一：将整个交通事故确定的赔偿损失总额认定为 100%，在总损失扣除交强险的基础上分别按照各方过错程度确定比例 A、B、C（A+B+C＝100%）计算赔偿范围。即受害方能获得的损害赔偿范围＝（总损失−交强险）×（A+B）+交强险。

方法二：将第三方一般侵权责任与机动车交通事故责任相分离作为两个独立的责任体系，分别确定二者在总损失中的比例 A、B（A+B＝100%），在此基础上依据《中华人民共和国道路交通安全法》第七十六条的规定进一步确定交通事故纠纷内部各主体的责任比例 c、d（c+d＝100%），则受害方能获得的损害赔偿范围＝（总损失×A）+（总损失×B−交强险）×c+交强险。

上述两种计算方法的区别在于：一是各方赔偿责任的比例是否均由法官自由裁量，二是交强险是否覆盖第三方的一般侵权行为，即事故总体损失扣除交强险后，按比例计算抑或只在交通事故责任体系中扣减交强险。

笔者认为，方法二在计算各方赔偿范围时采取先分离第三方侵权责任后再分别计算不同责任体系内部具体责任范围的先整体后部分、先外部后内部的原则，具有以下合理性和必要性：

1. 实现已有规则延续适用与法官自由裁量的有机结合。

方法一中各方承担赔偿责任的比例A、B、C，是个案中法官依据具体情形行使自由裁量权酌定的结果，而方法二仅在第三方与交通责任事故二者在整体损害中的过错程度酌定比例，而在交通事故责任内部，比例c、d是依据《广东省道路交通安全条例》第四十六条确定的。当前机动车交通事故责任纠纷中两车之间不同的过错程度对应的量化责任比例已在司法实务中形成共识（如下表所示），方法二将第三方的责任比例先行分离，剩余车辆之间责任依据现有规则计算，相比于方法一而言，既能维持交通事故责任纠纷既有规则在适用上的稳定性，也能在一定程度上平衡法官的自由裁量权。

两车之间不同的过错程度对应的量化责任比例表

A	B	C
	机动车	非机动车
全责	100%	0%
主要	80%	20%
同等	60%	40%
次要	40%	60%
无责	90%	10%

2. 契合交强险制度的设计目的。

交强险系基于机动车的“优者负担”原则设立，是机动车方所投保，为分散机动车运行带来的社会风险，亦是保障受害方及时获得经济救助的制度设计，故其覆盖范围应为交通事故内部投保机动车所造成的损害部分而不应包括其他主体如第三方一般侵权行为的过错责任。方法一先扣除交强险再计算各方责任承担比例，其实质是扩大了交强险的覆盖范围，而方法二先将第三方一般侵权责任分离，仅在交通事故责任体系中扣减交强险，此种计算方式更符合交强险的价值定位。

3. 平衡侵权责任制度的双重价值。

对受害方予以补偿和保护是现代民法实质公平的价值追求，但受害方不等于无过错方，保护受害方并不意味着有过错的受害方无须对自己的过错负责。同时，侵权责任制度除保护和救济受害者的功能，亦有制裁和预防加害者的侵权行为的功能。方法一的实质是无论各方过错程度如何，先在交强险范围内对受害方损失进行全额赔偿，此种方法在总损失不超过交强险赔付额度的情况下(此类情况在实务中并不少见)，仅交强险即可覆盖全部损失，不仅受害方无须承担自身过错导致的损失，第三方的一般侵权行为也无须承担赔偿责任。虽然从结果上看，受害方损失都得到了充分赔付，但交强险的兜底使部分有过错的当事人无须承担责任，不仅不符合侵权法过错担责理念，在某种程度上亦抹灭了法律的评价和引导功能，不利于督促公众对交通规则的遵守及秩序的保持，也不利于引导施工方注意安全保障义务，最终不利于公共交通领域的安全保障。

编写人：广东深圳市宝安区人民法院　王辉　吴泽玲

21

交通事故发生时，受害人随身携带的贵重物品的价格如何认定

——蒋某春诉王某、财产保险公司机动车交通事故责任案

【案件基本信息】

1. 裁判书字号

新疆生产建设兵团第八师中级人民法院（2021）兵08民终955号民事判决书

2. 案由：机动车交通事故责任纠纷

3. 当事人

原告（上诉人）：蒋某春

被告（上诉人）：王某

被告（被上诉人）：财产保险公司

【基本案情】

2020年6月28日9时许，王某驾驶小型轿车，与步行横过道路的蒋某春发生碰撞，造成蒋某春受伤及蒋某春随身佩带的和田玉手镯受损的道路交通事故。经交通警察支队开发区大队认定，王某驾驶机动车遇行人正在横过道路时未停车让行，王某负事故的全部责任，蒋某春无责任。王某驾驶的事故车辆在被告财产保险公司投保交强险及商业险50万元，并投保有不计免赔险。

原告受伤后，于同日入住医院治疗。住院期间行颧骨骨折切口复位术+踝关节骨折切开复位钢板内固定术。2020年7月17日，原告出院。出院诊断：颧骨骨折；闭合性颅脑损伤中型；创伤性蛛网膜下腔出血；眼睑裂伤；肋骨骨折（右侧8—10肋）；创伤性湿肺；踝关节骨折（右侧）。出院医嘱：进流质饮食；加强营养；建议全休3个月，每月骨科复查。原告住院19天，花费住院费44981.16元。

交通事故发生后，原告在医院门诊治疗检查，先后花费门诊治疗费5122.61元（135元+223.40元+143.17元+812元+3809.04元）以上，原告产生的医疗费合计为50103.77元（44981.16元+5122.61元），其中，被告王某先行垫付原告医疗费48792.20元，被告财产保险公司先行垫付医疗费1万元。原告在住院治疗期间花费交通费300元。2015年7月29日，原告亲属为原告购买和田玉手镯一只，花费5000元，交通事故发生时因碰撞被损坏。2020年10月20日，原告委托司法鉴定中心对其的人身损伤致残程度分级鉴定、护理期、营养期进行评定。2020年10月27日，司法鉴定中心作出司法鉴定意见书。鉴定意见：被鉴定人蒋某春右侧第3—11根肋骨骨折（共计9根），按照人体损伤致残程度分级鉴定为十级；被鉴定人右侧外踝骨折并踝关节半脱位至右踝关节功能丧失68%按人体损伤致残程度分级鉴定为十级；被鉴定人蒋某春护理期为60天；被鉴定人蒋某春营养期评定为90天。原告花费鉴定费1580元。

【案件焦点】

蒋某春随身携带的物品的价格如何认定。

【法院裁判要旨】

新疆维吾尔自治区石河子市人民法院经审理认为：自然人的生命、健康权受法律保护。王某驾驶机动车遇行人正在横过道路时未停车让行，负事故的全部责任。原、被告双方均无异议，法院予以认定，故被告王某应当对原告的损失负全部责任。依照《中华人民共和国道路交通安全法》第七十六条第一款规定："机动车发生交通事故造成人身伤亡、财产损失的，由保险公司在机动车第三者责任强制保险责任限额范围内予以赔偿；不足的部分，按照下列规定承担赔偿责任：（一）机动车之间发生交通事故的，由有过错的一方承担赔偿责任；双方都有过错的，按照各自过错的比例分担责任。（二）机动车与非机动车驾驶人、行人之间发生交通事故，非机动车驾驶人、行人没有过错的，由机动车一方承担赔偿责任；有证据证明非机动车驾驶人、行人有过错的，根据过错程度适当减轻机动车一方的赔偿责任；机动车一方没有过错的，承担不超过百分之十的赔偿责任。"《最高人民法院关于审理道路交通事故损害赔偿案件适用法律若干问题的解释》第十三条规定"同时投保机动车第三者责任强制保险（以下简称'交强险'）和第三者责任商业保险（以下简称'商业三者险'）的机动车发生交通事故造成损害，当事人同时起诉侵权人和保险公司的，人民法院应当依照民法典第一千二百一十三条的规定，确定赔偿责任"。故被告财产保险公司作为投保被告王某驾驶的机动车交强险及商业险的保险公司应当在交强险限额内赔偿，在商业险限额内依照保险合同的约定赔偿。

新疆维吾尔自治区石河子市人民法院依照《中华人民共和国民法典》第一千一百六十五条、第一千一百七十三条、第一千一百七十九条、第一千一百八十三条、第一千一百九十二条、第一千二百零八条、第一千二百一十三条，《中华人民共和国道路交通安全法》第七十六条，《最高人民法院关于审理人身损害赔偿案件适用法律若干问题的解释》第六条、第七条、第八条、第九条、第十条、第十一条、第十二条、第二十三条，《最高人民法院关于确定民事侵权精神损害赔偿责任若干问题的解释》第一条、第五条之规定，作出如下判决：

一、被告财产保险公司在机动车交通事故责任强制保险限额内赔偿原告蒋某春112000元（含精神损害抚慰金），其中，向原告蒋某春支付66076.80元，向被告王某支付45923.20元；

二、被告财产保险公司在机动车第三者责任商业保险限额内赔偿原告蒋某春27028.63元；

三、上述款项，各被告于本判决生效之日起十日内给付原告蒋某春。

蒋某春、王某不服一审判决，提起上诉。新疆生产建设兵团第八师中级人民法院经审理认为：本案的争议焦点是：蒋某春的残疾赔偿金、护理费、精神损害抚慰金的数额应如何确认。关于残疾赔偿金问题，财产保险公司提出一审司法鉴定意见存在重大瑕疵，采用蒋某春自行鉴定的结论程序违法。关于蒋某春的伤残等级问题，从蒋某春提交的诊断资料显示其确因事故致右侧外踝骨折并踝关节半脱位，并行右颧弓骨折内固定术、右侧外踝骨折合并踝关节半脱位内固定术治疗等，一审中各方对其医院诊断记录均无异议，其诊断资料与鉴定意见显示伤情并无出入，且鉴定检查蒋某春右踝关节活动明显受限，经新疆中信司法鉴定中心对其伤情检验，认为其右踝关节活动功能丧失68%构成十级伤残，该鉴定意见并无违反鉴定程序的情形，财产保险公司未提交证据足以反驳该鉴定结论，也未提交证据证明该鉴定存在违反法律规定的情形，其上诉所提质疑均系其主观判断，而蒋某春单方委托鉴定亦非必须重新鉴定的理由，故对财产保险公司的该上诉主张依法不予采纳，一审采信鉴定意见计算残疾赔偿金并无不当。关于护理费问题。《最高人民法院关于审理人身损害赔偿案件适用法律若干问题的解释》第八条规定：“护理费根据护理人员的收入状况和护理人数、护理期限确定。护理人员有收入的，参照误工费的规定计算；护理人员没有收入或者雇佣护工的，参照当地护工从事同等级别护理的劳务报酬标准计算。护理人员原则上为一人，但医疗机构或者鉴定机构有明确意见的，可以参照确定护理人员人数。护理期限应计算至受害人恢复生活自理能力时止。受害人因残疾不能恢复生活自理能力的，可以根据其年龄、健康状况等因素确定合理的护理期限，但最长不超过二十年。受害人定残后的护理，应当根据其护理依赖程度并结合配制残疾辅助器具的情况确定护理级别。”根据鉴定意见，蒋某春的伤情评定为两个十级伤残，其伤后日常生活不能自理，需要依靠他人协助护理。一审法院根据该鉴定意见，综合考虑蒋某春的年龄、健康状况，确定蒋某春护理费合理合法，并无不当。财产保险公司该上诉主张护理费过高缺乏事实根据和法律依据，本院不予支持。关于精神损害抚慰金是否过高的问题，尽管王某并非故意行为造成蒋某春身体受到损害，但本次事故导致蒋某春多处肋骨骨折，且右侧踝关节功能丧失68%，后期恢复期间亦承受较多痛苦，故一审法院酌情确定3000元的精神损害抚慰金并无不当。蒋某春上诉认为王某垫付款项为38790.20元，原审认定该数额有误，财产保险公司、王某认可，经核实原判决第一项判项中存在笔误，本院予以更正为：财产保险公司在机动车交通事故责任强制保险限额内赔偿蒋某春112000元（含精神损害抚慰金），其中，向蒋某春支付76078.80元（112000元-35921.2元），向王某支付35921.2元（38790.20元-2869元）。综上所述，蒋某春的上诉请求成立，本院予以支持；财产保险公司的上诉请求不成立，法院予以驳回。一审判决认定事实基本清楚，但在判项中存在笔误，应予变更。

新疆生产建设兵团第八师中级人民法院依照《中华人民共和国民事诉讼法》第一百六十九条第一款、第一百七十条第一款第二项之规定，作出如下判决：

一、维持新疆维吾尔自治区石河子市人民法院民事判决第二项，即被告财产保险公司在机动车第三者责任商业保险限额内赔偿原告蒋某春27028.63元；

二、变更新疆维吾尔自治区石河子市人民法院民事判决第一项，即被告财产保险公司在机动车交通事故责任强制保险限额内赔偿蒋某春112000元（含精神损害抚慰金），其中，向原告蒋某春支付76078.80元，向王某支付

35921.2 元；

三、上述款项，被告财产保险公司于本判决生效之日起十日内给付原告蒋某春。

【法官后语】

在交通事故引起的财产损害赔偿纠纷中，价值不菲的财产损失，如车辆损失、货物损失、受害人随身携带的物品应该由谁来赔偿，财产损失的价格如何认定成为案件焦点。

1. 道路交通事故中的财产损害赔偿范围。

道路交通事故是指车辆驾驶人在驾驶车辆行驶过程中，与其他车辆或者行人或者物品发生碰撞、接触、碾轧、刮擦、翻车、坠车、爆炸、失火等人身伤亡、财产损失等的道路交通事故，由侵权人承担事故相应责任的情形。公安机关交通管理部门根据道路交通事故当事人的行为对发生道路交通事故所起的作用以及违法的严重程度，确定当事人的道路交通事故责任。

道路交通事故所遭受的财产损失分为直接损失和间接损失两种。

直接财产损失是指因道路交通事故造成的财产利益的直接减损。通常包括车辆本身损失、受害人随身携带的财物损失、车载货物损失、现场抢救费用、善后处理交通事故的费用等。因道路交通事故损坏的车辆、物品、设施等，如果能够修复的，应及时修复，如果不能修复的，由侵权人折价赔偿。

间接损失包括营运车辆的停运损失、贬值损失、替代交通工具的费用等。对于被损坏车辆的停运损失及车辆贬值损失，《最高人民法院关于审理道路交通事故损害赔偿案件适用法律若干问题的解释》中有规定。

2. 关于受害人携带的贵重物品的损失认定问题。

有的受害人在乘坐车辆时，随身携带或者佩戴贵重物品，当交通事故发生时，其随身携带的贵重物品会造成损坏，如易碎的首饰等物品，当这些贵重物品因交通事故造成损坏的，贵重物品的价格如何认定呢？《中华人民共和国民法典》第一千一百八十四条规定：侵害他人财产的，财产损失按照损失发生时的市场价格或者其他合理方式计算。根据该规定，当受害人的贵重物品因交通事故造成损坏的，通常按照交通事故发生时的被损坏物品的市场价格来进行计算，如果通过市场价格计算方式仍不足以弥补受害人该项财产损失的，可以考虑由受害人或者侵权人对受损物品进行鉴定，参照鉴定意见，结合物品的实际使用价值综合对受损物品的价格进行判定。

编写人：新疆维吾尔自治区石河子市人民法院　杜世成

22

交通事故中车辆贬值损失赔偿的司法认定

——赵某阳诉李某清、财产保险公司机动车交通事故责任案

【案件基本信息】

1. 裁判书字号

北京市密云区人民法院（2021）京0118民初2555号民事判决书

2. 案由：机动车交通事故责任纠纷

3. 当事人

原告：赵某阳

被告：李某清、财产保险公司

【基本案情】

2020年11月6日，在地下车库内，李某清驾驶小型越野客车由南向北行驶，赵某阳名下小型普通客车静止，案外人李甲的小型轿车静止，案外人杨甲的小型轿车静止，李某清车辆前部与李甲车辆后部接触后，又与赵某阳车辆左侧接触，赵某阳车辆后部又与杨甲车辆左侧接触发生交通事故，造成赵某阳车辆接触部位损坏，无人受伤。

经公安局交通管理部门认定：李某清负事故全部责任，赵某阳及案外人李

甲、杨甲无责。事故发生后，赵某阳对车辆进行了维修，花费维修费 24000 元。

诉讼过程中，赵某阳对车辆贬值损失提出司法鉴定申请，经法院委托，评估公司出具资产评估报告，载明，评估对象赵某阳的轿车车辆贬值价值，在评估基准日 2020 年 11 月 6 日，经运用成本法测算得出的评估结论为 13300 元。赵某阳为此支付鉴定费 4000 元。

赵某阳主张其小型普通客车于 2020 年 9 月 24 日购买，购买价值为 139900 元，并提供了机动车销售统一发票进行证明。另外，赵某阳向法院提交证据证明李某清的侵权行为导致车辆损失，无法恢复原状，现存在重大安全隐患。车辆需更换左后叶子板，因左后叶子板与车身为一体需进行切割处理。赵某阳据此起诉要求赔偿车辆贬值损失 3 万元。

【案件焦点】

交通事故造成车辆损坏的，车辆贬值损失能否得到赔偿。

【法院裁判要旨】

北京市密云区人民法院经审理认为：车辆贬值损失一般指机动车发生交通事故造成损毁，虽经修理恢复了原有的使用功能，但车辆仍存在因隐蔽技术瑕疵或交换价值降低而造成的损失。虽然涉案车辆的贬值损失并不属于《最高人民法院关于审理道路交通事故损害赔偿案件适用法律若干问题的解释》第十二条所明确列明的赔偿范围，但在《最高人民法院关于"关于交通事故车辆贬值损失赔偿问题的建议"的答复》中指出，"对事故车辆贬值损失考虑社会经济发展情况，目前尚不具备完全支持贬值损失的客观条件。对事故车辆贬值损失的赔偿应持谨慎态度，在少数特殊、极端情形下，可以考虑予以适当赔偿"。

法律所支持的财产损失的赔偿范围应当主要限于必要的、典型的损失类型。实践中，受损车辆事发前的使用年限、事发后的修理费用、修理后的组成部件更新和车辆性能恢复等情况，均是判断车辆贬值损失应否赔偿的重要参考因素。

本案中，赵某阳涉案车辆于 2020 年 9 月 24 日购买，事故发生于 2020 年 11 月 6 日，车辆系购买不足 2 月，行驶里程仅为 3887 公里，可视为新车，事故造成车辆大量配件更换或维修，客观上足以使车辆贬值，相比相同使用年限的正常车辆，事故车辆根本无法达到原车的性能，缩短了车辆的正常使用寿命或经济使用年限，此种损失由车主本人承担显然有失公平。

经评估鉴定，车辆因事故遭受的贬值损失金额为13300元，故对赵某阳关于车辆贬值损失的主张，应当按照鉴定的金额酌情予以支持。关于赵某阳主张为此支出的鉴定费，根据鉴定费发票予以确认。

北京市密云区人民法院依照《最高人民法院关于适用〈中华人民共和国民法典〉时间效力的若干规定》第一条第二款，《中华人民共和国侵权责任法》第六条、第十九条、第四十八条，《中华人民共和国道路交通安全法》第七十六条，《最高人民法院关于适用〈中华人民共和国保险法〉若干问题的解释（二）》第十二条，《最高人民法院关于适用〈中华人民共和国民事诉讼法〉的解释》第九十条之规定，作出如下判决：

一、财产保险公司于本判决生效之日起七日内在机动车交通事故责任强制保险限额内赔偿赵某阳车载物品损失80元；

二、李某清于本判决生效之日起七日内赔偿赵某阳车辆贬值损失13300元、交通费927.94元、鉴定费4000元，共计18227.94元；

三、驳回赵某阳的其他诉讼请求。

判决后，双方当事人均未上诉，本判决现已生效。

【法官后语】

车辆贬值损失指被毁损车辆经过修理等措施而恢复原状，但基于技术条件限制或交易心理影响等导致其价值减少而引发的损害。关于车辆贬值损失的可赔偿性，《中华人民共和国民法典》第一千一百八十四条虽建立了财产损失赔偿的统一规范，但也只是按照市场价格或其他合理方式确定财产损害赔偿范围，并未明确贬值损失的可救济性。《最高人民法院关于审理道路交通事故损害赔偿案件适用法律若干问题的解释》第十二条对财产损害赔偿范围的明文规定中，亦并未承认车辆贬值损失。但在《最高人民法院关于“关于交通事故车辆贬值损失赔偿问题的建议”的答复》中指出，对事故车辆贬值损失的赔偿应持谨慎态度，在少数特殊、极端情形下，可以考虑予以适当赔偿。

笔者认为，车辆贬值损失属于客观存在的财产损失，事故车辆即使通过维修，整体性能仍可能达不到事故前的状态，其使用价值、市场价格较事故前低，这是客观存在的事实。尤其是经过修理的车辆往往在后续使用中功能减损，存在安全隐患，且因修理工艺或者更换零部件不可避免地造成修复损耗。同时，受损车辆在交易市场上面临着不被信赖而发生的交易预期下降，被毁损车辆的交换价值往往低于未被毁损过者，而该种基于交易心理而产生的价值下降不仅是经济社会发展的客观后果，且可以通过市场评估和专业鉴定进行客观化。

在某些情况下，赔偿贬值损失，不仅符合损失填平原则，而且有利于惩治交通违法行为，推动形成自觉遵守交通法律法规的意识。车辆贬值损失是道路交通风险的副产品，有限制地予以赔偿，合理平衡权利救济与风险控制的关系，具有理论和现实的合理性。此外，车辆贬值损失并非直接损失，保险公司不承担因交通事故造成间接损失的赔偿责任，故车辆贬值损失应当由直接侵权人承担。

对于购买年限或行驶里程相对较短的车辆造成严重损害，显然会使车辆严重贬值，给车辆所有人造成损失，可酌情赔偿其贬值损失。本案中，赵某阳的车辆购买不足2个月，购买价格近14万元，行驶里程仅为3887公里，事故后车辆需更换左后叶子板，且需进行切割处理，显然对于车辆的安全驾驶性能有较大影响，车辆经维修后，明显存在使用价值的减损，结合专业鉴定机构的意见，支持其贬值损失的主张符合常理。

实践中，在对是否应赔偿贬值损失以及损失数额的具体认定方面，应当根据事故车辆的购买价格、行驶里程、使用时间、主要零部件的技术情况、维修费高低、损害严重程度和该车型现行市场价等因素进行综合评判。一般而言，车辆越新，配置越高，越不容易通过修理实现恢复原状，越存在明显的价值下降。修理费越高，损害越严重，贬值损失自然也就越高。

编写人：北京市密云区人民法院　李思敏

23

刑事案件中自愿赔偿的精神抚慰金在民事赔偿中应当确认

——秦某元等诉全某凯、财产保险公司机动车交通事故责任案

【案件基本信息】

1. 裁判书字号

四川省邛崃市人民法院（2021）川 0183 民初 106 号民事判决书

2. 案由：机动车交通事故责任纠纷

3. 当事人

原告：秦某元、杨某春、秦某刚

被告：全某凯、财产保险公司

【基本案情】

2020 年 7 月 25 日晚，全某凯着拖鞋驾驶小型轿车行驶。10 时 20 分许，全某凯驾车越过道路中间虚线进入并直行通过路口时，遇秦某松驾驶电动自行车至同一地点，两车相撞，造成两车损坏，秦某松受伤。秦某松后经医院抢救无效于 7 月 26 日死亡。交通警察大队作出道路交通事故认定书，认定全某凯承担此事故全部责任，秦某松不承担此事故责任。财产保险公司承保案涉车辆的交强险和限额为 10 万元的商业第三者责任保险（含不计免赔险），本次事故发生在保险期间内。本次事故发生后，在刑事诉讼中，全某凯主动通过法院向原告支付 5 万元精神抚慰金。

另秦某元、杨某春、秦某刚分别系秦某松之子、之妻、之子。

【案件焦点】

原告的损失计算以及被告在刑事审判阶段赔偿的性质认定。

【法院裁判要旨】

四川省邛崃市人民法院经审理认为：第一，关于原告的损失。死亡赔偿金，原告主张死亡赔偿金为36154元/年×8年=289232元，符合法律规定，法院予以认可。精神损害抚慰金，综合考虑本次事故双方的过错程度、造成的损害后果、本地经济水平、被告全某凯意愿等因素，确定精神损害抚慰金为5万元。处理丧葬事宜误工费、交通费，原告主张4000元，但未提供证据予以证明，考虑到本次事故造成秦某松死亡，其家属处理丧葬事宜必然产生误工费、交通费，法院酌情确定误工费为1000元、交通费为500元。

第二，关于民事责任承担。根据《中华人民共和国道路交通安全法》第七十六条之规定，原告的损失首先由被告财产保险公司在交强险死亡伤残限额内赔偿11万元。原告的损失超出交强险赔偿部分金额为220732元。被告全某凯应承担部分由被告财产保险公司在商业第三者责任保险限额内代为赔偿原告，因被告全某凯购买的商业险限额为10万元，超出商业险限额部分由被告全某凯自行承担。为减少诉累，被告全某凯预先支付精神抚慰金一并结算处理，即由被告财产保险公司赔偿原告秦某元、杨某春、秦某刚各项损失共计21万元、被告全某凯赔偿原告秦某元、杨某春、秦某刚各项损失共计80732元。

四川省邛崃市人民法院依照上述规定及《中华人民共和国侵权责任法》第十六条、第二十二条，《最高人民法院关于审理人身损害赔偿案件适用法律若干问题的解释》第十七条、第十八条、第二十九条、第三十五条之规定，判决如下：

一、被告财产保险公司于本判决发生法律效力后十日内赔偿原告秦某元、杨某春、秦某刚各项损失共计21万元；

二、被告全某凯于本判决发生法律效力后十日内赔偿原告秦某元、杨某春、秦某刚各项损失共计80732元；

三、驳回原告秦某元、杨某春、秦某刚的其他诉讼请求。

判决后，双方当事人均未上诉，本判决现已生效。

【法官后语】

一起交通事故的发生，既可能引起双方民事侵权赔偿纠纷，也可能造成一方或双方被追究刑事责任。本案就是这样一起典型的案件，全某凯负事故全部责任造成一人死亡，构成交通肇事罪，在原、被告就民事赔偿未达成一致的前提下，被告人在刑事诉讼期间有较强的取得被害人谅解的动机，会愿意额外或提前支付部分赔偿款以换取被害人谅解从而换取被害人谅解的量刑情节。在先刑后民的处理模式中，对刑事审判中被告支付的赔偿款在民事赔偿中如何认定的问题，应当分情况进行探讨。

一是写明为额外赔偿被害人的赔偿款。在该种情况下，被告明知自己还需要承担民事赔偿责任，也知道民事赔偿的具体金额双方还未达成一致，但出于取得谅解、展现悔罪态度、积极赔偿、表达歉意等多种考量被告愿意多支付赔偿款且被害人表示接受的，该赔偿款应当与民事赔偿款相互独立。因刑事审判期间达成的额外赔偿，系双方的真实意思表示，即使后续民事赔偿中被告提出想要折抵其他民事赔偿款，法院也不应当许可。在被告车辆投保的情况下，对该赔偿款与保险公司无关，既不影响保险公司对原告承担保险责任，同时保险公司也对该赔偿款也不向被告支付。因额外赔偿的意思表示系被告与被害人之间达成的一致意思表示，与第三方的保险公司无关。

二是注明了赔偿具体项目的赔偿款。本案就是这种情况，在刑事审判中被告人支付给被害人家属的赔偿款明确注明了该款项为精神抚慰金。在民事审判中，被害人的损失是由一个个具体的赔偿项目综合所得，每个项目之间具有一定的独立性。基于此，双方就某个项目达成一致并先行赔偿是具有合法合理的，对于该项目的赔偿应当被认可。该情形下，也存在着被告对该项目足额赔偿、未足额赔偿、超额赔偿三种情况。对于已经足额赔偿的，即使被害人再次主张，法院经审核后应当将该项目列入损失，但足额赔偿部分应当予以扣减。对存在保险公司承担保险责任的情况下，该部分赔偿款应当由保险公司支付给被告。对未足额赔偿的，只要原告在民事诉请中再次提出并主张的，应当认为被告在刑事审判中的赔偿为部分先行赔偿，民事审判中法院经审核后应当将该项目列入损失，但已支付部分应当予以扣减。对存在保险公司承担保险责任的情况下，该部分赔偿款应当由保险公司支付给被告。对超额赔偿的，也就是被告支付的赔偿项目超过一般情况下法院的判决标准的，本案即这种情况。交通事故造成一人死亡，被告承担事故全部责任的，精神抚慰金赔偿额度为在2万元左右，被告支付5万元精神抚慰金显然属于超额支付。对于超额支付部分，该行为系被告的意思表示，超出部分的性质应当认定为被告愿意额外支付给原告的部分，因此超出部分也应当认定为被告对该项目的赔偿意愿。但在有保险公司代偿的情况下，超出部分应当由被告自行承担，而保险公司仅对足额部分承担保险责任。

三是仅写明支付赔偿款的。该种情形下赔偿款的性质认定的主要依据就是考察在刑事审判阶段两方达成赔偿的具体意思表示，尤其是被告的意思表示。在被告未明确表示为额外支付赔偿款或者具体为支付某一项赔偿款的情况下，应当视为被告先行赔偿，原告的损失确定后，全部金额均应当纳入赔偿损失的抵扣，对于存在保险公司承担保险责任的，被告支付的该款项应当纳入保险支付的范畴。如果能够查明被告为额外支付被害人的，应当按照第一种情况处理，如果能够查明被告为支付某一项或几项赔偿款的，应当按照第二种情况处理。

在实践中，刑事责任与民事责任交叉的案件本身是比较多的，交通事故造成的纠纷因可能涉及保险公司赔偿，因此对其中刑事案件中达成的赔偿款具体项目需要区分不同情况进行具体的分析。刑事案件中被告人为获得被害人或其家属谅解，作出的赔偿决定可能存在多种不同的解读，在民事赔偿中需要法官结合具体的案情进行分析。为准确判断被告的真实意思表示，尤其是被告在进行赔偿时的意思表示，需要法官结合双方的当庭陈述、达成的具体协议、原告的理解等进行判断。刑事审判中双方达成的书面协议和原告方出具的谅解书中对赔偿表述的具体内容是判断被告对赔偿款项定性的较为重要的证据，通过该两项证据材料的内容对赔偿款的性质予以准确认定，进一步确定民事赔偿中的具体赔偿金额。通过准确定性赔偿款的性质，能够充分保护双方的合法权益，引导当事人对事故达成深层次的谅解，取得良好法律效果和社会效果。

编写人：四川省邛崃市人民法院　刘薇

24

医保统筹基金已作支付不能减轻侵权人的赔偿责任

——蒋某平诉刘某兵等机动车交通事故责任案

【案件基本信息】

1. 裁判书字号

江苏省苏州市吴江区人民法院（2021）苏0509民初13076号民事判决书

2. 案由：机动车交通事故责任纠纷

3. 当事人

原告：蒋某平

被告：刘某兵、物流公司、甲财产保险公司

第三人：乙财产保险公司、医院

【基本案情】

2019年11月21日，蒋某平驾驶电动车与刘某兵停放的机动车发生碰撞，造成两车受损、蒋某平受伤。经交警部门认定，蒋某平和刘某兵负该起事故的同等责任。事故发生后，蒋某平先后在不同医院治疗。后蒋某平的伤情经鉴定构成十级残疾，误工期为十个月，护理期为一人护理三个月，营养期为三个月。因刘某兵停放的肇事车辆登记在物流公司名下，并在甲财产保险公司投保交强险和100万元的商业险（同时投保了不计免赔率附加险），且事故发生在保险期间内。后蒋某平提起诉讼，要求法院判令刘某兵、物流公司、甲财产保险公司赔偿医疗费等各项损失合计291514.80元。甲财产保险公司认为蒋某平已发生的费用中包含医保统筹基金支付的 274.31 元，故对于该部分费用不予认可。

【案件焦点】

医保统筹基金支付的医疗费在机动车交通事故责任案件中如何处理。

【法院裁判要旨】

江苏省苏州市吴江区人民法院经审理认为：根据《中华人民共和国社会保险法》第二条规定，作为我国社会保险组成部分的基本医疗保险，其作用和定位是保障公民在疾病等情况下依法从国家和社会获得物质保障，与本案纠纷涉及的机动车交通事故和机动车交通保险属于不同法律关系调整范畴，不应在交通事故损失计算中予以列支并进行扣减，甲财产保险公司主张扣除于法无据。根据《中华人民共和国社会保险法》第六十四条第二款“社会保险基金专款专用，任何组织和个人不得侵占或挪用”的规定，在甲财产保险公司支付相应赔偿的医保统筹基金已经支付的医药费后，本案原告应向社保经办机构返还已经取得的相关费用，社保经办机构也有权对相关费用责令进行退还。法院经审核认定，蒋某平的各项损失为：医疗费 202598.53 元、住院伙食补助费 2650 元、营养费 4500 元，小计 209748.53 元；误工费 22800 元、护理费 13360 元、残疾赔偿金 111724.80 元、残疾辅助器具费 258 元、精神损害抚慰金 5000 元、交通费 600 元，小计 153742.80 元；鉴定费 2100 元；合计 365591.33 元。

根据有关规定，机动车发生交通事故造成人身伤亡的，先由承保交强险的保险公司在责任限额范围内予以赔偿；超过交强险限额的部分，由双方根据责任比例确定赔偿责任，其中侵权人承担的赔偿责任应先由承保商业险的保险公司根据保险合同予以赔偿，仍有不足的，依照道路交通安全法和侵权责任法的相关规定由侵权人予以赔偿。蒋某平的损失应先由甲财产保险公司在交强险范围内赔偿 12 万元（精神损害抚慰金优先赔付）；超出交强险部分损失 245591.33 元，酌情由被告刘某兵应承担 60% 的赔偿责任即 147354.80 元。以上甲财产保险公司的赔偿义务共计 267354.80 元。乙财产保险公司为蒋某平垫付的医药费用 33468.85 元，蒋某平结欠医院的医药费用 121209.14 元，由甲财产保险公司直接予以返还。

江苏省苏州市吴江区人民法院依照《最高人民法院关于适用〈中华人民共和国民法典〉时间效力的若干规定》第一条，《中华人民共和国侵权责任法》第六条、第十六条、第四十八条，《中华人民共和国道路交通安全法》第七十六条第一款，《机动车交通事故责任强制保险条例》第二十一条、第二十三条，《最高人民法院关于审理人身损害赔偿案件适用法律若干问题的解释》第十七条、第十八条、第十九条、第二十条、第二十一条、第二十二条、第二十三条、第二十四条、第二十五条、第二十六条，《最高人民法院关于确定民事侵权精神损害赔偿责任若干问题的解释》第八条、第十条，《最高人民法院关于审理道路交通事故损害赔偿案件适用法律若干问题的解释》第十六条，《中华人民共和国民事诉讼法》第六十四条第一款之规定，判决如下：

被告甲财产保险公司在保险限额范围内赔偿原告蒋某平各项损失合计267354.80元（其中给付原告蒋某平112676.81元，返还第三人乙财产保险公司33468.85元，返还第三人医院121209.14元），于本判决生效之日起十日内履行。

判决后，双方当事人均未上诉，本判决现已生效。

【法官后语】

机动车交通事故责任案件中，对受害人已经通过医疗保险统筹报销获得的金额能否在交通事故损失计算中予以列支并进行扣减，实践中存在三种意见。第一种意见认为此金额可以在交通事故损失计算中予以扣减，因为医保统筹支付已经弥补了受伤人的部分损失，若再支持由侵权人和保险公司承担将造成双重赔偿，与损害赔偿的填补功能相悖，故法院在计算赔偿金额时可以核减医保统筹支付的相关赔偿金。第二种意见认为此金额不能在交通事故损失计算中予以扣减，且可重复获得。因为医疗保险统筹基金属于全体参保人员，由社会保险机构集中管理，统一调剂使用。伤者本人是在尽了多年相应的缴费义务后才享有医保待遇的，侵权人不能因为受害人享有了社会保障而免责，因此医保支付部分不能冲抵交通事故侵权人的侵权赔偿责任。第三种意见认为此金额不能在交通事故损失计算中予以扣减，但也不能重复获得。涉案交通事故发生后，受伤人发生的医疗费中，有部分费用由医保统筹基金支付，此系受伤人基于社会保险法律政策所享有的医疗保险收益。社会保险与涉案侵权纠纷非属同一法律关系，并不因其参加了医疗保险从而减轻侵权人的赔偿责任。在相对人取得医保统筹基金已经支付的医药费后，又在保险公司和侵权人处再次获得支付，已经获得双重赔偿的相对人应向社保经办机构返还已经取得的相关费用，社保经办机构也有权对相关费用责令进行退还。法院在判决生效后应当将判决书抄送社保经办机构，由其依法处理。

笔者倾向于同意第三种意见，也就是说对交通事故损失应当由侵权人和保险公司按照法律支付，即使已经获得社保统筹给付，也不能免除侵权人和保险公司的责任，但应抄送社保经办机构由其依法进行处理。理由如下：

1. 这是医疗保险统筹支付的性质决定的。

医疗保险统筹基金是统筹地区所有用人单位为职工缴纳的医疗保险费中，扣除划入个人账户后的剩余部分。医疗保险统筹基金属于全体参保人员，实行专项储存、专款专用，任何单位和个人都不得挪用。统筹基金主要用于参保人员住院、非定点医院急诊抢救、异地转诊（院）、异地安置、特殊病门诊等医疗费用。因此，医保统筹支付作为社会保险管理机构依法进行的行政给付行为属于行政法律关系。参保人员和所在单位通过缴纳一定数额的医疗保险费，在符合一定的条件后可以依法申请社保经办机构予以给付，社保经办机构经审查认为符合给付的条件后可以进行给付。此处的给付有的是依照参保人员的申请进行支付，有的是在就医过程中系统自动按照相关法律规定对参保人员应当支付的医药费中直接给予扣减来进行支付。社会保险经办机构如果事后发现不属于应当给付的可以按照《中华人民共和国社会保险法》第三十条第二款“医疗费用依法应当由第三人负担，第三人不支付或者无法确定第三人的，由基本医疗保险基金先行支付。基本医疗保险基金先行支付后，有权向第三人追偿”的规定进行追偿。

2. 医保统筹支付和交通事故赔偿属于不同的法律关系，不能相互扣减。

社会医疗保险是国家通过立法强制实施的，不以营利为目的，由国家给予适当经济帮助和医疗服务的一种社会保障制度。社会医疗保险事关公共利益，主要目的是救助社会公众，侵权人和被侵权人都不能从中获取额外的利益。在社会保险基金经办机构未行使追偿权的情况下，受害人的损害赔偿请求权不因其已获得医疗保险保基金的支付而消灭。另外，根据侵权责任法和相关人身损害赔偿司法解释，均认定相关医疗费用按照一审辩论终结前实际发生的数额确定，并未强调该费用是否是受害人自己实际支出。因此，本案原告虽然通过社保部门报销了部分医疗费用，但原告的报销行为与侵权行为为两种不同的法律关系，二者之间不能相互扣减。医保统筹支付是我国社会保险制度中的医疗保险制度的具体安排，其赋予参保职工在医药费超过一定数额并自行承担一部分后，从医保统筹基金中支付另一部分费用的权益。参保人员因本起交通事故所致医疗费，无论是否由医保统筹支付，均是其因本起事故所致实际损失。原告按国家规定参加社保并享受相应的待遇及保障并非减轻或免除侵权人侵权损害赔偿责任的法定事由，也并非交强险条款、商业三者险保险条款约定的减轻或免除保险人保险赔偿责任的免责事由。因此，保险公司以部分医疗费已由医保统筹支付为由要求不承担该部分费用的保险赔偿责任，并无法律或合同上的依据，不应得到法院支持。

3. 是否要进行追偿以及以何种方式来进行追偿属于社保经办机构的法定职权，法院不宜予以干涉。

《中华人民共和国社会保险法》第八条规定：社会保险经办机构提供社会保险服务，负责社会保险登记、个人权益记录、社会保险待遇支付等工作。因此，是否要进行追偿以及以何种方式来进行追偿属于社保经办机构的法定职权。社保经办机构既可根据《中华人民共和国社会保险法》第三十条第二款进行民事诉讼追偿，亦可通过作出行政追偿书的方式进行追偿，这是社保经办机构的自由裁量权，法院不能代替社保经办机构进行决定。有人认为法院应当追加社保经办机构为第三人参加诉讼，否则判决结果可能影响社会保险基金的利益，可能损害社会公共利益。笔者认为，在社会保险与第三人应承担的民事赔偿责任竞合的问题上，明确规定医疗费部分不能重复赔偿，医疗保险基金在一定条件下先行支付后有权行使追偿权，即致害第三人是民事赔偿责任的终局责任人。同时，被侵权人可向侵权人主张赔偿，在确定被告赔偿医疗费数额时，不应将该部分予以核减。例如，社保基金行使追偿权，其可与被侵权人另行结算。因此，法院在民事案件中无须追加第三人，法院在文书生效后向社保经办机构送达该判决书不会造成社会保险基金流失，社会公共利益受损，亦不会最终导致参保人员就该部分医疗费用取得双重赔偿。

编写人：江苏省苏州市吴江区人民法院　秦绪栋

25

特殊情形下，营运车辆停运损失和司机误工费应同时予以支持

——陈某中诉刘某星、财产保险公司机动车交通事故责任案

【案件基本信息】

1. 裁判书字号

河南省商丘市中级人民法院（2021）豫 14 民终 6663 号民事判决书

2. 案由：机动车交通事故责任纠纷

3. 当事人

原告（被上诉人）：陈某中

被告（上诉人）：财产保险公司

被告：刘某星

【基本案情】

2021 年 1 月 20 日 7 时 48 分，被告刘某星驾驶豫 ND0×××号轻型栏板货车，与原告陈某中驾驶的豫 NC8×××号轻型厢式货车发生交通事故，事故造成两车

损坏，陈某中、张某玲受伤。2021年1月28日，交通警察大队作出道路交通事故认定书，认定被告刘某星负事故主要责任，原告陈某中负事故次要责任，张某玲不负事故责任。

原告陈某中受伤当日入医院住院治疗，实际住院14天，住院花费医疗费9554.84元。2021年2月22日及2021年4月23日，原告陈某中在医院两次门诊检查各花费医疗费120元。经法院委托，司法鉴定所于2021年4月30日作出鉴定意见，陈某中外伤致左髌骨粉碎性骨折，切开复位内固定术后伴左侧膝关节被动活动稍受限，构不成伤残，并出具评估意见书，陈某中误工期为150日，护理期为90日，营养期为60日，原告支出鉴定费1900元。经法院委托，机动车鉴定评估公司于2021年4月27日作出评估报告，委估的豫NC8×××车辆日营运损失在评估基准日的评估值为人民币贰佰柒拾元整；委估的豫NC8×××车辆损失在评估基准日的评估值为人民币贰万叁仟伍佰元整，原告支出评估费5000元，其中车损评估费为2000元，营运损失评估费为3000元。

另查明，豫ND0×××号货车在被告财产保险公司投保了交强险和第三者责任险，第三者责任险限额为100万元且不计免赔，交强险的保险期间为2020年8月12日至2021年8月11日，商业险的保险期间为2020年7月14日至2021年7月13日，事故发生在保险期间内。

另查明，原告陈某中自购豫NC8×××号货车挂靠在物流公司名下从事经营业务。

【案件焦点】

财产保险公司应否承担案涉车辆的营运损失及陈某中的误工费。

【法院裁判要旨】

河南省夏邑县人民法院经审理认为：刘某星驾驶豫ND0×××号货车与陈某中驾驶豫NC8×××号货车发生交通事故，造成陈某中及案外人张某玲受伤、陈某中驾驶的豫NC8×××号轻型厢式货车受损，本案经交通警察大队处理，认定刘某星负事故的主要责任，陈某中负事故次要责任，张某玲不负事故责任，该责任划定合理，予以确认，陈某中与刘某星应按照 3∶7 的比例承担责任。财产保险公司辩称误工费与停运损失不应同时支持。误工费系因受害人受伤无法劳动减少的收入，停运损失系车辆毁损无法营运导致减少的收入，二者并非同一赔偿项目，陈某中可以要求被告同时赔偿误工费及停运损失，对财产保险公司的观点本院不予采纳，但车辆毁损后应及时进行维修，法院酌定停运期间为 30 天，陈某中未及时维修车辆导致损失扩大，对扩大部分损失，不予支持。

河南省夏邑县人民法院依照《中华人民共和国民法典》第一千一百七十九条、第一千二百零八条，《中华人民共和国保险法》第六十四条，《中华人民共和国道路交通安全法》第七十六条，《最高人民法院关于审理人身损害赔偿案件适用法律若干问题的解释》第一条、第六条、第七条、第八条、第九条、第十条、第十一条，《最高人民法院关于审理道路交通事故损害赔偿案件适用法律若干问题的解释》第十一条、第十二条、第十三条，《中华人民共和国民事诉讼法》第六十四条、第一百四十四条之规定，判决如下：

一、被告财产保险公司于判决生效之日起十日内在保险限额内赔偿原告陈某中各项损失共计 83416.27 元；

二、驳回原告陈某中的其他诉讼请求。

财产保险公司不服一审判决，提出上诉。河南省商丘市中级人民法院经审理认为：营运损失是机动车所有人或管理人因交通事故停止运营期间产生的损失，误工费是驾驶人因交通事故受伤产生的误工损失，虽然本案中涉案车辆的所有人和驾驶人均为陈某中，但损失不是同一项目，亦不存在重合，因此一审法院同时支持陈某中的营运损失和误工费损失并无不当。

河南省商丘市中级人民法院依照《中华人民共和国民事诉讼法》第一百七十条第一款第一项之规定，判决如下：

驳回上诉，维持原判。

【法官后语】

一般在机动车交通事故案件中，虽然会产生车辆受损及人员伤亡情况，但不从事经营性活动的车辆并不会产生停运损失，不过对于出租车、货车、牵引车等营运车辆来说，其因无法从事相应经营活动所产生的合理停运损失应计入财产损失，由侵权人予以赔偿。

关于营运车辆发生交通事故致使车辆驾驶人受伤及车辆受损，被侵权人能否同时主张误工费及停运损失，有观点认为误工费及停运损失存在竞合部分，诉讼请求重复部分不应得到支持，在人伤车损的情况下，若被侵权人误工天数长于车辆停运天数，则仅应支持被侵权人的误工费，反之，若车辆停运天数长于被侵权人的误工天数，则仅应支持停运损失。

但上述观点将人身损害与财产损失混为一谈，《最高人民法院关于审理道路交通事故损害赔偿案件适用法律若干问题的解释》第十一条规定："道路交通安全法第七十六条规定的'人身伤亡'，是指机动车发生交通事故侵害被侵权人的生命权、身体权、健康权等人身权益所造成的损害，包括民法典第一千一百七十九条和第一千一百八十三条规定的各项损害。道路交通安全法第七十六条规定的'财产损失'，是指因机动车发生交通事故侵害被侵权人的财产权益所造成的损失。"从法律规定来看，"人身伤亡"和"财产损失"属于不同的赔偿项目，对应在交强险赔偿分项下也分属"死亡伤残"赔偿项和"财产损失"赔偿项。而法条中对"人身伤亡"和"财产损失"的区分则是根据交通事故中受到侵害的不同客体，即侵害的人身权益还是侵害的财产权益，二者是截然不同的客体。而之所以存在将人身损害与财产损失混为一谈的认识，是因为人身权益虽然带有明显的非财产性，但是在很多情况下，可以将人身权益客体商业化转化为财产权益，而且基于损害赔偿的可操作性，对人身权益的损害赔偿往往是通过财产性补偿的方式进行的，而由于"人身伤亡"和"财产损失"的救济方式的基本相同，则会产生将人身损害赔偿混淆为财产损害赔偿的观点。

对于停运损失的认定是基于《最高人民法院关于审理道路交通事故损害赔偿案件适用法律若干问题的解释》第十二条规定："因道路交通事故造成下列财产损失，当事人请求侵权人赔偿的，人民法院应予支持：……（三）依法从事货物运输、旅客运输等经营性活动的车辆，因无法从事相应经营活动所产生的合理停运损失……"营运车辆不同于非经营性车辆，营运车辆的所有人或管理者对车辆的占有使用是为了获得收益，在不发生车辆毁损的情况下，即使车辆的所有人或管理者受到人身伤害，其可以出让车辆的使用权而获得收益，停运损失是一种预期可得利益的损失，所以不应苛责于车辆所有人或管理者是否受到人身伤害，而应根据法律规定对合理停运损失予以支持。

编写人：河南省夏邑县人民法院　盛有为

26

超过法定退休年龄人员人身损害赔偿案件中误工费的认定

——侯某旺诉财产保险公司等机动车交通事故责任案

【案件基本信息】

1. 裁判书字号

河南省安阳市中级人民法院（2021）豫05民终260号民事判决书

2. 案由：机动车交通事故责任纠纷

3. 当事人

原告（被上诉人）：侯某旺

被告（上诉人）：财产保险公司

被告（被上诉人）：王某明、王某军

【基本案情】

2020年4月9日18时30分许，王某明驾驶轻型普通货车由北向南行驶时，与由南向北行驶向西拐弯横过公路的侯某旺驾驶的电动自行车相撞，造成侯某旺受伤、两车损坏的交通事故。经事故认定书认定，被告王某明负事故主要责任，原告侯某旺负事故次要责任。

事故车辆轻型普通货车的所有人为被告王某军，驾驶人为被告王某明，王某明持有 C1D 驾驶证，事故车辆在被告财产保险公司处投保了交强险和限额为 50 万元的商业三者险，且不计免赔，事故发生在保险期间内。事故发生后，侯某旺于 2020 年 4 月 9 日至 5 月 12 日在医院住院治疗。支付医疗费共计 21119.36 元。经侯某旺申请，司法鉴定所对其伤残等级进行法医临床学鉴定，2020 年 10 月 22 日该鉴定机构做出评估鉴定意见：被鉴定人侯某旺因交通事故致上述多发肋骨骨折，构成九级伤残。原告支付鉴定费及鉴定检查费共计 1870 元。

事故发生时，侯某旺已年满 60 周岁，提交了农村土地承包证明，证明其误工损失；二审中提交了司法鉴定所评估意见书一份，证明其误工期限。

【案件焦点】

侯某旺事故发生时超过 60 周岁，依据其提交的土地承包使用证能否支持误工费。

【法院裁判要旨】

河南省内黄县人民法院认为：被告王某明驾驶机动车与原告侯某旺驾驶电动自行车相撞，造成侯某旺受伤、两车损坏的交通事故。事故书认定被告王某明负事故的主要责任，原告侯某旺负事故的次要责任并无不当，本院予以确认。关于本案的赔偿责任，依据《中华人民共和国道路交通安全法》第七十六条及《最高人民法院关于审理道路交通事故损害赔偿案件适用法律若干问题的解释》第十六条之规定，因被告王某明驾驶的事故车辆投保有交强险及商业三者险，且事故发生在保险期间内，故原告的损失首先由被告财产保险公司在交强险范围及限额内承担赔偿责任，超出交强险范围及限额的部分，由被告财产保险公司在商业三者险限额内承担 80%赔偿责任，不足及不属于保险公司的赔偿范围的部分，由被告王某明按照事故责任比例承担 80%的赔偿责任。

河南省内黄县人民法院判决如下：

一、限本判决生效后十日内被告财产保险公司赔偿原告侯某旺物质及精神性损失共计人民币 169251.91 元；

二、驳回原告侯某旺本次诉讼中的其他诉讼请求。

被告财产保险公司不服一审判决，提起上诉。河南省安阳市中级人民法院经审理认为：关于误工费问题，事故发生时，侯某旺已经超过60周岁，其主张存在误工损失，应当提供相应证据证明，侯某旺提供的土地承包使用证等证据不足以证明其主张，一审判决支持误工费没有充分证据支持，上诉人认为不应赔偿误工费的上诉理由成立，予以采信。

河南省安阳市中级人民法院依照《中华人民共和国民事诉讼法》第一百七十条第一款第二项之规定，判决如下：

一、撤销河南省内黄县人民法院民事判决；

二、财产保险公司于本判决生效后十日内赔偿侯某旺物质及精神性损失共计人民币149047.99元；

三、驳回侯某旺的其他诉讼请求。

【法官后语】

《最高人民法院关于审理道路交通事故损害赔偿案件适用法律若干问题的解释》仅规定了误工费的计算标准，即误工费根据受害人的误工时间和收入状况来确定。误工费赔偿权利人的范围如何确定，特别是超过法定退休年龄的受害人能否主张误工费，就本案而言，一审法院认为受害人虽超过法定退休年龄，但提交了土地承包经营权证，证明其仍具备劳动能力，故应该支持误工费；二审法院认为超过法定退休年龄一般推定其不具备劳动能力，除非有充分证据证明仍参加劳动获取劳动报酬，否则不应支持误工费。笔者同意二审法院的观点，现从以下几个方面进行分析：

1. 全部赔偿原则决定了损害赔偿必须以损失的实际发生为前提。

全部赔偿原则，又称全面赔偿规则，是指侵权行为加害人承担赔偿责任的大小，应当以行为所造成的实际财产损失的大小为依据，予以全部赔偿。换言之，就是赔偿以所造成的实际损害为限，损失多少，赔偿多少。全部赔偿是侵权损害赔偿的基本规则，能使受害人的权利在最大的范围内尽可能地得到保护，使受害人的利益得以恢复或充分地得以满足。在此原则的指导下，误工费的赔偿也应坚持以发生的实际损失为限。这就涉及对误工费性质的理解。通说认为，误工费赔偿是指赔偿义务人应当向赔偿权利人支付的受害人从遭受人身伤害到完全治愈这段时间内，因无法从事正常的工作或劳动而产生的经济损失的费用。通说实际上采取的所得利益丧失说，这也与全部赔偿原则的内涵相一致。因此，误工费的赔偿应当坚持以受害人遭受损害之前是否实际从事相应劳动获取劳动报酬为前提，而不以是否仍然具备或丧失劳动能力为条件。本案中，一审法院以受害人虽超过法定退休年龄但仍具备劳动能力为由支持其误工费并不合理。

2. 超过法定退休年龄与劳动能力的关系。

劳动能力是指公民有进行劳动工作的能力，包括体力劳动和脑力劳动的总和。劳动能力仅受人体生理和心理因素影响，仅以其作为评判依据。因此，超过法定退休年龄不是劳动能力丧失的条件。劳动能力丧失是指由于各种损伤或疾病，使机体不能适应所从事的劳动工作。丧失劳动能力按持续时间可分为暂时性丧失和永久性丧失，按程度可分为完全丧失和部分丧失。公民是否丧失劳动能力应以公民个体是否有能力劳动而定，这是由公民个体的自身性质决定的。而法定退休年龄是各国家或地区依据本国国情而定。所以，超过法定退休年龄并不意味着劳动能力丧失。对于公民是否具有劳动能力最直接的证据就是公民是否在从事相应的劳动，如某教师虽然其超过法定退休年龄，但仍然被某学校聘用从事教学工作，那就证明其具有职业性劳动能力。

3. 超过法定年龄退休人员误工费请求权构成要件。

除具备一般人身损害赔偿必要要件外，即侵权行为、损害事实和因果关系，超法定退休年龄人员误工费请求权还必须具备的要件——具有误工的事实，可从以下几个方面进行分析：

（1）误工的前提要件。即受害人受到伤害前具有劳动能力，并在从事为他人或自己的劳动。如果受害人受到伤害前，在客观上具有劳动能力，但并未从事职业性、专长性或为他人服务的一般劳动，虽然在受到伤害期间并非必然不会劳动，但可以推定其不具有误工损失。

（2）误工的内容要件。即受到伤害后不能再进行正常工作，丧失了部分或全部劳动能力。这里的工作类型应当包括在机关、企事业单位上班以获得劳动报酬的工作，还包括自己从事经营活动获得收入的工作，还包括家庭保姆、医院护理等性质获得的报酬等。

(3) 误工的性质要件。受害人在受害前从事的劳动应当是有收入的劳动即有偿劳动，反之，虽然也会耽误受害人的工作，但没有导致其收入减少，不应产生人身损害赔偿语境下的误工。同时，受害人在受害前应当从事的是有合法收入的劳动，如果其从事的非法收入的劳动，也不应产生人身损害赔偿情形下的误工。

(4) 误工的时间要件。误工时间的计算应从受害人遭受伤害到完全治愈或定残日止。完全治愈后具有进行正常工作的能力，不再计算误工费，定残日后则应支付残疾赔偿金，实际将误工费包含在残疾赔偿金内。

一般来讲，未超过法定退休年龄的成年人，在身体健康正常的情况下均具备劳动能力，法律规定只是区分有无固定收入分别确定误工标准。对于超过法定退休年龄的人员是法律基于社会一般大众劳动能力情况采取的一个标准，对于超法定退休年龄人员一般推定其不具有劳动能力，不存在误工损失，但仅是法律的推定。只要其举证证明其事故发生前存在劳动的事实且获取有报酬，均应认定其存误工损失。实践中一般需要提交的证据一般有：受害人受害前从事何种工作；有无劳动合同或劳务合同；月收入状况如何；是否达到纳税起征点、是否交纳所得税；单位有无为其缴纳社会保险；无固定工作劳动者能否提交受害前最近三年的收入证明。

编写人：河南省安阳市中级人民法院　谢跃楠　张利平

27

实习期间遭遇交通事故能否主张误工费

——黄某秉诉吴某杰、财产保险公司机动车交通事故责任案

【案件基本信息】

1. 裁判书字号

上海市奉贤区人民法院（2021）沪0120民初11764号民事判决书

2. 案由：机动车交通事故责任纠纷

3. 当事人

原告：黄某秉

被告：吴某杰、财产保险公司

【基本案情】

2019年4月28日17时45分许，被告吴某杰驾驶小轿车由西往东，与骑行电动自行车的原告黄某秉发生碰撞，致原告受伤。经交警部门认定，被告吴某杰与原告黄某秉承担事故同等责任。经查，事故车辆在被告财产保险公司处投保了交强险及商业三者险，事故发生在保险期间内。后经鉴定，原告黄某秉因伤分别构成四级、六级、八级、十级伤残，事发时，原告系大学大四在读的大学生，正在某公司做实习生，处于实习期，原告就此向法院诉请医疗费、住院伙食费、误工费、残疾赔偿金等费用总计1575866.64元，其中误工费主张5000元/月的误工损失标准，期限参照鉴定意见确定953天休息期计算为158833元，庭审中，双方对误工费问题存在分歧，被告财产保险公司认为原告黄某秉系在校大学生，请求误工费不符合法律规定，原告方举证银行流水及上海市某区劳动争议仲裁委员会作出的裁决书，裁决原告黄某秉与用人单位不存在劳动关系，

但根据裁决书里的被申请人用人单位陈述的内容，可以证明原告在事发时正处实习期一个月，原告因本次交通事故导致实习期终止，存在误工损失，请求法院支持其诉请。

【案件焦点】

实习期间遭遇误工损失能否主张误工费。

【法院裁判要旨】

上海市奉贤区人民法院经审理认为：由于原告举证的银行流水不能充分证明其实际收入情况，但根据其举证的裁决书内容，可证明原告从事实习劳动，原告虽为在校大学生，但已处于实习期，参加社会劳动，有一定的收入，因而存在因本次事故产生的误工损失，由于原告举出的证据不能充分证明其主张以5000元/月的误工损失标准，结合案件实际情况，法院酌情认定以2021年上海市企业职工最低工资标准2590元/月，期限参照鉴定意见结论确定的953天计算总计82275.67元。

上海市奉贤区人民法院依照《最高人民法院关于适用〈中华人民共和国民法典〉时间效力的若干规定》第一条第二款，《中华人民共和国侵权责任法》第六条第一款、第十六条、第二十二条、第四十八条，《最高人民法院关于审理道路交通事故损害赔偿案件适用法律若干问题的解释》第十六条，《中华人民共和国道路交通安全法》第七十六条第一款第二项的规定，判决如下：

一、被告财产保险公司于本判决生效之日起十日内在保险范围内赔偿原告黄某秉损失929365.90元；

二、被告吴某杰于本判决生效之日起十日内赔偿原告黄某秉损失234701.76元；

三、原告黄某秉于本判决生效之日起十日内支付被告财产保险公司损失17484元；

四、驳回原告黄某秉的其他诉讼请求。

判决后，双方当事人均未上诉，本判决现已生效。

【法官后语】

在校大学生身份特殊，并不属于一般意义上的劳动者，实习期间所从事的工作或劳动并非正式或者相对固定的工作或劳动，其往往与用人单位不存在劳动关系，故对于实习期间遭遇误工损失能否主张误工费，司法实践中主要存有两种观点：

第一种观点认为，实习期的大学生身份仍属于在校大学生，享有学籍，与用人单位不存在劳动关系，不具有劳动者主体身份，请求误工费没有根据。

第二种观点认为，实习期的大学生虽然与用人单位不存在劳动关系，但不能就此否认其从事社会劳动并据此有一定收入的事实，既然存在实际误工损失，就应予以支持。

笔者认同上述第二种观点，实习期遭遇交通事故可以主张误工费，主要从以下几个方面予以论证：

1. 误工费赔偿性质理论争议及厘定。

对于误工费赔偿性质的理论，目前主要存在四种不同的观点：(1) 时间利益逸失说，简言之"耽误了时间就应当折价赔偿"，即误工费是对受害人因遭受身体损伤而造成时间利益逸失的赔偿。(2) 所得丧失说，即认为误工费是对受害人从遭受人身损害到完全治愈这一期间内，因无法正常从事工作或劳动而失去或减少的工作、劳动收入损失的赔偿。(3) 劳动能力丧失说，即认为误工费是对受害人从遭受人身损害到完全治愈这一期间内劳动能力减少或丧失的赔偿。(4) 劳动能力及所得丧失说，又称逸失利益说，即认为误工费是对受害人从遭受人身损害到完全治愈这一期间内因暂时丧失或减少劳动能力而无法从事正常工作或劳动而导致的收入损失的赔偿，该观点综合了上述劳动能力丧失说与所得丧失说的观点内容。

笔者倾向于第四种理论观点，即误工费是对受害人从遭受人身损害到完全治愈这一期间内因暂时丧失或减少劳动能力而无法从事正常工作或劳动而导致的收入损失的赔偿。该观点明确界定了劳动能力暂时丧失或减少作为误工费赔偿的内在依托，劳动能力作为健康权的基本内容之一，受害人因健康权受损造成劳动能力的丧失或减少与因伤不能工作产生实际收入减损有法律上的因果关系，也因此界定了误工损失的合理范围，有利于避免扩大化。根据第一种观点，任何人在遭受侵权后均可主张误工费问题，显然失之过宽，失去了误工费赔偿项目的法律意义。第二种观点虽然强调了误工费与收入损失之间的关系，但未能指出赔偿收入损失的依据，存在导致“收入损失”范围不当扩张的可能性，如一名企业经营者作为受害人，以误工期间的企业营业收入损失作为误工费赔偿主张时，如凭此观点，就会导致不公平的结果。第三种观点虽明确劳动能力的丧失作为误工费的内在依据，界定了误工赔偿范围，但劳动能力减损或丧失与收入损失之间的关系并未明确，造成劳动能力减损的结果抽象化，有失妥当。

综上，“填平原则”作为民事侵权赔偿的一个重要原则，侵权案件中误工费也应以“填平损失，合理为限”为基本原则，其理论主张亦不能超出这一原则的范畴，即受害人损失应全面填补，损失部分与赔偿部分等同，目的在于受害人经济上因赔偿后不受损失。误工费作为法定赔偿项目，应以受害人实际损失情况为基准，在合理范围内对受害人进行赔偿，即应以受害人因遭受侵权而造成劳动能力的暂时丧失或减少而导致收入实际损失。

2. 主张误工费赔偿的标准与前提条件。

既然确定误工费性质在于受害人劳动能力的丧失或减损而导致其实际收入的损失，据此，误工费损失标准应以受害人有无劳动能力及有无收入来源为评判标准。根据《最高人民法院关于审理人身损害赔偿案件适用法律若干问题的解释》第七条的规定：“误工费根据受害人的误工时间和收入状况确定。误工时间根据受害人接受治疗的医疗机构出具的证明确定。受害人因伤残持续误工的，误工时间可以计算至定残日前一天。受害人有固定收入的，误工费按照实际减少的收入计算。受害人无固定收入的，按照其最近三年的平均收入计算；受害人不能举证证明其最近三年的平均收入状况的，可以参照受诉法院所在地相同或者相近行业上一年度职工的平均工资计算”。由此可见，确认误工费与受害者是否具有劳动者身份无关，以受害人劳动能力丧失或减少及其收入损失情况为评判标准，其赔偿依托是劳动能力，受害人无法正常工作或劳动的直接原因是健康权受到侵害，导致劳动能力暂时受损或丧失，治疗和恢复期间不能劳动导致应得收入无法获得，该损失应由侵权人赔偿。

明确而言，主张误工费有两个前提条件：一是受害人有劳动能力，这里的劳动能力不以年龄、身份、资格等作为判决标准，应以是否从事社会劳动的客观实际情况作为判断依据，如退休人员，不能简单认定为无劳动能力，应结合其是否实际从事社会劳动的客观情况予以认定，从而判定是否支持其误工费主张，目前在司法实务中已形成共识；二是受害人有基于自己劳动而获得收入的情况，收入不单指以工资形式发放，也可以是报酬性质，并不以受害人伤前必须具有工作和固定收入为前提。误工费实行差额赔偿和定型化赔偿相结合的原则，一般情况下，受害人无固定收入且不能证明最近三年平均收入状况，误工费参照行业标准计算。另外，这里的收入仅限于基于劳动取得的收入，如受害人的非劳动收入、财产性收入、政府转移性收入等，这些收入并非劳动力价值的完全体现，其中包含资本、机会、政策等其他生产要素，计算误工费时需要把这类收入予以剔除，对于不合法或违反公序良俗的劳动收入自然应排除在外，经营损失或含有其他生产要素的收入不能完全认定为误工损失。

故在交通事故侵权类案件中，误工费就是对受害人因伤治疗期间劳动收入损失的经济补偿，主张误工费的前提在于满足上述两个条件，如能证明存在实际误工损失情况，包括能提供收入减少误工证明，则以实际损失情况予以赔偿，如有工作证明所属行业，可按相同或相近行业上一年度平均工资计算；有劳动能力但不能提供收入减少证据的，比照下岗人员、失业人员，按照最低工资标准计算；其中对于受害人是退休人员，根据其事发时实际从事劳动的情况予以判断，如无证据证明其实际有工作或仍参加劳动的，可以不予赔偿。

综上所述，实习期的在校大学生只要有证据证明其参加劳动，且有一定收入的，应支持其误工费的主张，不应简单地以劳动者身份论为评判标准，切实维护实习期在校大学生的合法权益。

编写人：上海市奉贤区人民法院　张银宇

28

停工留薪期收入不减少不支持受侵权人主张的误工费

——焦某涛诉卢某国、财产保险公司机动车交通事故责任案

【案件基本信息】

1. 裁判书字号

北京市第三中级人民法院（2021）京03民终8579号民事判决书

2. 案由：机动车交通事故责任纠纷

3. 当事人

原告（上诉人）：焦某涛

被告（被上诉人）：卢某国、财产保险公司

【基本案情】

2020年10月12日8时52分，焦某涛驾驶普通二轮摩托车由西向东行驶时，适有卢某国驾驶小型轿车由西向东行驶，因卢某国驾驶的小型轿车并入右侧车道，焦某涛驾驶的两轮普通摩托车躲避不及驶入路边沟发生交通事故，车辆无接触，当事人焦某涛佩戴的骑行头盔、骑行服、骑行鞋、手机、摩托车及摩托车上的记录仪、摩托车后尾箱损坏，焦某涛受伤。此事故经交通支队认定：焦某涛、卢某国负事故同等责任。

事后当天，在交警在场的情况下，焦某涛、卢某国与财产保险公司的出险人员经协商，三方达成赔付协议，即由财产保险公司赔付焦某涛人损500元及财产损失2000元，并签订了《车险小额人伤案件快速理赔单》。该理赔单在声明部分载明：第二项为上述人伤损失金额由当事人双方自愿协商达成，该金额包括医疗费、误工费等一切人伤损失费用，由驾驶员一次性支付赔偿金，此后

双方互不追究；第三项为保险公司工作人员仅作为见证方记录事故责任和调解金额，当事人因此事故引起的任何民事纠纷与保险公司无关；第四项为双方签字即表示认可上述事故责任及人伤损失金额；第五项为伤者签字即表示已经收到赔偿金，并同意保险公司将本次事故赔款直接支付给被保险人等内容。2020年10月13日，财产保险公司将2500元赔付款打入焦某涛名下账户。2020年12月11日，北京市顺义区人力资源和社会保障局作出认定工伤决定书。后焦某涛找财产保险公司协商，双方未达成协议，现焦某涛诉至法院。

经询，焦某涛表示虽然医嘱建议其休息共计33天，但其并没有完全遵医嘱停职休息，仍坚持上班，单位亦未扣发其上述期间的工资。

【案件焦点】

受伤职工在获得了本单位基于《中华人民共和国工伤保险条例》（以下简称《工伤保险条例》）第三十三条支付的停工留薪期工资后，是否还可以再基于侵权法律关系向侵权人主张上述期间的误工费。

【法院裁判要旨】

北京市平谷区人民法院经审理认为：本案中，财产保险公司、卢某国、焦某涛三方达成了赔付协议并签订了《车险小额人伤案件快速理赔单》，焦某涛收到了赔付款2500元。根据《中华人民共和国合同法》第五十四条之规定，因重大误解或显失公平订立的合同，当事人一方有权请求人民法院或者仲裁机构变更或撤销。本案焦某涛在受伤时自感不用医治而签订了《车险小额人伤案件快速理赔单》，但其事后不见好转进行医治，且开支相较已给付赔偿的数额出入较大，应属重大误解订立的合同，现焦某涛主张撤销涉诉事故《车险小额人伤案件快速理赔单》中的三方签订的人伤损失500元及声明中的第二项、第三项、第四项、第五项等一次性人伤理赔协议内容，符合法律规定，法院应予支持。

关于焦某涛主张的误工费，卢某国、财产保险公司均认为焦某涛没有实际损失而不同意赔付。法院考虑：受害人按工伤得到的相应职工保险待遇，作为侵权人的侵权责任不因受害人获得社会保险而减轻或者免除。作为侵权纠纷的民事案件，依据《最高人民法院关于审理人身损害赔偿案件适用法律若干问题的解释》第七条的规定，受害人有固定收入的，误工费应按照实际减少的收入计算。而本案中，焦某涛因交通事故受伤于 2020 年 12 月 11 日被认定为工伤，其主张的误工损失的时间和休息证明的时间均在其受伤至认定工伤期间内，但焦某涛在本案中所提交的证据，均并不足以证明其实际收入被扣减的事实，故对焦某涛的此项诉求，法院不予支持。

北京市平谷区人民法院依法作出如下判决：

一、撤销涉诉事故《车险小额人伤案件快速理赔单》中的三方签订的人伤损失 500 元及声明中的第二项、第三项、第四项、第五项等一次性人伤理赔协议内容；

二、被告财产保险公司于本判决生效后十日内在机动车交通事故责任强制保险限额范围内赔偿原告焦某涛的医疗费、营养费、交通费等经济损失共计 2461.86 元（已扣除赔付 500 元的部分）；

三、驳回原告焦某涛的其他诉讼请求。

焦某涛不服一审判决，提起上诉。

北京市第三中级人民法院经审理判决如下：

驳回上诉，维持原判。

【法官后语】

本案处理的重点在于交通事故案件中，因第三人侵权致工伤，侵权损害赔偿责任与工伤保险赔偿竞合时，受伤职工在获得了本单位基于《工伤保险条例》第三十三条支付的停工留薪期工资后，是否还可以再基于侵权法律关系向侵权人主张上述期间的误工费。分析如下：

1. 误工费与停工留薪期工资竞合立法现状梳理。

《中华人民共和国民法典》《最高人民法院关于审理人身损害赔偿案件适用法律若干问题的解释》《工伤保险条例》等法律法规赋予了工伤事故侵权损害赔偿和工伤保险赔偿双重性质。因第三人侵权导致工伤的，受伤职工有两个请求权：一是基于人身损害享有的民事侵权损害赔偿请求权，二是基于工伤保险关系享有的工伤保险待遇请求权。也就是说，交通事故案件中，因第三人侵权致工伤，劳动者既可向侵权的第三人主张侵权损害赔偿，也可以享受工伤保险待遇，但二者之间有诸多性质相同并存在重复的赔偿项目，如本案中的误工费与停工留薪期工资。

2. 误工费与停工留薪期工资竞合处理的司法实践。

综观我国处理交通事故侵权损害赔偿与工伤保险赔偿中误工费与停工留薪期工资竞合的司法实践，主要有三种观点：第一种观点认为不能兼得。认为误工费与停工留薪期工资虽然基于不同的法律规定，但从实质来看，两者均系对劳动者因遭受伤害而无法从事正常工作而实际减少的收入的补偿。劳动者如已获得误工费，直接费用损失已经获得完整填补，如再次获得停工留薪期工资，存在重复赔偿，不符合民事赔偿的填平原则，反之亦然。第二种观点认为应采取“就高原则”的补差方式，按照各自的计算标准，确定两者之中数额较高的作为劳动者应获得的赔偿数额，若劳动者先获赔的误工费低于停工留薪期工资，劳动者有权再获得二者之间的差额补偿，反之亦然。第三种观点则支持双重赔偿，认为可以兼得。认为《工伤保险条例》对职工获得停工留薪期待遇并无限制性和禁止性规定，即现行法律并未禁止工伤职工同时享受人身损害赔偿和工伤保险待遇，且停工留薪期工资不属于工伤医疗费用的范畴，系《工伤保险条例》规定的由用人单位承担的事项，第三人已承担民事责任不能免除用人单位的法定义务，反之亦然。

3. 误工费与停工留薪期工资性质认定及竞合处理的模式选择。

笔者认为，工伤保险赔偿与侵权损害赔偿是不同的赔偿原则，其立法目的亦不相同，两者的赔偿不是非此即彼或均可兼得的关系，需要结合不同的赔偿项目予以区分。误工费与停工留薪期工资实质上属于同一性质的赔偿项目，均系对劳动者因遭受伤害无法从事正常工作而实际减少收入的补偿。为了实现对劳动者的充分救济，法院可依据民事领域的填平原则、实际赔偿原则精神，使权利人在经济上不受损失。故因第三人侵权致工伤引起的民事侵权赔偿与工伤保险赔偿中误工费与停工留薪期竞合的处理，笔者赞同第三种观点，即误工费与停工留薪期可以兼得，但再次赔偿应当是基于侵权法律关系或者工伤保险关系项下应得到的赔偿。具体到本案，受伤职工单位基于《工伤保险条例》第三十三条支付的停工留薪期工资后，仍有权请求侵权人依照法律规定向侵权人主张上述期间的误工费，但此处的再次赔偿应当是基于侵权法律关系项下应得到的赔偿。在侵权法律关系项下，损害赔偿的基本原则是填补受害人所受的损害，即“损害填补”，属于补偿性赔偿，而非惩罚性赔偿。我国法律在涉及误工费的赔偿时均明确为“因误工减少的收入”，即强调的是有实际收入的减少。本案中，焦某涛在其受伤至认定工伤期间内享受了停工留薪期工资待遇，从形式上讲，其仍有权请求侵权人依照法律规定向侵权人主张上述期间的误工费，但由于其上述期间的工资单位未进行扣发，其并不存在其主张期间的实际收入减少的情形，故其实质上并不符合侵权法律关系项下再次获得误工费的权利。故焦某涛要求再次获得其受伤至认定工伤期间内误工费，不应得到支持。

编写人：北京市平谷区人民法院　马豫林　韩思思

29

误工时间应以医疗机构出具的证明或者司法鉴定意见书确定的时间为准

——张某群诉李某星等机动车交通事故责任案

【案件基本信息】

1. 裁判书字号

湖北省咸宁市嘉鱼县人民法院（2022）鄂 1221 民初 39 号民事判决书

2. 案由：机动车交通事故责任纠纷

3. 当事人

原告：张某群

被告：李某星、纸塑包装公司、财产保险公司

【基本案情】

2021年6月7日17时许，被告李某星驾驶轻型普通货车行驶，17时17分遇原告张某群驾驶的无号牌二轮摩托车左转弯，因李某星驾车未确保安全且未保持安全车速，张某群无有效机动车驾驶证驾驶机动车且转弯未让直行车辆先行，致两车相撞，造成原告张某群受伤、两车受损的交通事故。经交通警察大队认定，张某群、李某星均负事故的同等责任。事故发生后，张某群被送往医院治疗，共计花费医疗费94580.62元及救护车费720元。经原告申请，2021年10月23日，司法鉴定所作出鉴定意见：张某群开颅术后伤残程度评定为十级伤残，肋骨骨折6根以上评定为十级伤残；伤残赔偿指数为0.12，建议给予后续治疗费5000元或以实际发生为准；误工期为伤后180日；护理期为伤后100日；营养期为伤后100日。原告花费鉴定费2280元。

原告张某群在事故发生时已年满64周岁，以务农为生，其以家庭承包的方式经营了20余亩土地。被告李某星具有C1D驾驶资格，轻型普通货车登记在纸塑包装公司名下，其为肇事车辆在被告财产保险公司投保了交强险和商业第三者责任险（50万元），事故发生在保险期间内。

【案件焦点】

1. 对于已超过法定退休年龄的受害人，是否应支持误工费；2. 评定伤残的时间早于鉴定机构认定的误工时间，如何确定误工期。

【法院裁判要旨】

湖北省嘉鱼县人民法院经审理认为：被告李某星驾驶轻型普通货车与原告张某群发生交通事故，并负事故的同等责任，给原告张某群造成的经济损失应予赔偿。肇事车辆在财产保险公司投保了交强险和商业第三者责任险，事故发

生在保险期间，财产保险公司应在承保范围内承担代为赔偿责任。原告自负事故的同等责任，除交强险外，由财产保险公司在商业险中承担50%的赔偿责任。根据农村生活现状，年满60岁后从事务农的情形普遍存在，张某群提交了土地承包经营权证及村民委员会证明，并实际以务农为生，应支持其误工损失。《最高人民法院关于审理人身损害赔偿案件适用法律若干问题的解释》第七条第二款规定“误工时间根据受害人接受治疗的医疗机构出具的证明确定。受害人因伤致残持续误工的，误工时间可以计算至定残日前一天”，并非是规定必须计算至定残日前一天。误工费的性质与残疾赔偿金的性质不同，实践中关于定残日存在较大空间，如机械的将误工时间计算至定残日前一天，将与误工费填补受害人的损失的性质相违背。本案原告还存在后续治疗问题，鉴定机构结合受害人的身体状况、住院病历、后续治疗情况及相关规定，认定原告的误工时间为180日，并无不当，原告的主张于法有据，应予支持。

湖北省嘉鱼县人民法院依照《中华人民共和国民法典》第一千一百六十五条第一款、第一千一百七十九条、第一千一百八十三条第一款、第一千二百零八条、第一千二百一十三条，《中华人民共和国道路交通安全法》第七十六条第一款第一项，《机动车交通事故责任强制保险条例》第二十三条，《机动车交通事故责任强制保险条款》第八条，《最高人民法院关于审理人身损害赔偿案件适用法律若干问题的解释》第一条、第六条、第七条、第八条、第九条、第十条第一款、第十一条、第十二条第一款、第二十二条，《最高人民法院关于确定民事侵权精神损害赔偿责任若干问题的解释》第一条、第五条和《中华人民共和国民事诉讼法》第六十八条第一款、第一百四十五条的规定，判决如下：

由被告财产保险公司在交强险和商业第三者责任险内共计赔偿原告张某群149612.4元，限于本判决生效之日起十五日内一次性支付。

判决后，双方当事人均未上诉，本判决现已生效。

【法官后语】

在处理交通事故案中，常常存在鉴定机构认定误工期超过从受伤之日起至评定伤残的前一日。对于此类情形，保险公司均提出误工时间应计算至定残前一日，不应按照鉴定意见确定误工期。

笔者认为，残疾赔偿金与误工费计算的理论基础不同，二者并不冲突。残疾赔偿的理论渗透的是“劳动能力丧失说”的思想，目前是以定额化方式确定赔偿数额，即所有构成相同残疾等级的人，在同一类别内，不论其性别、就业状况、收入差距都享受同样的赔偿标准。其实质是根据劳动能力丧失程度抽象确定统一的标准。任何人只要达到残疾等级，就应获得残疾赔偿金赔偿。而误工费则是根据受害人的误工时间和收入状况来确定。这一规则体现了差额化赔偿理论。以被害人的财产状况于损害事故发生与损害事故不发生两种情形下的差额为依据确定赔偿数额，体现全部赔偿实际损失的原则。误工费的赔偿方法充分考虑受害个体实际收入的差别，其根据受害人的具体情况和特点主观量化计算利益损失。没有误工事实和实际损失是不能得到赔偿的。因此，二者赔偿原则不同，残疾赔偿金与误工费计算的理论基础不同，不存在冲突。

《最高人民法院关于审理人身损害赔偿案件适用法律若干问题的解释》第七条第二款规定误工时间可以计算至定残日前一天，而不是必须计算至定残日前一天，其主要目的之一也在于防止鉴定机构作出鉴定误工的时间和作出鉴定的时间相冲突。另外，评残日作为误工期界限日缺乏科学性。根据当前的评残规则，一般是在治疗终结后进行。法医学上一般认为，所谓“临床治疗终结”是指受害者经过一定时间治疗后，临床医学一般原则确定已治愈，或有一定后遗症，但客观检查无阳性特征，或虽有症状和病理改变，临床认为不需要处理或目前医疗手段无法处理的医疗时间。此规定为个别当事人规避法律提供了空间。例如，有些当事人提前评残，以期待提高残疾等级；有些当事人故意拖延评残时间，以获取更多的误工费用。因此，误工时间计算至定残日前一天的规则，建立在争议很大又无明确法律规制的“临床治疗终结”上，缺乏科学性。相对而言，鉴定机构作为独立的第三方民间机构，作出的鉴定结论具有一定的公正性和权威性，其鉴定结论是从专业的角度，根据受害人的伤情，结合相关的规定得出的结论，比较符合受害人的实际情况，较为科学。

将误工期简单的从受伤之日起算至定残前一日，表面上看符合法律的规定，但却不能最大限度地保护受害人的合法权益。在受害人申请做伤残鉴定的时机也没有具体的法律规定情况下，受害人选择不同的时间申请做伤残鉴定，或早于鉴定意见中的误工时间或晚于鉴定意见中的误工时间，就会出现不同的效果。特别是早于鉴定意见中的误工时间情形，受害人得不到应当获得的补偿，无法保护其合法权益。

综上，从立法本意看，受害人因伤致残持续误工的，在确定受害人误工时间时，不能简单机械地计算至定残日的前一天，而是应以医疗机构出具的证明、司法鉴定意见书确定的时间为基准，并结合受害人的身体状况、住院病历、后续治疗情况等内容进行综合考虑。

编写人：湖北省嘉鱼县人民法院　洪锦

30

个人体质因素不属于减轻或免除赔偿的法定情形

——左某诉财产保险公司机动车交通事故责任案

【案件基本信息】

1. 裁判书字号

陕西省渭南市中级人民法院（2021）陕 05 民终 1398 号民事判决书

2. 案由：机动车交通事故责任纠纷

3. 当事人

原告（上诉人）：左某

被告（上诉人）：财产保险公司

【基本案情】

2018年12月6日18时许，刘某龙驾驶案外人秦某民所有的小轿车，与行人左某锁发生碰撞，致左某锁受伤，后送医院治疗。《道路交通事故认定书》认定刘某龙负事故的全部责任，左某锁不负事故责任。后左某锁进行了司法鉴定，于2019年6月10日诉至法院。法院于2019年10月20日作出（2019）陕0527民初1162号民事判决，判决财产保险公司于判决生效后十五日内支付左某锁287789.85元（已支付1万元），支付刘某龙39877.67元。该判决生效后，保险公司履行了赔偿义务。此后，左某锁因病于2019年10月12日在A医院住院治疗，被诊断为：右侧基底节区脑出血破入脑室、癫痫、脑出血后遗症、脱髓鞘性白质脑病、手术后颅脑缺失；2019年10月21日转至B医院住院治疗，被诊断为：右侧颞叶脑出血并破入脑室、坠积性肺炎、多发腔隙性脑梗塞、颅脑损伤后遗症；2019年11月至2020年2月多次到门诊就诊；2020年3月在B医院住院治疗，被诊断为：感染性休克、双肺肺炎、脑出血后遗症、低钾血症、低钠血症、低氧血症、低蛋白血症等。其间左某锁再次以交通事故责任纠纷为由起诉刘某龙、财产保险公司，一审法院于2020年4月14日立案。一审审理期间，左某锁于2020年8月1日死亡，经确认由儿子左某一人享有诉讼权利并承担义务，左某自愿放弃主张左某锁的死亡赔偿金。案涉车辆在财产保险公司投保了第三者责任强制保险和第三者责任商业险及不计免赔险，商业险最高限额为30万元。

【案件焦点】

1. 本案是否属于重复起诉；2. 司法鉴定意见书能否作为上诉人左某要求赔偿残疾赔偿金236178.5元的依据；3. 上诉人左某要求精神损害抚慰金22000元的事实依据和法律依据；4. 本案后期治疗费用与本次交通事故是否有因果关系。

【法院裁判要旨】

陕西省白水县人民法院经审理认为：左某锁后续治疗支出的费用与交通事

故具有因果关系，一审法院予以确认。司法鉴定意见书中部分医院病历分析缺失，鉴定意见与病理分析相互矛盾，存在诸多瑕疵，该鉴定意见与客观事实不符，鉴定依据不科学，故一审法院对该份鉴定意见不予采信；因左某锁现已死亡，无法再次对其进行残疾鉴定，且一审法院已对左某锁因交通事故导致的伤残等级进行了鉴定，其伤残赔偿金、精神抚慰金均已进行了赔偿，属重复诉讼，一审法院不予支持。一审法院认为，公民的身体权、健康权受法律保护。刘某龙驾驶的小型轿车与左某锁发生碰撞，致左某锁受伤，刘某龙负事故全部责任；左某主张左某锁因本次事故后续治疗受到的损失有：1. 医疗费 22254. 41 元；2. 住院伙食补助费 1920 元；3. 营养费 1200 元；4. 护理费 34000 元；5. 交通费 1000 元；6. 残疾辅助器具费 198 元；7. 住宿费 424 元，合计 60996. 41 元。因该车在财产保险公司投保了商业险及不计免赔险，故由财产保险公司替刘某龙予以赔偿。对左某主张伤残赔偿金差额及精神抚慰金，一审法院作出的生效判决书已赔偿且已履行完毕，属重复诉讼，依法予以驳回。

陕西省白水县人民法院依据《中华人民共和国侵权责任法》第六条、第十六条，《中华人民共和国道路安全法》第七十六条，《中华人民共和国保险法》第二十二条，《最高人民法院关于审理人身损害赔偿案件适用法律若干问题的解释》第十九条、第二十条、第二十一条、第二十二条、第二十三条、第二十四条、第二十六条，《最高人民法院关于审理道路交通事故损害赔偿案件适用法律若干问题的解释》第十六条，《最高人民法院关于民事诉讼证据的若干规定》第四十条，《最高人民法院关于适用〈中华人民共和国民事诉讼法〉的解释》第二百四十七条之规定，判决如下：

一、财产保险公司于判决生效后十五日内支付左某 60996. 41 元；

二、驳回左某的其他诉讼请求。

陕西省渭南市中级人民法院经审理认为：本案是否属于重复起诉的问题。本案事故发生于 2018 年 12 月 6 日，受害方左某锁于 2019 年 6 月 10 日第一次诉至法院，对判决前所产生的医疗费、护理费、住院伙食补助费、营养费、交通费等均已获得了赔偿。后续治疗费是指对损伤经治疗后体征固定而遗留的功能障碍确需再次治疗的费用或伤情尚未恢复需二次治疗所需要的费用。受害人左某锁引起伤情尚未恢复所进行的二次治疗，并根据该实际发生费用予以请求，其并未根据第一次鉴定意见书中涉及的后续治疗费约需 4000 元进行主张，而是在其实际发生后再次主张并不违背法律规定，不构成重复起诉。

关于司法鉴定中心所作出的司法鉴定意见书能否作为上诉人左某要求赔偿残疾赔偿金 236178.5 元依据的问题。本案一审时，受害人左某锁请求一审法院对其病情现状与交通事故进行因果关系及参与度鉴定，并要求对其伤情进行残疾等级鉴定。随后，司法鉴定中心于 2020 年 7 月 27 日作出司法鉴定意见书，得出如下鉴定意见：“1. 左某锁病情现状在原有交通事故外伤基础上明显加重，与 2018 年 12 月 6 日交通事故外伤有一定的因果关系；2. 左某锁目前的残疾程度相当于一级伤残程度。”该鉴定意见作出后，一审法院认为鉴定中心对因果关系并未阐述明了，故发函要求鉴定中心对该项鉴定意见予以进一步说明，该鉴定中心又于 2020 年 8 月 25 日作出补充鉴定说明，其补充分析意见为：“1. 左某锁因 2018 年 12 月 6 日交通事故外伤直接导致的伤残等级为三级伤残；2. 左某锁 2019 年 10 月 12 日发生‘右侧基底节区脑出血破入脑室’后的伤残等级变成一级伤残；3. 左某锁 2018 年 12 月 6 日交通事故外伤是 2019 年 10 月 12 日因脑出血而增加的伤残份额的诱发因素（10%～15%）。”而司法鉴定意见书及其补充分析意见中未对受害人左某锁本次住院（①2019. 10. 12—2019. 10. 21②2019. 10. 21—2019. 10. 28③2020. 3. 12—2020. 3. 20）病情与 2018 年 12 月 6 日发生交通事故所导致的伤情之间是否存在因果关系予以说明，亦未对受害人左某锁后两次住院（②2019. 10. 21—2019. 10. 28③2020. 3. 12—2020. 3. 20）的病理进行分析，其所得出的因果关系为“2019 年 2 月 23 日的病情与 2018 年 12 月 6 日发生的交通事故之间存在因果关系”，而 2019 年 2 月 23 日系受害人左某锁在第一次诉讼时发生的住院病情，在第一次判决中已予以处理，故该鉴定中心并未得出明确的因果关系分析意见，使得鉴定意见中关于“因果关系”的结论无事实依据支持。而该鉴定中心对于伤残等级的鉴定意见亦存在上述情况，其所依据的病历资料并非本次诉讼中所涉及的住院病历，鉴于此，该鉴定中心于

2020年11月4日向一审法院送达“同意不采信司法鉴定函”，称该鉴定中存在如下瑕疵：“①未参考案卷中关于左某锁前期（2019年3月8日之前）已作出过生效判决的相关资料；②部分医院病历采信分析不全。”同意一审法院对其所作出的鉴定意见不予采信。故一审对司法鉴定中心所作出的鉴定意见及其补充意见未予采纳正确，二审对此予以维持。因受害人左某锁于2020年8月1日离世，对其再次重新鉴定因果关系及伤残等级已属客观不能。上诉人左某要求赔偿受害人左某锁因本次交通事故导致病情加重的残疾赔偿金，因鉴定意见书并未鉴定本次伤情加重后的伤残等级，上诉人左某亦无其他证据证明受害人左某锁因病加重后的伤残等级，则其要求病情加重后所增加的残疾赔偿金无从计算，且残疾赔偿金系对因残疾而导致劳动能力丧失所给予的财产损害性质的赔偿，本案受害人左某锁在一审审理时已经死亡，其死亡后即不存在因残疾所导致的劳动能力丧失所带来的财产性损失，故对上诉人左某要求的残疾赔偿金不予支持。

关于上诉人左某要求精神损害抚慰金22000元的事实依据和法律依据。在（2019）陕0527民初1162号民事判决中，受害人左某锁已经就精神损害抚慰金进行过诉讼，且该判决支持了其8000元精神损害抚慰金的赔偿数额。本次诉讼，其又提出精神损害抚慰金之请求属于重复起诉，违反“一事不再理”原则，故对其精神损害抚慰金之请求不予支持。

关于本案后期治疗费用与本次交通事故之间是否有因果关系。虽然鉴定意见书中并未提及本次住院治疗病情与本次事故之间是否存在因果关系的意见，但从受害人左某锁先后6次住院的病历资料、出院证明等相关证据来看，受害人左某锁治疗的均是与其颅脑损伤有关的病情，具有连续性，故应当认定其本次治疗的病情与本次交通事故之间存在因果关系。

关于上诉人财产保险公司认为应当按照过错参与度（10%~15%）计算其赔偿数额的问题。根据我国道路交通安全法的相关规定，其并未规定在确定交强险责任时应依据受害人体质状况对损害后果的影响作相应扣减，其免责事由仅限于受害人故意造成交通事故的情形。虽然受害人的体质状况对损害后果的发生具有一定的影响，但并非法律规定的过错，受害人对伤残损害后果的发生或扩大没有过错，不存在减轻或免除赔偿的法定情形，因此上诉人财产保险公司要求参照损伤参与度确定损害赔偿责任于法无据，二审对此不予支持。综上所述，上诉人的上诉请求均不能成立，应予驳回；一审判决认定事实清楚，适用法律正确，应予维持。

陕西省渭南市中级人民法院依照《中华人民共和国民事诉讼法》第一百七十条第一款第一项之规定，判决如下：

驳回上诉，维持原判。

【法官后语】

机动车交通事故责任纠纷中，保险公司通常认为受害人体质状况会影响损害结果，应当以损失参与度确认保险责任，该主张缺少法律依据。

第一，应以侵权责任法为依据认定侵权责任。机动车交通事故责任纠纷属于典型的侵权责任纠纷，所以只要符合侵权责任构成要件即构成侵权责任并承担相应的侵权责任。机动车交通事故中，已造成受害人人身财产损害，如果主张受害人体质状况影响损害结果的，就恰恰说明侵权行为与侵害结果之间存在因果关系。但个人体质状况只是与侵权行为造成的后果存在客观上的介入因素，并无法律上的因果关系，未导致法律上因果关系的中断，符合侵权行为、损害后果、过错等要件，构成侵权责任。本案中，受害人个人体质较差，患有多种疾病，但没有外力和本次交通事故，就没有该损害后果，所以构成侵权责任。《中华人民共和国民法典》《最高人民法院关于审理人身损害赔偿案件适用法律若干问题的解释》等均对侵权责任的承担以及减轻和免除作了明确规定，只有被侵权人对损害的发生有过错的，才是减轻赔偿责任的法定事由。受害人体质损失参与度并非法律上的概念，并非减轻侵权人赔偿责任的法定事由，依据个人体质损害参与度减轻赔偿责任、计算赔偿金额没有法律依据。

第二，交强险并未规定受害人体质状况会影响保险责任。《机动车交通事故责任强制保险条例》第三条规定本条例所称机动车交通事故责任强制保险，是指由保险公司对被保险机动车发生道路交通事故造成本车人员、被保险人以外的受害人的人身伤亡、财产损失，在责任限额内予以赔偿的强制性责任保险。第二十一条第二款规定道路交通事故的损失是由受害人故意造成的，保险公司不予赔偿。以上规定正是基于保险法中的近因原则，当保险人承保的风险事故是引起保险标的损失的近因时，保险人应负赔偿责任，只有受害人故意造成损失的情况下，保险公司才可不予赔偿，不应因受害人体质状况对交通事故导致的残疾存在一定影响而自负责任。所以，交强险并未规定在确定交强险责任时应依据受害人体质状况对损害后果的影响作相应扣减，保险公司的免责事由也仅限于受害人故意造成交通事故的情形，即便是投保机动车无责，保险公司也应在交强险无责限额内予以赔偿。因此，符合交强险的赔偿项目和标准的损失，均应予赔偿，参照个人损伤参与度确定损害赔偿责任和交强险责任均没有法律依据。

第三，过失相抵的适用。过失相抵的基本规则就是比较侵权人与被侵权人的过错大小，其本意在于公平分担责任，不得将因自己的过失所产生之损害转嫁于他人。《中华人民共和国民法典》第一千一百七十三条规定，被侵权人对同一损害的发生或者扩大有过错的，可以减轻侵权人的责任；《中华人民共和国道路交通安全法》第七十六条规定机动车发生交通事故造成人身伤亡、财产损失的，由保险公司在机动车第三者责任强制保险责任限额范围内予以赔偿；不足的部分，按照下列规定承担赔偿责任：（一）机动车之间发生交通事故的，由有过错的一方承担赔偿责任；双方都有过错的，按照各自过错的比例分担责任。（二）机动车与非机动车驾驶人、行人之间发生交通事故，非机动车驾驶人、行人没有过错的，由机动车一方承担赔偿责任；有证据证明非机动车驾驶人、行人有过错的，根据过错程度适当减轻机动车一方的赔偿责任；机动车一方没有过错的，承担不超过百分之十的赔偿责任。交通事故的损失是由非机动车驾驶人、行人故意碰撞机动车造成的，机动车一方不承担赔偿责任。侵权责任中适用过失相抵要求被侵权人有过错，甚至存在故意。显然个人体质状况并不属于可适用过失相抵的情形。

本案中，虽然受害人的体质状况对损害后果的发生具有一定的影响，但并非法律规定的过错，受害人对伤残损害后果的发生或扩大没有过错，不存在减轻或免除赔偿的法定情形，故法院驳回保险公司要求参照损伤参与度确定损害赔偿责任正当。

编写人：陕西省渭南市中级人民法院　亢俊谦　晏　海

31

中老年常见疾病是否应作为交通事故损失参与度的考量因素

——李某达诉夏某、甲财产保险公司机动车交通事故责任案

【案件基本信息】

1. 裁判书字号

江苏省无锡市中级人民法院（2021）苏 02 民终 4564 号民事判决书

2. 案由：机动车交通事故责任纠纷

3. 当事人

原告（被上诉人）：李某达

被告（上诉人）：甲财产保险公司

被告（被上诉人）：夏某

第三人：乙财产保险公司

【基本案情】

2020 年 1 月 24 日，夏某驾驶小型轿车与李某达驾驶的电动自行车左侧相撞，造成李某达受伤、两车损坏的交通事故。经交警部门认定，夏某负此事故全部责任，李某达不负事故责任。小型轿车的所有人为夏某，在甲财产保险公司投保了交强险和 150 万元第三者责任险（不计免赔率），事故发生在保险期间。

事故发生后，李某达到医院进行了治疗，各方均认可医疗费为108946.52元，其中乙财产保险公司为李某达垫付抢救费71514.33元。

李某达就伤残情况等申请鉴定。司法鉴定所作出鉴定意见书，载明：“颈椎术后，残疾等级比照……评定为十级。关于颈部损失参与度：被鉴定人外伤史明确，伤后查磁共振成像（Magnetic Resonance Imaging，MRI）片示：C2/3、C3/4、C4/5、C5/6、C6/7椎间盘中央型突出，C3/4、C4/5、C5/6层面黄韧带肥厚、椎管狭窄，颈椎退行性变，说明其颈部存在明确的自身退变，但外伤后出现颈部压痛、双上肢肌力下降等与颈部损伤相关的症状及体征，以上外伤与自身疾病共同作用，进而达到手术指征，作用力大小难分主次。故本所综合分析认为，被鉴定人本次外伤与其自身病变共同导致目前后果。李某达外伤后行颈部手术治疗的残疾等级评定为十级，外伤与自身病变共同导致目前后果。”

李某达的诉讼请求是：1. 判令向李某达赔偿交通事故造成的各项损失合计295669.02元（包括残疾赔偿金111724.8元、精神损害抚慰金5000元……）；2. 诉讼费用由夏某、甲财产保险公司承担。

【案件焦点】

李某达自身疾病是否作为本次交通事故损失参与度的考量因素。

【法院裁判要旨】

江苏省江阴市人民法院经审理认为：鉴定意见载明“李某达C3/4、C4/5、C5/6层面黄韧带肥厚、椎管狭窄，颈椎退行性变，说明其颈部存在明确的自身退变”，发生事故时李某达已经49周岁，颈椎退行性变属于该年龄段较为常见的情况，除非情况严重，本无须手术治疗，而本次交通事故直接导致李某达进行手术治疗，进而构成十级伤残，且本次交通事故李某达没有责任，故即使李某达体质状况对损害后果的发生存在一定程度的影响，但损害后果是交通事故直接造成的，故仍应由交通事故责任人承担全部赔偿责任。综上，对甲财产保险公司主张的应当考虑李某达自身疾病损失参与度的意见不予支持。

江苏省江阴市人民法院依照《中华人民共和国道路交通安全法》第七十六

条第一款第二项，《最高人民法院关于适用〈中华人民共和国民法典〉时间效力的若干规定》第一条，《中华人民共和国民事诉讼法》第一百四十四条之规定，判决如下：

一、甲财产保险公司于本判决发生法律效力之日起十日内向李某达赔偿损失259671.32元（其中174156.99元直接支付给李某达，71514.33元直接支付给甲财产保险公司14000元直接支付给夏某）；

二、驳回原告李某达的其他诉讼请求。

甲财产保险公司不服一审判决，提起上诉。江苏省无锡市中级人民法院经审理认为：甲财产保险公司上诉意见与一审辩称相同，对此一审法院已进行充分论述，论理和结论正确，本院予以确认，故对甲财产保险公司上诉请求不予支持。

江苏省无锡市中级人民法院依照《中华人民共和国民事诉讼法》第一百七十条第一款第一项的规定，判决如下：

驳回上诉，维持原判。

【法官后语】

根据《中华人民共和国民法典》第一千一百七十九条规定，侵害他人造成人身损害，造成残疾的，应当赔偿残疾赔偿金。本案李某达主张残疾赔偿金，双方的争议焦点为是否考虑李某达自身疾病对残疾等级的影响，即是否考虑损失参与度的问题。

关于该问题，一般来讲，侵权行为与损害后果之间的因果关系是侵权的构成要件。侵权因果关系分为责任成立的因果关系和责任范围的因果关系，前者判断侵权行为与权益被侵害之间的因果关系，后者判断侵权行为与损害后果的因果关系。现实世界中侵权结果的发生，成因错综复杂，不可一概而论，一个损害后果的出现，有时会与数个行为之间均存在因果关系，应当考虑数个侵权行为对损害后果的损害参与度，即原因力比例的问题。道路交通事故本身是过失责任，对于损害结果加害人也不愿发生，至于受害人体质如何不是侵权责任人所能够预料的，如果全盘否定损伤参与度，则不符合民法的公平原则。从另一个角度来说，受害人的原有疾病或损害并非加害人造成，加害人在发生交通事故时不可能预料到会出现加入受害人自身体质原因造成的结果，故当道路交通事故与受害者自有的损伤因素叠加造成了损害后果，就必须找出造成最终损害后果的原因，区分各个原因作用力的大小，才能有效划清责任。

最高人民法院2014年1月26日发布的指导案例24号，荣宝英诉王阳、永诚财产保险股份有限公司江阴支公司机动车交通事故责任纠纷案，对于是否考虑参与度问题进行了一定的细化，该案生效裁判认为："交通事故中在计算残疾赔偿金是否应当扣减时，应当根据受害人对损失的发生或扩大是否存在过错进行分析。本案中，虽然原告荣宝英的个人体质状况对损害后果的发生具有一定的影响，但这不是侵权责任法等法律规定的过错……虽然荣宝英年事已高，但其年老骨质疏松仅是事故造成后果的客观因素，并无法律上的因果关系。因此，受害人荣宝英对于损害的发生或者扩大没有过错，不存在减轻或者免除加害人赔偿责任的法定情形……因此，依法应当由机动车一方承担事故引发的全部赔偿责任。"根据该判例观点，在非机动车或行人一方无责的交通事故中，受害人自身特殊体质不作为损失参与度的考虑因素，由侵权人承担全部赔偿责任。

该指导性案例发布后，在受害人无责的交通事故案件中，大多数案件均认定自身特殊体质或疾病不作为交通事故损失参与度的考量因素，但在受害人承担一定事故责任的情况下，有的判决则对参与度进行了一定比例的酌情考虑。

笔者认为，只要是中老年常见疾病，无论非机动车或行人一方是否承担事故责任，在认定残疾赔偿金或死亡赔偿金损失数额时，均不应将自身疾病作为损失参与度进行考虑，理由一是中老年疾病属于该年龄段较为常见的情况，随着年龄的增长，颈椎腰椎退变、骨质逐渐疏松等疾病是生理客观规律，而非当事人特例，除非情况严重，本无须手术治疗，如果没有交通事故这一因素介入，受害人的颈椎腰椎退行性变等疾病是不会出现伤残的后果，其特殊体质不是造成事故发生的原因，而是交通事故直接导致受害人进行手术治疗，故自身常见疾病仅是与事故造成的后果存在客观上介入因素，并无法律上的因果关系；二是交强险立法并未规定在确定交强险责任时应对受害人特殊体质的损伤参与度作相应扣减，保险公司的免责事由也仅限于受害人故意造成交通事故的情形，对于受害人符合法律规定的赔偿项目和标准的损失，均属交强险的赔偿范围，参照损伤参与度确定交强险责任没有法律依据；三是商业险部分，根据各自的过错比例进行赔偿，双方已经分担损害责任，再考虑自身常见疾病损失参与度亦没有法律依据。

此外，笔者认为，如果出现特殊情况，如（1）侵权行为诱发了自身疾病或者侵权行为是产生病理症状的次要因素，（2）原有残疾或者原有旧伤，而侵权行为加重了残疾等级或者导致了功能受限情况加重，（3）老年人因侵权行为需要治疗，在治疗时诱发了老年病使得损害后果加重的情形下，则建议对于实际发生的损失，如医药费、误工费等可以全额支持，对于残疾赔偿金、死亡赔偿金、丧葬费等定型化赔偿的项目，可参照原因力鉴定的意见，酌情确定侵权人承担的责任比例。在刘某诉李某兰、财产保险公司案①中，法院认为“本案中，交通事故的发生系李某兰碰撞刘某所致。刘某被撞后入院查体显示胸 12 椎体压缩性骨折。事故认定书认定李某兰承担事故全部责任。故李某兰的侵权行为与刘某胸 12 椎体骨折这一损害后果具有因果关系，且对受伤的后果因李某兰负事故全部责任而具备全部的原因力比例。反映在损害赔偿范围的界定上，即刘某因此次交通事故发生的全部医疗费、护理费、误工费等与交通事故直接相关的损失，全部应当由李某兰承担。但是，刘某因交通事故最终导致的十级伤残，却需要具体分析。经一审法院委托，医院司法鉴定所对刘某的伤残程度进行鉴定时，明确指出：‘被鉴定人具有腰部活动受限的病理基础，构成交通事故十级伤残，造成此结果，为交通事故的外伤与自身腰 2 椎体陈旧性骨折共同作用所致，交通事故参与度为 50%’。该鉴定意见表明，因刘某存在自身腰 2

① 江苏省高级人民法院（2021）苏民再 123 号民事判决书，载中国裁判文书网，https：//wenshu. court. gov. cn/website/wenshu/181107ANFZ0BXSK4/index. html？ docId = 8yAVlAKarxaLpp0uBtAymYLUl8XL/OLOeFm/kGC + FB8XX64E9nD94PUKq3u + IEo4w4OaGAbnG2A8A8lfcm2NXSN05NRB6QgWvb77MR4zDn49Zj9oihFQ0pOlq+Ir1aj8，最后访问时间：2023 年 3 月 8 日。

椎体的陈旧性骨折，叠加了交通事故导致的胸12椎体骨折，方才造成了十级伤残的损害后果，意味着仅有交通事故这一因素，并不足以达到十级伤残的损害，将十级伤残的损害后果全部由李某兰承担有失公允。诚然，本案从交通事故发生的过程来看，李某兰是全责，刘某无责，但侵权责任的承担首先应当考虑属于客观要件的因果关系，其次再考虑属于主观要件的过错因素，基于十级伤残这一损害结果在因果关系上李某兰仅有50%的原因力比例，故对十级伤残的损失72273.60元，按照原因力比例只有50%属于交通事故造成的损害后果，另50%即36136.8元不应由李某兰承担。同理，财产保险公司不应对36136.8元承担赔付义务。"

故笔者认为，是否考虑自身疾病、体质参与度的问题，需要根据以上标准具体问题具体分析。

编写人：江苏省江阴市人民法院　潘亚伟　吴海强　任金花

32

机动车交通事故中损伤参与度在过错认定及责任承担中的作用界定

——陈某诉刘某、财产保险公司机动车交通事故责任案

【案件基本信息】

1. 裁判书字号

河南省信阳市中级人民法院（2021）豫15民终4112号民事判决书

2. 案由：机动车交通事故责任纠纷

3. 当事人

原告（上诉人）：陈某

被告（上诉人）：财产保险公司

被告：刘某

【基本案情】

2020年7月10日6时15分许，被告刘某驾驶小型普通客车，与陈某驾驶的自行车发生相撞，致陈某受伤及车辆受损的道路交通事故。本次事故经公安交通警察大队认定被告刘某负本次事故的全部责任。刘某驾驶的小型客车在被告保险公司处购买有交强险及商业三者险100万元（不计免赔）。事故发生后，刘某为原告垫付医疗费1万元。陈某受伤后，于2020年7月10日6时55分在息县人民医院住院治疗，共花费医疗费10123.43元，经诊断为：闭合性腹部损伤；多发肋骨骨折；右下肢皮肤撕裂伤；腰椎横突骨折；其他脏器损伤待排；全身多处皮肤挫裂伤；胸主动脉夹层。经A医院多科会诊后，考虑风险较大，建议转往上级医院，原告于2020年7月10日16时27分办理出院，出院医嘱显示："建议转往上级医院进一步治疗"。陈某随后转入B医院住院治疗27天，共花费医疗费164907.36元，经诊断为：主动脉夹层、多发肋骨骨折；体表多发挫裂伤、肝挫裂伤、腰椎骨折、鼻骨骨折、右侧气胸、高血压病3级、冠心病；并行"冠脉造影+胸主动脉覆膜支架植入+股动脉内膜剥脱术"。陈某出院后，分别于2020年11月10日、11月19日、12月29日在C医院、D医院检查治疗，共花费医疗费2501.23元。

原告伤情经A司法鉴定所鉴定，鉴定意见为：被鉴定人陈某因交通伤致多发伤，主动脉夹层经手术治疗评定为八级伤残，误工期为120日，营养期为60日，护理期为60日。原告支付该次鉴定费1304.5元。被告财产保险公司不认可该鉴定结论，要求对陈某的伤残、"三期"；治疗高血压、冠心病的费用；陈某的冠心病、高血压病及交通事故与伤残的因果关系及原因力大小进行鉴定。B司法鉴定中心于2021年6月2日出具鉴定意见，意见为：1. 被鉴定人陈某的伤残等级（主动脉夹层）系外伤（2020年7月10日交通事故）与其自身疾病（高血压、冠状动脉粥样硬化）共同作用所致，原因力大小拟为45%～55%之间；2. 被鉴定人陈某主动脉夹层行手术治疗，构成八级伤残；3. 被鉴定人陈某的误工期为120日，护理期为60日，营养期为60日；4. 被鉴定人陈某两次住院期间对其冠心病、高血压病用药费用总计人民币497.96元。被告某财产保险公司支付该次鉴定费8600元。另查明，陈某系驾校教练员，事故发生前，其月工资为3300元。

【案件焦点】

1. 损伤参与度在过错认定和责任承担中的作用界定，残疾赔偿金的赔偿应否考虑损伤参与度；2. 受害人自身疾病是否可以减轻侵权人的赔偿责任。

【法院裁判要旨】

河南省息县人民法院经审理认为：公民的生命健康权受法律保护。公安交通警察大队作出的道路交通事故认定书客观、公正，且双方均无异议，故对该责任认定书，予以采信。因被告刘某负本次事故的全部责任，故对原告的损失，应当由保险公司在保险限额内承担赔偿责任。原告从A医院出院时，医嘱显示"建议转上级医院就诊"，故原告转院治疗的费用，保险公司应当承担赔偿责任。B司法鉴定中心出具的鉴定意见书第8页载明：被鉴定人陈某符合在自身高血压、主动脉结构异常病变的基础上因胸、腹部闭合性创伤冲击力巨大，致胸、腹腔内突然增加巨大的压力，使主动脉内压骤然升高，冲破动脉内膜，形成主动脉夹层。从该段论述可以看出，原告住院治疗与本次交通事故有直接因果关系，鉴定结论载明原告的伤残等级系外伤与其自身疾病共同作用所致，原因力大小拟为45%~55%之间，故原告诉请的残疾赔偿金，酌定由被告财产保险公司承担50%的赔偿责任，原告的其他损失，保险公司应当承担全部赔偿责任。结合原告前往郑州治疗的实际情况，酌定其交通费为2600元。原告受伤当日转入B医院住院治疗，并无不能住院的情形，故其诉请的住宿费，不予支持。因原告第一次鉴定的伤残及"三期"意见与第二次鉴定的意见相一致，故原告第一次花费的鉴定费应当由保险公司承担赔偿责任，原告的定残日应当按照第一次出具鉴定意见书的日期（2020年12月31日）计算。原告的误工费按照其提供的月工资3300元/月计算。庭审前，原告陈某自愿撤回对李某（被保险人）的起诉，予以准允。

河南省息县人民法院依照《中华人民共和国道路交通安全法》第七十六条，《最高人民法院关于审理人身损害赔偿案件适用法律若干问题的解释》第一条、第六条、第七条、第八条、第九条、第十条、第十一条、第十二条，《中华人民共和国民事诉讼法》第一百四十四条之规定，作出如下判决：

一、被告财产保险公司于本判决生效之日起十五日内一次性赔偿原告陈某各项损失共计 323642. 26 元（被告刘某垫付的 1 万元，在扣除其应承担的诉讼费后，应当予以退还）；

二、驳回原告陈某的其他诉讼请求。

原告陈某、被告财产保险公司均不服一审判决，提出上诉。河南省信阳市中级人民法院经审理认为：根据《中华人民共和国民法典》第一千一百七十三条的规定："被侵权人对同一损害的发生或者扩大有过错的，可以减轻侵权人的责任。"《中华人民共和国道路交通安全法》第七十六条第一款第二项规定："机动车与非机动车驾驶人、行人之间发生交通事故，非机动车驾驶人、行人没有过错的，由机动车一方承担赔偿责任；有证据证明非机动车驾驶人、行人有过错的，根据过错程度适当减轻机动车一方的赔偿责任；机动车一方没有过错的，承担不超过百分之十的赔偿责任。"因此，在交通事故中是否扣减赔偿金，应当根据受害人对损害后果的发生是否存在过错进行确定，而不应根据受害人体质状况对损害后果的影响作相应扣减。本案事故经公安交通警察大队认定刘某负本次事故的全部责任，陈某无责任。上诉人陈某自身的疾病仅是造成事故后果的客观因素，并无法律上的因果关系，在本次交通事故中，其个人体质状况对损害后果的影响不属于可以减轻侵权人责任的法定情形。一审按照损伤参与度酌定保险公司承担诉请的残疾赔偿金 50%赔偿责任缺乏法律依据，上诉人陈某关于保险公司应当承担伤残赔偿金 100%赔偿责任的上诉理由成立。故财产保险公司应赔偿陈某残疾赔偿金为 208502. 04 元，应赔偿陈某各项损失为 427893. 28 元。综上所述，陈某的上诉请求部分成立。

河南省信阳市中级人民法院依照《中华人民共和国民事诉讼法》第十三

条、第一百四十三条、第一百四十四条、第一百七十条第一款第二项之规定，作出如下判决：

一、撤销河南省息县人民法院民事判决第二项；

二、变更河南省息县人民法院民事判决第一项为：被告财产保险公司于判决生效之日起十五日内一次性赔偿原告陈某各项损失共计427893.28元（刘某垫付的1万元，在扣除其应承担的诉讼费后，应当予以退还）；

三、驳回陈某的其他诉讼请求。

【法官后语】

虽然受害人的固有疾病对损害后果的发生具有一定的影响，但这不是侵权责任法律规定意义上的过错，其与伤残损害后果并无法律上的因果关系，受害人对损害的发生或者扩大没有过错，不存在法律规定可以减轻或免除加害人赔偿责任的法定情形，保险公司主张按参与度扣减残疾赔偿金的理由不能成立。处理涉及损伤参与度的机动车交通责任纠纷案件时，不应当考虑损伤参与度对确定赔偿金数额的影响，赔偿义务人应当对受害人由此遭受的全部损失在责任范围内进行赔偿。

1. 机动车交通事故责任纠纷属于侵权责任纠纷范畴，责任承担形式为过错原则。

机动车交通事故责任纠纷法律构成要件也应当符合侵权责任的四要件：侵权行为、过错、损害后果、因果关系。原告所患冠心病、高血压病等疾病仅是与事故造成后果存在客观上的介入因素，并无法律上的因果关系，受害人不应为自身的旧疾、缺陷承担高于普通人的风险；疾病非属过错，不应因此而减轻侵权人的民事赔偿责任。在处理涉及损伤参与度的机动车交通责任纠纷案件时，不应当考虑损伤参与度对确定赔偿金数额的影响，赔偿义务人应当对受害人由此遭受的全部损失在责任范围内进行赔偿。《中华人民共和国道路交通安全法》第七十六条第一款第二项规定："机动车与非机动车驾驶人、行人之间发生交通事故，非机动车驾驶人、行人没有过错的，由机动车一方承担赔偿责任；有证据证明非机动车驾驶人、行人有过错的，根据过错程度适当减轻机动车一方的赔偿责任；机动车一方没有过错的，承担不超过百分之十的赔偿责任。”由此可见，机动车方对非机动车方或行人存在侵权行为时，如果非机动车方或行人没有过错，则由机动车一方承担侵权赔偿责任，符合侵权责任法的过错责任归责原则。

本案中，被告刘某作为机动车驾驶人，负本次事故的全部责任。原告陈某对交通事故的发生没有过错，应由刘某承担侵权赔偿责任。

2. 受害人的固有疾病不是法律意义上规定的过错。

《中华人民共和国民法典》第一千一百七十三条规定：“被侵权人对同一损害的发生或者扩大有过错的，可以减轻侵权人的责任。”但是在机动车交通事故责任纠纷案件中，法律并没有规定受害人自身原有的疾病、缺陷属于过错。如果受害人对损害的扩大不存在过错，或者赔偿义务人不能证明受害人对损害的扩大存在过错，赔偿义务人就应当对受害人的损失在责任范围内承担全部赔偿责任。司法实践中，受害人自身疾病可以减轻侵权赔偿责任的情况通常有以下几种：①受害人存在过错。受害人无过错不可令其分担损失，但当受害人存在过错时，应减轻侵权人责任。比如，高血压、冠心病患者与他人争吵、扭打后病发身亡，受害人的过错行为，使其自身疾病因素主动介入引发损害，此时不仅应当比较当事人过错，还应考量侵权行为与受害人自身疾病对损害发生的原因力，适用过错相抵规则，减轻侵权责任。②自甘冒险。受害人虽未实施独立的过错行为，但明知自己罹患疾病，却未尽合理防范义务，防范特殊危险。如受害人明知罹患心脏病，仍围观他人激烈争斗，若被误伤导致心脏病发作，即可认定存在过失，可以减轻侵权责任。③例外酌减侵权人责任。极端情形下，当侵权人仅存轻微过失，行为通常亦尽可能导致微小损害，但因受害人自身疾病造成异常严重损害，而侵权人无力赔付时，可例外酌减其责任。因为受害人此时虽无可归责性，但此类案件本就旨在公平解决损失分担，若令行为人仅因一次微小过失即承担过重的侵权责任，亦不合理，故可例外酌减侵权人责任。

本案中，虽然原告陈某的伤残等级系外伤与其自身疾病共同作用所致，但如果没有本次交通事故，原告本可以正常工作、生活，原告构成伤残，交通事故是直接原因，不是其自身疾病导致的伤残，原告在本次事故中并无过错，故不能因为原告自身有疾病，而要求其对损害后果的发生承担相应的责任。

3. 受害人的固有疾病不是保险公司减轻赔偿责任或免责的事由。

在交通事故损害赔偿责任纠纷案件中，保险公司依据保险合同对被保险人应承担的赔偿责任进行替代赔偿，即是说保险公司应对其投保人的侵权责任承担赔偿义务，基本类别为交强险保险责任和商业三者险保险责任。

损伤参与度的考量不符合交强险的立法规定。交强险制度的设立是基于对交通事故频发、事故责任人赔偿能力不足、伤者索赔成本过高等因素的现实考量。因此，该赔偿责任属于法定责任，其设立目的和基本功能就是保障交通事故中受损害的伤者能够迅速有效地获得足额赔偿。在交强险赔偿范围内考虑损伤参与度，有悖于该制度的设立本意。交强险的首要功能在于对受害人的保护，因而具有基本安定社会保障功能。根据我国交强险立法精神，交强险责任是一种法定赔偿责任，是为最大限度地保护受害人利益而设置的强制性保险，其赔偿的范围、标准、免责事由等均由法律予以强制规定，我国交强险立法并未规定在确定交强险责任时应依据受害人体质状况对损害后果的影响作相应扣减，保险公司的免责事由也仅限于受害人故意造成交通事故的情形，即便是投保机动车无责，保险公司也应在交强险无责限额内予以赔偿。因此，对于受害人符合法律规定的赔偿项目和标准的损失，均属交强险的赔偿范围，参照“损伤参与度”确定损害赔偿责任和交强险责任均没有法律依据。在交强险赔偿责任之内，保险公司直接向受害人承担绝对赔偿责任，没有任何抗辩理由。这就意味着交强险不考虑双方事故责任比例以及过错程度，自然也不会考虑损伤参与度。依照损伤参与度确定交强险赔偿金额没有法律依据，有悖于交强险的立法目的。《机动车交通事故责任强制保险条例》第二十一条第二款明确规定，道路交通事故的损失是由受害人故意造成的，保险公司不予赔偿。除此之外，法律再无规定其他保险公司可以在交强险范围内免责的情形，因此损伤参与度更不能成为在该赔偿限额内可以考量的因素。

4. 损伤参与度的考量不符合以过错为前提的商业三者险免责事由的规定。

依据《中华人民共和国民法典》侵权责任编的相关规定，保险公司要在商业三者险范围内免责的法定事由为受害人对损害的发生存在过错，也就是说受害人存在过错是保险公司在商业三者险范围内减轻或免除赔偿责任的前提。而受害人固有疾病不能视为法律意义上的过错，因此我们亦不能将损伤参与度纳入商业三者险赔偿限额内进行考量。

综上，虽然原告陈某的伤残等级系外伤与其自身疾病共同作用所致，但原告在本次事故中并无过错，故不能因为原告自身有疾病，而要求其对损害后果的发生承担相应的责任。

编写人：河南省息县人民法院　杜辉　胡莹莹

三、交通事故损害赔偿程序

33

车辆临时停靠路边维修时
突然后退致人受损的，应按道路交通事故认定

——欧阳某兰等诉物流公司等机动车交通事故责任案

【案件基本信息】

1. 裁判书字号

湖南省永顺县人民法院（2021）湘3127民初249号民事判决书

2. 案由：机动车交通事故责任纠纷

3. 当事人

原告：欧阳某兰、杜某艳、杜某

被告：物流公司、陈某胜、彭某明、财产保险公司

【基本案情】

2020年12月9日，被告陈某胜雇请被告彭某明驾驶吊装自卸货车到施工工地吊装电杆。彭某明在驾驶过程中因车辆突然出现档位卡死故障，无法正常行驶，便将车辆停放路边，并在车辆驾驶位的后轮垫了一个三角木以维持车辆的稳定。车辆停放地位于稍斜坡位置，且车辆上装有电杆及部分线盘。彭某明随后联系修车师傅杜某奎前往修理车辆故障。杜某奎在维修过程中，车辆突然

后退，压伤了车下维修人员杜某奎。杜某奎在被送往医院途中经抢救无效死亡。永顺县公安局交通警察大队认为该事故属安全事故，故并未对事故出具责任认定书。

彭某明驾驶的货车系被告物流公司所有并登记为所有人，被告陈某胜通过托管经营取得该车辆经营权并向物流公司缴纳经营管理费。物流公司在被告财产保险公司为该车投保了机动车交通事故责任强制保险和 100 万元限额的第三者责任保险，保险期限为 2020 年 10 月 11 日 0 时起至 2021 年 10 月 10 日 24 时止。

原告欧阳某兰、杜某艳、杜某诉讼请求：1. 判决被告物流公司、陈某胜、彭某明、财产保险公司向原告连带赔偿死亡赔偿金、丧葬费、被抚养人生活费、精神抚慰金等共计 649186 元；2. 判令被告财产保险公司在交强险承保责任内优先承担赔偿责任。

被告陈某胜辩称：1. 案涉车辆在道路上正常行驶过程中突然发生断锁故障被迫停在公路上，杜某奎在对该车进行维修作业时车辆突然倒退，被车辆压伤后死亡。本案应属机动车交通事故责任纠纷案件；2. 财产保险公司对杜某奎死亡所造成的各项损失费用应承担保险理赔责任。

被告财产保险公司辩称：1. 本案并非系机动车在道路通行状态下发生，不应属于交通事故，属于侵权责任纠纷，不存在原告主张保险理赔的情形；2. 本保险公司不承担任何责任。

被告彭某明辩称应由雇主陈某胜承担赔偿责任。

被告物流公司缺席未答辩。

【案件焦点】

本案事故性质应认定为机动车交通责任事故还是安全责任事故。

【法院裁判要旨】

湖南省永顺县人民法院经审理认为：本案的争议焦点是本案属于机动车交通责任事故还是安全责任事故。根据《中华人民共和国道路交通安全法》

第一百一十九条第五项的规定，“交通事故”是指车辆在道路上因过错或者意外造成的人身伤亡或者财产损失的事件。案涉车辆是在正常行驶过程中出现车辆故障，在车辆不能移动的情况下临时停在路边维修，并非在维修厂内进行修理，该维修行为并未脱离“道路”而存在。该维修行为也是涉案车辆进行正常运行必要的维修，应视为运行期间内。车辆在维修过程中发生后退致人受损，属于道路交通事故范畴。本案应属于机动车交通责任事故，不属于安全责任事故。

本案中，杜某奎作为专业的修车人员，自身未尽到安全注意和安全防护义务是造成本次事故发生的主要原因，应承担60%的责任；物流公司是案涉车辆登记所有人，未对该车辆故障问题尽到监管义务，具有一定过错，应与陈某胜对原告方的损失共同承担赔偿责任。彭某明不应承担赔偿责任。陈某胜为原告方垫付的101272.5元应在其应承担的赔偿责任内抵减。

财产保险公司主张案涉车辆性质为“非营业货车”，物流公司将没有营运证的该车交给陈某胜从事营运并造成本次事故，使投保车辆的危险程度增加，属于改变投保车辆的使用性质，应对本次事故承担过错责任，因而该保险公司在本次事故中不承担责任。在庭审过程中，对于该免除保险人责任的条款，该保险公司未向法院提供证据证明已尽到了提示的义务，不能据此主张免除保险赔偿责任。财产保险公司应按照法律及司法解释规定以及保险合同约定，承担保险赔偿责任。

对于原告方在本次交通事故中的损失，应由财产保险公司在交强险及商业险限额内支付保险赔偿款411652.3元，扣除陈某胜已经向原告支付的101272.5元，该保险公司尚需给原告方支付保险赔偿款310379.8元。陈某胜已为原告方垫付的101272.5元，由财产保险公司直接向陈某胜支付。

湖南省永顺县人民法院依照《中华人民共和国道路交通安全法》第一百一十九条，《中华人民共和国侵权责任法》第六条、第十五条、第十六条、第二十二条、第四十九条，《最高人民法院关于审理道路交通事故损害赔偿案件适用法律若干问题的解释》第一条第四款，《最高人民法院关于审理人身损害赔偿案件适用法律若干问题的解释》第九条、第十七条、第十八条、第二十七条、第三十五条，《中国银保监会关于调整交强险责任限额和费率浮动系数的公告》，《中华人民共和国民事诉讼法》第一百四十四条之规定，并经本院审判委员会讨论决定，判决如下：

一、被告财产保险公司于本判决生效后三十日内支付原告欧阳某兰、杜某艳、杜某保险赔偿款共计 310379.8 元；

二、被告财产保险公司于本判决生效后三十日内支付原告陈某胜已垫付的赔偿款 101272.5 元；

三、驳回原告欧阳某兰、杜某艳、杜某的其他诉讼请求。

判决后，双方当事人均未上诉，本判决现已生效。

【法官后语】

1. 对有争议的保险合同格式条款应作有利于被保险人和受益人的解释，保险人应对免责条款尽到提示和说明义务。

在保险实务中，保险人提供的保险合同常为格式条款合同，由于保险具有一定的专业性质，投保人或受益人在保险交易中相对而言处于弱势地位。为衡平合同双方利益，在保险合同双方对于格式条款产生争议时，《中华人民共和国民法典》《中华人民共和国保险法》规定了有利于被保险人或受益人的解释性规则。同时，对于保险合同中特别免除或者减轻保险人责任等与投保人或受益人有重大利害关系的条款，上述法律等也规定了保险人的提示或者说明义务，否则免责条款不产生效力。在本案中，财产保险公司在本案中不能证明其对免责条款尽到提示和说明义务，故不能据此主张免除保险赔偿责任。

2. 本案事故不宜认定为安全责任事故。

安全责任事故更多是指在特定或者相对独立的场所空间内，行为人对于该场所或者空间具有一定的管控性，特定的民事主体负有一定的安全管理职责和义务。案涉车辆维修地点为道路边，并非车辆修理厂或其他相对独立的场所，而是允许车辆通行的场所，属道路交管部门管辖范围。因此，本案事故不符合安全责任事故的基本特征，不宜认定为安全责任事故。

3. 本案事故具有特殊性，应认定为道路交通事故。

就“道路交通事故”的定义而言，《中华人民共和国道路交通安全法》第一百一十九条明确了其含义为“车辆在道路上因过错或者意外造成的人身伤亡或者财产损失的事件”，从该条文出发，“道路交通事故”应具备以下要件：车辆、道路、行为人主观过错或意外事件。《最高人民法院关于审理道路交通事故损害赔偿案件适用法律若干问题的解释》第二十八条规定：“机动车在道路以外的地方通行时发生的事故造成的损害赔偿案件，可以参照适用道路交通事故损害赔偿的相关法律规定”。机动车在通行状态中发生的事故应当属于交通事故范畴无疑。案涉车辆在行驶过程中发生事故临时停靠路边，在维修时又发生事故，非常罕见，具有特殊性。对于这种情况下发生的事故能否纳入“道路交通事故”范畴，应从以下两个方面进行分析：

一方面，案涉车辆停靠地点并未脱离道路通行场所范畴。案涉车辆在行驶过程中突发故障，临时停靠路边。该停靠地点并未脱离道路通行场所范畴，仍属公共通行的道路或场所领域，应符合法律关于“道路”含义解释的范畴。

另一方面，法律并未明确将该类型排除在交通事故范围之外。对于车辆静止状态中发生的事故，法律并未明确将该类型排除在交通事故范围之外。且从车辆实际驾驶情况出发，行为人在驾驶过程中车辆不会处于完全的“动态”过程中，或作主动短暂停靠或因故障被迫停靠，车辆运动和静止的两种状态是车辆行驶的有机组成部分，不能完全分裂开来看待。案涉车辆是在驾驶作业的过程中突发故障，属于车辆行驶过程中符合常理的状况，同样属于车辆的“通行”状态。

综上所述，本案应认定为道路交通事故。

4. 如此认定亦有类案先例。

如在刘某等诉财产保险公司、杨某良机动车交通事故责任案[①]中，案涉事

① 湖南省高级人民法院（2020）湘民再 108 号民事判决书，载中国裁判文书网，https：//wenshu. court. gov. cn/website/wenshu/181107ANFZ0BXSK4/index. html？docId = gIIMxCIkCxG15Xh60mk5s4u0Jjv3q8KxNUBVVcUqtY8Ci + 7BvVK53vUKq3u + IEo4w4OaGAbnG2A8A8lfcm2NXSN05NRB6QgWvb77MR4zDn4Q4wYHaN5Gi2gXb3oFAe+G，最后访问时间：2023 年 3 月 1 日。

故车辆为特种作业车辆，系在非道路的施工场所停止状态下突发事故致人损伤，湖南省高级人民法院经再审后认定由保险公司在交强险及第三者责任商业险限额内向受害人承担保险理赔责任。回归到本案中，事故发生地为道路通行场所，也符合法律关于“交通事故”的认定特征，应认定为道路交通事故为宜。

编写人：湖南省永顺县人民法院　兰丰平　张雪琴

34

机动车非故意由正常道路驶入施工道路造成财产损失的，应当认定为道路交通事故

——市政园林工程公司诉杨某军等机动车交通事故责任案

【案件基本信息】

1. 裁判书字号

山东省枣庄市中级人民法院（2022）鲁 04 民终 399 号民事判决书

2. 案由：机动车交通事故责任纠纷

3. 当事人

原告（被上诉人）：市政园林工程公司

被告（上诉人）：杨某军

被告（被上诉人）：财产保险公司、汽车运输公司

【基本案情】

市政园林工程公司承包案涉工程，施工时间 2021 年 7 月 13 日至 8 月 31 日。2021 年 8 月 14 日 14 时许，杨某军驾驶货车，压断路面禁行标志驶入市政园林工程公司施工的新铺设的沥青路面，造成路面损坏。

2021 年 8 月 31 日，价格评估公司出具《被损毁沥青路面重修价格评估鉴

定意见书》，鉴定结果为32466元。市政园林工程公司支出鉴定费2000元。涉案车辆登记所有人为汽车运输公司。杨某军（乙方、购车方）与汽车运输公司（甲方、售车方）签订《车辆分期付款购车合同》，约定甲方将案涉车辆以分期付款方式售给乙方，分期付款期限自2019年11月21日至2021年11月20日止；在乙方未还清车款之前，以甲方名义统一办理牌照登记、营运管理等各种手续，乙方自主经营、自负盈亏；乙方在借款期内如发生重大交通事故及灭失，必须在保险公司规定的时间内向其投保的保险公司和甲方报案及报损，甲方有义务协助解决，但不承担其任何费用，因交通事故造成的直接损失和间接损失超出保险公司理赔部分由乙方自负。案涉车辆在财产保险公司投保机动车交通事故责任强制险和机动车商业险，保险期间自2020年11月20日至2021年11月20日。涉案施工道路禁行标志部分已经毁损并不存在，涉案车辆经由该毁损部分通过，该路段亦有其他车辆通行。

【案件焦点】

1. 涉案事故是否属于交通事故，事故责任如何认定；2. 本案财产损失费用认定是否正确；3. 财产保险公司应否在交强险及商业险责任限额内承担赔偿责任。

【法院裁判要旨】

山东省枣庄市薛城区人民法院经审理认为：杨某军驾驶货车，压断路面禁行标志驶入原告施工的新铺设的沥青路面，发生了路面损毁的事实。关于市政园林工程公司损失，有《被损毁沥青路面重修价格评估鉴定意见书》为证，予以采信。市政园林工程公司主张鉴定费2000元，提供了正规发票佐证，予以支持。被告杨某军与被告汽车运输公司签订《车辆分期付款购车合同》，鉴于涉案车辆由被告杨某军实际控制运营，应当由被告杨某军承担赔偿责任。涉案事故发生的地点系原告封闭维修路面施工现场，造成原告损失的事故也不属于交通事故。

山东省枣庄市薛城区人民法院判决如下：

一、被告杨某军于判决生效后十日内赔偿原告市政园林工程公司修复损失32466元、鉴定费2000元；

二、驳回原告市政园林工程公司的其他诉讼请求。

杨某军不服一审判决，提出上诉。山东省枣庄市中级人民法院经审理认为：本案事故发生在正常行驶道路与封闭施工道路的十字交叉路口，杨某军驾驶车辆由正常道路驶入施工道路，造成封闭施工道路的财产损失。本次事故应为车辆在正常道路上行驶对封闭施工路段造成的财产损害，而非涉案车辆行驶在封闭施工路段状态下造成的财产损害，因此本案事故属于“交通事故”。枣庄市政园林公司作为封闭施工道路的施工方和管理者，其本身对涉案事故的发生存在一定过错，酌定杨某军承担80%的责任，枣庄市政园林公司承担20%的责任。涉案车辆在财产保险公司投保了机动车交通事故责任强制险和机动车商业险，财产保险公司应承担相应的赔偿责任。

山东省枣庄市中级人民法院判决如下：

一、撤销山东省枣庄市薛城区人民法院民事判决；

二、财产保险公司于本判决生效后十日内赔偿市政园林工程公司修复损失26372.8元、鉴定费2000元；

三、驳回市政园林工程公司的其他诉讼请求。

【法官后语】

驾驶车辆造成的事故如何认定？是一般侵权还是道路交通事故？不同的性质认定对责任承担主体有明显区分，对车辆投保的保险公司是否担责也有很大影响。一般侵权要按照《中华人民共和国民法典》侵权责任编的一般规定进行赔偿，而道路交通事故要按照《中华人民共和国民法典》机动车交通事故责任一章的规定进行赔偿。如何区分民事上的一般侵权和道路交通事故，主要从以下几个方面分析。

一是看事故的发生是否在道路上。《中华人民共和国道路交通安全法》第一百一十九条第五项规定：“交通事故”，是指车辆在道路上因过错或者意外造成的人身伤亡或者财产损失的事件。”该条明确将交通事故的发生地点限定在道路上。第一百一十九条第一项规定："道路"，是指公路、城市道路和虽在单位管辖范围但允许社会机动车通行的地方，包括广场、公共停车场等用于公众通行的场所。"该条对如何认定道路进行了界定，也是司法实践中认定是否为道路的法律依据。通常认为，对非公共通行场所中的路，如单位内专门用于单位内部车辆、行人通行的路，不属于这里所指称道路。具体到本案中，车辆由正常道路驶入施工道路，事故发生在正常行驶道路与封闭施工道路的十字交叉路口，造成封闭施工道路的财产损失，应当认定车辆在道路上行驶造成的财产损失。主要原因在于，涉案车辆从启动在正常道路上，进而驶入涉案封闭施工道路，再驶出封闭施工道路是一个连续的过程，车辆行驶的封闭施工路段极短，此时的封闭路段可以看作一个物体，即车辆在正常道路上造成了一个物体损失，而不能简单认为车辆是在封闭道路造成的损失。故本案的认定上，要作整体思考，不能割裂看问题。

二是看事故的发生是否出于故意。如果行为人明知自己的行驶行为会造成人身伤亡或财产损失，希望或者放任这种结果的发生，按照规定，则行为人可能构成相关故意犯罪，而不能认定为民事赔偿意义上的交通事故。交通事故认定上的"因过错或者意外"中的过错，不包含故意。具体到本案，行为人虽是由正常道路驶入封闭施工道路，但其对于损害后果的发生主观上不是故意，是过失，故应当认定为民事上机动车交通事故责任纠纷。《中华人民共和国民法典》第一千二百一十三条规定："机动车发生交通事故造成损害，属于该机动车一方责任的，先由承保机动车强制保险的保险人在强制保险责任限额范围内予以赔偿；不足部分，由承保机动车商业保险的保险人按照保险合同的约定予以赔偿；仍然不足或者没有投保机动车商业保险的，由侵权人赔偿。"涉案车辆在财产保险公司投保了机动车交通事故责任强制险和机动车商业险，涉案交通事故亦发生在投保车辆的保险有效期内，保险公司应承担相应的赔偿责任。

三是看当事人双方的过错程度。《中华人民共和国民法典》第一千一百七十三条规定："被侵权人对同一损害的发生或者扩大有过错的，可以减轻侵权人的责任。"本案中，市政园林工程公司作为封闭施工道路的施工方和管理者，未对涉案路段完全封闭，且未尽到提示和管理义务，其本身对涉案事故的发生存在一定过错，其应当承担相应的责任，故本案综合全案情况对双方过错程度进行划分，最大限度追求实体公平。

编写人：山东省枣庄市中级人民法院　李帅　付伟

35

交通事故中因伤持续医疗费的司法审查问题

——刘某嘉诉肖某、财产保险公司机动车交通事故责任案

【案件基本信息】

1. 裁判书字号

湖南省湘阴县人民法院（2021）湘 0624 民初 2645 号民事判决书

2. 案由：机动车交通事故责任纠纷

3. 当事人

原告：刘某嘉

被告：肖某、财产保险公司

【基本案情】

2018 年 9 月 1 日，被告肖某驾驶小型轿车与原告刘某嘉驾驶的正常行驶的电动车相撞，造成原告刘某嘉受伤的交通事故。事故发生后，原告刘某嘉被送往医院治疗 1 天后出院。公安局出具事故证明，认定被告肖某承担该事故的全部责任，原告刘某嘉无责任，并组织双方进行调解，同年 9 月 3 日双方达成协议。被告肖某依据协议向原告刘某嘉履行了义务。被告财产保险公司向被告肖某理赔了 2727.08 元。后原告刘某嘉又先后于同年 9 月 4 日、9 月 10 日到医院治疗，花费医疗费 775.2 元。2018 年 9 月 10 日原告刘某嘉以伤情加重为由向公

安局提出要求重新立案。原告刘某嘉自2018年9月16日起又先后多次前往医院进行检查，共花费医疗费15790.1元。2021年8月25日，司法鉴定所以司法鉴定意见书评定其未构成伤残，估计后段医药费用2000元左右……原告刘某嘉为此花费鉴定费用为800元。被告肖某所驾驶的小型轿车在被告财产保险公司处投保了机动车交通事故责任强制保险、100万元商业三者险，事故发生在保险期限内。

【案件焦点】

在道路交通事故案件中，原告一直未进行伤残等级鉴定，如何处理每年新发生的治疗费用。

【法院裁判要旨】

湖南省湘阴县人民法院经审理认为：关于原告刘某嘉因交通事故受伤所造成的各项费用损失问题。根据相关的法律规定和本案实际，确定原告刘某嘉具体的赔偿项目和数额为：1. 医疗费用总计为18513.38元；2. 后续治疗费，根据司法鉴定意见确定为2000元；3. 住院伙食补助费……原告刘某嘉以上各项费用损失共计43172.33元。

关于原告的上述费用损失是否应当赔偿及应由谁来承担赔偿责任的问题。虽然原告刘某嘉与被告肖某在事故发生后就赔偿问题达成一致且被告肖某已经按照协议履行了赔偿义务，但由于伤情出现变化，原告刘某嘉自2018年9月4日开始至2021年6月的近三年时间内多次前往多家医院进行检查治疗，且司法鉴定结果显示，原告的伤情虽不构成伤残，但需全休120日、护理60日、营养60日、后段医药费2000元左右，故该协议是原告在对自身伤情存在重大误解的情形下与被告肖某达成的，其向两被告提出诉讼请求视为其要求撤销前述调解协议，本院予以支持。

湖南省湘阴县人民法院依照《中华人民共和国民法典》第一千一百七十九条、第一千一百八十三条、第一千二百一十三条，《最高人民法院关于审理道路交通事故损害赔偿案件适用法律若干问题的解释》第一条，《最高人民法院关于审理人身损害赔偿案件适用法律若干问题的解释》第六条、第七条、第八条、第九条、第十条、第十一条，《中华人民共和国民事诉讼法》第一百四十七条之规定，判决如下：

一、由被告财产保险公司向原告刘某嘉赔偿 38068.25 元；

二、由被告肖某赔偿原告刘某嘉 2156 元；

三、驳回原告刘某嘉的其他诉讼请求。

判决后，双方当事人均未上诉，本判决现已生效。

【法官后语】

在道路交通事故案件的审理中，原告一直未进行伤残等级鉴定，并且每年都有新发生的治疗费用，此种情况应当如何处理，在法律实践中是一个难点。本案承办法官在综合当事人的陈述和提供的全部证据后，认定原告刘某嘉提交的事故发生后 3 年内有关联性病例资料证明的 18513.38 元医疗费为治疗该次交通事故所造成的损伤，对无病例资料证明的 74.4 元医疗费予以驳回。

医疗费是交通事故中重要的赔偿项目之一，医疗费的合理性、必要性审查是法庭证据审查的重要内容。具体包括：（1）合法性审查。一是指已经形成的医疗费其项目是否符合国家政策规定的预设范围，有无虚设、乱列项目及分解项目的收费情形；二是指针对非营利性医疗机构的各类临床检查、治疗措施及药品材料的收费是否超过国家制定的指导价及其浮动标准的幅度；（2）关联性审查。是指医疗费的各组成成分所依据的疾病种类与侵权事实是否存在医学病理学上的因果关系。关联性审查其目的就是对这部分不应当由侵权人赔偿的费用予以否定，从而达到维护司法公正，保护正当权益的目的；（3）合理性审查。所谓合理性，在临床医疗工作中具有特殊的含义，是指一项技术措施是否符合人体生理病理学的发展变化规律，是否从患者的立场出发并充分考虑了其生存权益、生存质量及物质利益。在医学伦理学的应用原则中，合理性实际上被表现为医疗最优化原则。

就因伤持续治疗费用在审判实践中应当如何认定的问题。笔者认为，首先需要确定因伤治疗是否终结。是否治疗终结属客观性评定标准，双方当事人对治疗终结意见不一致时，任何一方都可以提起鉴定申请。如果相对方不进行必要的配合，则可以适用《最高人民法院关于民事诉讼证据的若干规定》第九十五条关于“一方当事人控制证据无正当理由拒不提交，对待证事实负有举证责任的当事人主张该证据的内容不利于控制人的，人民法院可以认定该主张成立”的规定，认定治疗终结，进入伤残鉴定。对已经进行伤残等级鉴定后的持续治疗，其治疗必要性以及与交通事故之间关联性的举证责任在于伤者。换言之，对于交通事故发生后一直未作伤残鉴定的，伤者可以申请鉴定伤残等级，就已经支出的治疗费用和经鉴定评估后将来需要支出的治疗费用请求侵权人赔偿。若在此赔偿范围之外，伤者在此后有新产生的治疗费用，此时可以根据《最高人民法院关于适用〈中华人民共和国民事诉讼法〉的解释》第二百四十八条“裁判发生法律效力后，发生新的事实，当事人再次提起诉讼的，人民法院应当依法受理”的规定，另行提起损害赔偿之诉。此处新的事实为伤者发生了新的损害事实，即伤者新产生的治疗费用。在新的诉讼中，伤者作为主张存在侵权法律关系的当事人，应当对存在新的损害事实及其与交通事故的因果关系承担证明责任。至于伤者的证明活动如何达到证明标准，最恰当的方式依然是鉴定。

编写人：湖南省湘阴县人民法院　杨雪飞

四、交通事故保险理赔

36

交通安全统筹并非保险，不应由统筹人直接赔偿受害人的损失而免除侵权人的责任

——王某运诉田某华等机动车交通事故责任案

【案件基本信息】

1. 裁判书字号

河南省郑州市中级人民法院（2021）豫 01 民再 525 号民事判决书

2. 案由：机动车交通事故责任纠纷

3. 当事人

原告（上诉人、再审被申请人）：王某运

被告（被上诉人、再审申请人）：田某华

被告（被上诉人、再审被申请人）：交通运输公司

被告：李某超、甲财产保险公司、污水净化公司

【基本案情】

2020 年 9 月 2 日 9 时 13 分许，王某运驾驶电动三轮车时，为避让田某华驾驶的重型货车，与李某超驾驶的重型自卸货车发生交通事故，致王某运受伤，车辆损坏。后经交通警察支队认定：王某运负事故主要责任，李某超负事故次

要责任，田某华负事故次要责任。事故发生后，王某运到医院治疗，共花费医疗费 325859.81 元。

另查明：1. 田某华系重型货车的登记车主，该车在乙财产保险公司投保机动车交通事故责任强制保险。田某华作为参统人与交通运输公司作为统筹人签订《机动车辆安全互助统筹单》，为该车投保第三者责任统筹险（保险金额 100 万元），统筹单载明："统筹人依照统筹种类及对应条款和特别约定，承担补偿责任。"

2. 污水净化公司系重型自卸货车的登记车主，该车在甲财产保险公司投保有机动车交通事故责任强制保险，及第三者责任险（保险金额为 100 万元）。

3. 王某运住院期间，乙财产保险公司向王某运垫付医疗费 1 万元，甲财产保险公司向王某运垫付医疗费 1 万元，污水净化公司向王某运垫付医疗费 8 万元。

【案件焦点】

1. 田某华作为参统人与交通运输公司作为统筹人签订的《机动车辆安全互助统筹单》能否被定性为第三者责任保险；2. 能否免除田某华对王某运的侵权责任而直接判令交通运输公司替代侵权人田某华向受害人王某运承担赔偿责任。

【法院裁判要旨】

河南省郑州高新技术产业开发区人民法院经审理认为：扣除乙财产保险公司、甲财产保险公司各赔偿的 1 万元，王某运的医疗费损失为 305859.81 元。根据交通事故认定书的责任划分，酌定田某华、李某超分别承担赔偿责任的 25%；故交通运输公司、甲财产保险公司分别在第三者责任险限额内赔偿王某运 76465 元（305859.81 元×25%）。因污水净化公司已垫付 8 万元，故甲财产保险公司、交通运输公司应分别返还污水净化公司 76465 元、3535 元，交通运输公司应赔偿王某运 72930 元（76465 元—3535 元）。

河南省郑州高新技术产业开发区人民法院判决如下：

一、交通运输公司于判决生效后十日内赔偿王某运 72930 元；

二、交通运输公司于判决生效后十日内返还污水净化公司3535元；

三、甲财产保险公司于判决生效后十日内返还污水净化公司76465元；

四、驳回王某运的其他诉讼请求。

王某运不服一审判决，提起上诉。河南省郑州市中级人民法院经审理认为：从田某华与交通运输公司签订的《机动车辆安全互助统筹单》及车辆统筹机制的互助性质看，补偿对象只能是参统人田某华，而非受害人王某运。田某华与交通运输公司不构成保险合同关系，田某华作为实际侵权人，应赔偿王某运72930元；王某运的上诉请求成立。

河南省郑州市中级人民法院依照《中华人民共和国民事诉讼法》第一百七十条之规定，判决如下：

一、维持河南省郑州高新技术产业开发区人民法院民事判决第二项、第三项；

二、撤销河南省郑州高新技术产业开发区人民法院民事判决第一项、第四项；

三、田某华于判决生效后十日内赔偿王某运72930元；

四、驳回王某运的其他诉讼请求。

田某华不服二审判决，申请再审。河南省高级人民法院经审查认为：《机动车辆安全互助统筹单》并未载明责任承担等具体条款，当事人也未提交统筹条款等其他材料，在未对统筹合同相关约定进行审查的情况下，二审法院认定补偿对象只能是参统人田某华，依据不足。

河南省高级人民法院依照《中华人民共和国民事诉讼法》第二百零四条、第二百零六条之规定，裁定如下：

一、指令河南省郑州市中级人民法院再审本案；

二、再审期间，中止原判决的执行。

河南省郑州市中级人民法院经再审认为：交通运输公司没有经营保险业务的资格，其与田某华之间也不构成保险合同关系。田某华作为侵权人赔偿王某运的损失并向污水净化公司返还3535元后，可依据其与交通运输公司的相关约定，另案向交通运输公司主张权利。

河南省郑州市中级人民法院依照《中华人民共和国民事诉讼法》第二百零七条、第一百七十条之规定，判决如下：

一、撤销本院民事判决；

二、维持河南省郑州高新技术产业开发区人民法院民事判决第三项；

三、撤销河南省郑州高新技术产业开发区人民法院民事判决第一项、第二项、第四项；

四、田某华于本判决生效十日内赔偿王某运 72930 元；

五、田某华于本判决生效十日内返还污水净化公司 3535 元；

六、驳回王某运的其他诉讼请求。

【法官后语】

为了规避风险、行业自助，由个体从业人员作为参统人、统筹单位作为统筹人签订《安全互助统筹合同》，并在合同中约定参统人向统筹人交纳统筹费，统筹人依照统筹种类及对应条款在事故发生后承担责任。从形式上看，《安全互助统筹合同》与保险合同十分相似，故关于能否将《安全互助统筹合同》视为保险合同并参照保险法规定进行审理的问题，笔者同意本案再审判决所持的否定说观点。具体理由如下：

其一，交通安全统筹并非保险，二者存在以下区别：(1) 交通安全统筹是各运输企业为了规避风险开展的一种安全管理模式，是针对道路运输高风险的行业特点，为确保交通运输系统各参保单位安全生产而产生的具有行业互助性质的一种保障措施，具有风险补偿功能。而保险则是投保人根据合同约定，向保险人支付保险费，保险人对于合同约定的可能发生的事故所造成的财产损失承担赔偿保险金责任的商业保险行为。二者在性质及目的上均存在明显差异。(2) 保险主要由依照保险法设立的保险公司以及法律、行政法规规定的其他保险组织经营，其他单位和个人不得经营。而交通安全统筹并没有专业法律依据及行政法规保障，统筹单位是依据公司法规定设立的公司，不存在限制经营的情形。(3) 保险公司及其开展的保险业务均由国务院保险监督管理机构依法实施监督管理，有严格的监管机制。而交通安全统筹至今尚无专业管理机构进行监督管理，仅作为一般企业由市场监管部门进行管理。鉴于交通安全统筹与保险存在的上述差异，法院审理因交通安全统筹产生的纠纷时，不能将交通安全统筹视为保险并依照保险法的相关规定进行审理。

其二，交通安全统筹合同是参统人和统筹人签订的一份类似保险形式的普通民事合同，一旦产生纠纷，就只能依据《中华人民共和国民法典》合同编的相关规定进行处理，不能适用《中华人民共和国保险法》的相关规定。依据《中华人民共和国民法典》合同编第四百六十五条的规定，依法成立的合同，仅对当事人具有法律约束力，即合同具有相对性。参统人和统筹人签订的交通安全统筹合同，不能对合同外的第三人产生法律拘束力。一旦发生参统人和统筹人在合同中约定的、应由统筹人支付赔偿金的事故，事故受害人作为该合同外的第三人，无权依据参统人与统筹人签订的合同要求统筹人承担赔偿责任，只能依据《中华人民共和国民法典》侵权责任编的相关规定向作为实际侵权人的参统人主张损害赔偿。参统人向受害人赔偿损失后，可要求统筹人依据双方签订的交通安全统筹合同赔偿损失。根据《中华人民共和国保险法》第六十五条的规定，保险公司应在事故发生后直接替代侵权人向受害人赔偿保险金。因交通安全统筹并非保险，不能适用《中华人民共和国保险法》的前述规定，故法院不能直接判令由统筹人替代侵权人向受害人承担赔偿责任。

其三，由于统筹人仅是依据公司法规定设立的公司，在统筹人没有付款能力、被列为失信被执行人，甚至破产清算的情形下，由统筹人直接赔偿受害人的损失而免除侵权人的责任，不仅不符合法律规定，而且会损害受害人的利益。故本案再审判决改判由实际侵权人田某华向受害人王某运承担损害赔偿责任，并无不当。

编写人：河南省郑州市中级人民法院　刘敏

37

商业保险免责条款中的交通肇事逃逸、无证驾驶及车辆检验不合格情形的认定

——林某连等诉陈某等机动车交通事故责任案

【案件基本信息】

1. 裁判书字号

广西壮族自治区博白县人民法院（2021）桂 0923 民初 3126 号民事判决书

2. 案由：机动车交通事故责任纠纷

3. 当事人

原告：林某连、李某慧、蔡某成、蔡某利

被告：陈某、林某、梁某文、物流公司、财产保险公司

【基本案情】

2020 年 5 月 14 日，被告陈某持超过有效期的机动车驾驶证驾驶制动不符合技术标准、反光标识不符合标准的重型半挂牵引车由北往南行驶时，其所驾驶的车辆被从后面驶来由原告亲属蔡某任驾驶的重型仓栅式货车追尾碰撞，造成蔡某任当场死亡及两车不同程度损坏的道路交通事故。事故后交通管理大队对此事故作出《道路交通事故认定书》，认为被告陈某应承担此事故的主要责任，蔡某任应承担此事故的次要责任。

另查明：受害人蔡某任，1975 年 3 月 2 日出生，其第一顺序继承人有：原告林某连（母亲）、李某慧（妻子）、蔡某成（长子）、蔡某利（次子）。原告林某连与蔡某（已故）共生育包括蔡某任在内三个子女。

还查明：被告物流公司是重型半挂牵引车的登记车主。被告物流公司与被

告林某之间是融资租赁车辆法律关系。2018年3月21日，被告林某将上述车辆转让给被告梁某文。被告梁某文为车辆的实际车主。2019年7月1日，被告梁某文为重型半挂牵引车在被告财产保险公司投保有交强险和第三者商业责任保险（保额150万，不计免赔）。商业保险合同中约定了交通肇事逃逸、无驾驶证及车辆检验不合格的免责条款。被告物流公司在投保单及投保人声明投保人签章处加盖公司印章，确认：收到条款及《机动车综合商业保险免责事项说明书》。保险人已明确说明免除保险人责任条款的内容及法律后果。事故发生于保险期限内。被告梁某文与被告陈某是雇主与雇员关系。事故发生时被告陈某持A2型机动车驾驶证（有效期至2019年7月14日），事故发生后其主动到交警部门投案自首。

根据原告的诉讼请求，依照《最高人民法院关于审理人身损害赔偿案件适用法律若干问题的解释》，确认原告的损失为：办理丧葬事宜支出费用、死亡赔偿金、丧葬费、被抚养人生活费（赡养人抚养费）、精神损害抚慰金合计873389.41元。

【案件焦点】

1. 被告物流公司对原告的损失是否应当承担赔偿责任；2. 被告陈某的交通肇事行为是否构成交通肇事逃逸，其持超过有效期驾驶证驾驶肇事车辆及肇事车辆检验不合格的情形，能否成为被告财险湛江公司第三者商业责任险免赔事由；3. 本案被告如何对原告的损失承担赔偿责任。

【法院裁判要旨】

广西壮族自治区博白县人民法院经审理认为：第一，被告物流公司与被告林某之间是融资租赁车辆法律关系，对原告损失不用承担赔偿责任。第二，本交通事故发生后，被告陈某并没有驾驶或者遗弃车辆逃离道路交通事故现场，而是主动到交警部门投案自首，没有潜逃逃匿，其行为不符合交通肇事逃逸含义的范畴。第三，事故发生时，被告陈某的A2型机动车驾驶证逾期10个月未年审，驾驶证未年审与无证不是同一概念，故其不属于无证驾驶。第四，事故车辆在保险人处购买了交强险和商业三者险，投保人投保时，车辆检验合格，保险人才同意承保，应当视为保险人对承保的车辆检验合格的意思表示，事故发生在保险期间，具备理赔条件。虽然在《道路交通事故认定书》中认定涉案车辆检验不合格，但该车辆检验不合格不等同于发生事故时被保险车辆不合格，机动车在运行过程中，车辆的安全性能处于不断变动过程，保险人以车检不合格作为的第三者商业险免责事由不为司法实践所认可。综上，被告财产保险公司以被告陈某的交通肇事行为构成逃逸，持超过有效期驾驶证即属于无证驾驶肇事车辆及肇事车辆检验不合格作为其商业三者险免赔事由不成立。

广西壮族自治区博白县人民法院依照《中华人民共和国侵权责任法》第六条第一款、第十六条、第二十二条、第四十八条、第四十九条，《中华人民共和国道路交通安全法》第七十六条第一款，《中华人民共和国保险法》第六十五条第一款，《最高人民法院关于审理道路交通事故损害赔偿案件适用法律若干问题的解释》第十三条，《最高人民法院关于审理人身损害赔偿案件适用法律若干问题的解释》第十四条、第十五条、第十六条、第十七条、第二十三条，《中华人民共和国民事诉讼法》第六十四条、第一百四十四条的规定，判决如下：

一、被告财产保险公司在交强险的责任限额内赔偿死亡赔偿金、丧葬费、办理丧葬事宜支出费用、抚养费、精神损害抚慰金合计 11 万元给原告林某连、李某慧、蔡某成、蔡某利；

二、被告财产保险公司在第三者商业责任保险限额内赔偿死亡赔偿金、丧葬费、办理丧葬事宜支出费用、抚养费合计 534372. 59 元给原告林某连、李某慧、蔡某成、蔡某利；

三、驳回原告林某连、李某慧、蔡某成、蔡某利的其他诉讼请求。

判决后，双方当事人均未上诉，本判决现已生效。

【法官后语】

针对本案当事人双方的争议焦点，分析如下：

第一，关于交通肇事逃逸的认定。根据《道路交通事故处理程序规定》第一百一十二条“本规定中下列用语的含义是：（一）‘交通肇事逃逸’，是指发生道路交通事故后，当事人为逃避法律责任，驾驶或者遗弃车辆逃离道路交通事故现场以及潜逃藏匿的行为……”的规定，交通肇事逃逸行为在主观上具有逃避法律追究的故意，客观上实施了逃避法律追究的行为，“驾驶或者遗弃车辆逃离道路交通事故现场”系逃避法律追究行为的表现形式。该规定在立法的价值取向上明显是禁止逃避法律追究的行为。根据案件查明的事实，在本案交通事故发生后，被告陈某开始想找同车的黄某香顶替开车，但并没有驾驶或者遗弃车辆逃离道路交通事故现场，其发现隐瞒不了道路交通事故发生的事实时，主动到交警部门投案自首，没有潜逃逃匿，也没有逃避法律追究，依上述相关含义界定，其行为不符合交通肇事逃逸含义的范畴。本院（2020）桂0923刑初492号刑事判决书亦确认，被告陈某构成交通肇事罪，但不构成交通事故逃逸情形。被告保险公司依据商业机动车第三者责任保险条款规定的交通肇事逃逸的情形主张其在机动车第三者责任保险免责，理由不成立，不予支持其主张。

第二，关于无证驾驶的认定。驾驶证过有效期与不具备驾驶资格是两个不同的概念。不具备驾驶资格是指驾驶人驾驶机动车时，没有取得由公安机关交通管理部门核发的机动车驾驶证，或者取得机动车驾驶证后又被吊销或驾驶证许可被依法撤销。驾驶证虽然有一定的有效期，但是有效期届满并不必然导致驾驶资格消灭。如果在机动车驾驶证有效期满后一年内，驾驶人及时申请续补并获准许的，那么应当认定驾驶人具备驾驶资格。被告陈某的机动车驾驶证超过有效期未满一年未年审，并不必然导致其丧失驾驶资格的法律后果，并未影响其驾驶能力，也不是导致本案交通事故发生的因素，其并非无证驾驶。故被告保险公司对被告陈某驾驶证过期未年审驾驶车辆发生交通事故系无证驾驶的抗辩无法律依据。

第三，关于肇事车辆检验不合格的认定。肇事车辆在保险人处购买了交强险和商业三者险，投保人投保时，车辆检验合格，保险人才同意承保，应当视为保险人对承保的车辆检验合格的意思表示，事故发生在保险期间内，具备理赔条件。但保险人以交通事故认定书中对事故车辆记载为“制动不符合技术标准、反光标识不符合标准”为据，在商业险范围内拒赔。本案中《道路交通事故认定书》中虽记载事故车辆“制动不符合技术标准、反光标识不符合标准”，但该车辆检验不合格不等同于发生事故时被保险车辆不合格，机动车在运行过程中，车辆的安全性能处于不断变动过程，肇事车辆经检验不合格，有事故发生前的不合格，也有运行过程中的不合格，且被告保险公司亦没有提交证据证明事故发生时肇事车辆检验不合格的证据。且事故事发突然，被告陈某难以在事前对事故车辆的安全情况作出准确的自检、评估及安全隐患的彻底排除，其投保商业三者险的心理预期亦在于替代或减轻己方在交通意外发生时的赔偿责任。故排除适用前述保险免责条款更为符合社会公众的普遍认知及正当预期。

编写人：广西壮族自治区博白县人民法院　蒋莉

38

安全统筹不能在机动车交通事故责任纠纷案件中一并处理

——臧某美等诉张某亮等机动车交通事故责任案

【案件基本信息】

1. 裁判书字号

山东省安丘市人民法院（2021）鲁 0784 民初 3666 号民事判决书

2. 案由：机动车交通事故责任纠纷

3. 当事人

原告：臧某美、王某英、王甲、王乙

被告：张某亮、辛某冰、物流公司

【基本案情】

2021 年 6 月 1 日 4 时 30 分许，王某乐无证驾驶三轮摩托车行驶时，与停在道路北侧张某亮所驾驶的重型半挂牵引车尾部碰撞，致使王某乐死亡，两车受损。该事故经道路交通事故书认定，王某乐承担事故的主要责任，张某亮承担事故的次要责任。

案涉车辆的登记车主为物流公司，实际车主是辛某冰。该车在财产保险公司投保交强险。事故发生后财产保险公司在交强险限额已经赔付 180000 万。原告主张死亡赔偿金 743342 元、丧葬费 45330.5 元、被抚养人生活费 45485 元、处理丧葬人员误工费 1439.64 元、交通费 600 元、精神损害抚慰金 1 万元，共计 846197.14 元。要求被告扣除交强险赔偿 18 万元后剩余 666197.14 元，按照 30%的责任比例应赔偿 199859.14 元，自愿主张 20 万元。

诉讼过程中，被告张某亮、辛某冰以案涉车辆在交通运输公司投保责任限额 100 万的机动车第三者责任统筹为由，申请追加交通运输公司为被告。

【案件焦点】

是否追加交通运输公司为被告。

【法院裁判要旨】

山东省安丘市人民法院经审理认为：本案系机动车交通事故责任纠纷案件，属于侵权纠纷，受害人与驾驶员人系直接侵权关系，而肇事车投保人与机动车第三者商业保险投保公司系保险合同关系，不属于同一法律关系。受害人与肇事车商业三者险的投保公司并无合同关系，直接起诉商业险投保公司本不符合合同相对性原则，缺少法理基础，但《中华人民共和国民法典》第一千二百一十三条规定：“机动车发生交通事故造成损害，属于该机动车一方责任的，先由承保机动车强制保险的保险人在强制保险责任限额范围内予以赔偿；不足部分，由承保机动车商业保险的保险人按照保险合同的约定予以赔偿；仍然不足或者没有投保机动车商业保险的，由侵权人赔偿。”故判断被告张某亮、辛某冰是否有权追加交通运输公司为被告，应首先确定案涉车辆在交通运输公司投保的机动车第三者责任统筹属不属于机动车商业保险。交通运输公司不是依法成立的保险公司，无权经营机动车商业保险业务，其运营的机动车第三者责任统筹不属于商业险，被告张某亮、辛某冰申请追加交通运输公司为被告无法律依据，不符合民事诉讼被告申请追加被告的法定情形，依法不应准许。

山东省安丘市人民法院依照《中华人民共和国民法典》第一千一百六十五条、第一千一百七十九条、第一千一百九十二条、第一千二百一十三条，《中华人民共和国道路交通安全法》第七十六条，《最高人民法院关于审理人身损害赔偿案件适用法律若干问题的解释》第十四条、第十五条、第十六条，《中华人民共和国民事诉讼法》第一百四十四条规定，判决如下：

一、被告辛某冰赔偿原告臧某美、王某英、王甲、王乙死亡赔偿金、丧葬费等共计196402.16元，于本判决生效之日起十日内付清；

二、驳回原告臧某美、王某英、王甲、王乙的其他诉讼请求。

判决后，双方当事人均未上诉，本判决现已生效。

【法官后语】

本案主要涉及对机动车车辆安全统筹应如何定性，能否在机动车交通事故责任纠纷案件中一并处理的问题。

机动车车辆安全统筹，是针对交通运输高风险的行业特点，为确保交通运输系统各参统单位安全生产而产生的具有行业互助性质的一种保障措施，具有明显的社会公益性。由交通运输企业对营运车辆，按照标准收取相应的交通安全统筹费用，并为其提供安全统筹服务。缴纳统筹费的车辆，在遭遇交通事故、自然灾害、乘客意外伤害等造成损失时，获得相应的经济赔偿，经济赔偿从交通安全统筹费中支出。机动车车辆安全统筹是随着我国经济高速发展过程中出现的新生事物，具有互助共济的性质。因其对那些不符合商业保险公司承办条件的车辆可以起到保障的作用，可以作为商业险的有效补充，对运输行业的发展具有一定的积极意义，国家对其亦是鼓励的态度。2012年《国务院关于加强道路交通安全工作的意见》中就明确规定："鼓励运输企业采用交通安全统筹等形式，加强行业互助，提高企业抗风险能力。"机动车车辆安全统筹虽然具有一定的风险补偿功能，但不符合保险的属性，更像是交通运输行业互助性质的举措。《中华人民共和国保险法》第六条规定："保险业务由依照本法设立的保险公司以及法律、行政法规规定的其他保险组织经营，其他单位和个人不得经营保险业务。"第六十七条规定，"设立保险公司应当经国务院保险监督管理机构批准”。机动车车辆安全统筹运营企业并不是依法成立的保险组织，亦无经营保险业务的权利，机动车车辆安全统筹在性质上不属于商业保险。

机动车车辆安全统筹不属于商业三者险，不能直接适用《中华人民共和国民法典》第一千二百一十三条的规定，在机动车交通事故责任纠纷案件中一并处理。否则，影响侵权赔偿的公平性和商业保险合同的相对性。当然，机动车投保人跟统筹企业间的合同权利义务关系，机动车车主可以根据法律规定和双方的约定，另行处理。本案对被告张某亮、辛某冰申请追加机动车第三者责任统筹收取企业交通运输公司不予准许，明确了机动车车辆安全统筹的性质，对机动车车主、机动车车辆安全统筹经营企业、保险公司等个人和社会组织均具有法律指导意义。首先，明确了机动车车辆安全统筹的性质，为广大车主以后作出正确的抗风险举措指明了方向。其次，维护了依法经营保险业务的良好秩序，拉响了保险市场依法、稳定、规范、有序的警报，阻击了部分不良企业为了拓展业务、牟取私利对机动车车辆安全统筹作出的夸大宣传和虚假承诺。最后，对法律实务界准确定性机动车车辆安全统筹具有较强的借鉴意义。

编写人：山东省安丘市人民法院　李文臣

39

保险公司拖延承保的交强险的保险期间应自保险合同成立之时起算

——赵某柱诉张某春、财产保险公司机动车交通事故责任案

【案件基本信息】

1. 裁判书字号

山东省聊城市中级人民法院（2022）鲁15民终303号民事判决书

2. 案由：机动车交通事故责任纠纷

3. 当事人

原告：赵某柱

被告（上诉人）：张某春

被告：（被上诉人）：财产保险公司

【基本案情】

2021 年 5 月 24 日 14 时 10 分许，原告赵某柱驾驶电动三轮车载赵某艺，与被告张某春驾驶的小型客车发生碰撞，至赵某柱、赵某艺受伤、车辆损坏，该交通事故被交警队认定为，原告赵某柱与被告张某春承担事故的同等责任。原告赵某柱受伤后，被送往 A 医院抢救，因病情严重，遂转院至 B 医院住院治疗 11 天，被诊断为：骨盆骨折、鼻骨骨折等，原告住院期间共花医疗费 19846. 97 元（其中张某春垫付 3000 元），另外，因转院，原告支付救护车费用 1300 元，支付车辆施救费 360 元。事故车辆为被告张某春所有，被告张某春于 2021 年 5 月 23 日通过电子投保的方式向被告财产保险公司投保了交强险和商业三者险，保险期间为 2021 年 6 月 1 日至 2022 年 5 月 31 日，涉案交强险保险单收费确认时间、投保确认时间、生成保单时间均为 2021 年 5 月 23 日 17 时 20 分。

【案件焦点】

保险公司确认交强险投保成功后，与投保人约定保险期间延后开始，致使投保后车辆出现脱保空档，该交强险合同的保险期间条款是否有效。

【法院裁判要旨】

山东省莘县人民法院经审理认为：对于交通事故的发生及其责任划分，当事人无异议，本院予以确认。关于被告财产保险公司是否应当承担交强险和商业三者险的赔偿责任。被告张某春主张，其已经向财产保险公司缴纳了保费，财产保险公司收取了保费，保险合同已经成立并生效，主张保险人按照《最高人民法院关于适用〈中华人民共和国保险法〉若干问题的解释（二）》第四条的规定，保险人应当自收取保费时开始承担保险责任。因此财产保险公司承担保险责任的前提是“保险人尚未作出是否承保的意思表示”。具体到本案，被告张某春在投保后，保险人明确表示同意承保该事故车辆，收取了保费，与被保险人签订了保险合同，明显不属于“保险人尚未作出是否承保的意思表示”，因此被告适用该法条没有事实基础；被告张某春又主张，被告财产保险公司提供的是格式条款，其约定的保险期间无效，依照合同法的相关规定，只有在对合同格式条款解释出现歧义时，方能作出对提供格式合同条款一方不利的解释。在本案中，保险人与被保险人约定的保险期间为2021年6月1日至2022年5月31日，无论如何解释，都不可能出现歧义，故被告张某春主张按照格式合同条款的规定与本案没有任何联系；被告张某春还主张，财产保险公司没有对合同条款给自己明确的说明和解释。按照一般电子投保的流程，只有投保人在每一个环节进行阅读并填写“同意”后，方能进入下一个投保环节，被告张某春通过自己的手机进行投保，并最后成功缴纳了保费，可以充分说明，其已经对合同条款进行了阅读，并填写了“同意”，因此，被告张某春主张不知道保险期间的主张，也不能成立。因此，本案适用《中华人民共和国保险法》第十四条的规定，即“保险人按照约定的时间开始承担保险责任”，本案保险人与被保险人约定的开始时间为2021年6月1日，交通事故发生在2021年5月24日，故被告财产保险公司不承担原告的损害赔偿责任。

山东省莘县人民法院依照《中华人民共和国民法典》第一千二百零八条、《中华人民共和国道路交通安全法》第七十六条，《最高人民法院关于审理交通事故损害赔偿案件适用法律若干问题的解释》第十六条的规定，判决如下：

被告财产保险公司不承担赔偿责任。

山东省聊城市中级人民法院经审理认为：国家设立机动车交通事故责任强制保险具有公益目的，是为了保障机动车道路交通事故的受害人依法、及时得到赔偿。因此，交强险在一些方面区别于商业保险。《机动车交通事故责任强制保险条例》第十条明确规定，“投保人在投保时应当选择具备从事机动车交通事故责任强制保险业务资格的财产保险公司，被选择的财产保险公司不得拒绝或者拖延承保”。虽然《中华人民共和国保险法》第十四条的规定“保险人按照约定的时间开始承担保险责任”，但第一百八十四条第二款规定“强制保险，法律、行政法规另有规定的，适用其规定”。本案上诉人投保的交强险是强制保险，并非商业保险，故涉案交强险承保应适用《机动车交通事故责任强制保险条例》的规定。本案交强险的投保时间为2021年5月23日17时20分，被上诉人财产保险公司明知张某春涉案车辆上年度投保的交强险已经脱保，却在保险合同中写明保险期间为2021年6月1日0时起，致使张某春投保涉案交强险的车辆脱保9天，导致交强险合同在订立后不能立即生效，财产保险公司拖延承保的行为使得国家设立交强险的目的部分落空、机动车交通事故受害人的利益在合同订立后不能立即得到保障。因此，本案中被上诉人财产保险公司与上诉人张某春之间对交强险保险期间的约定违反了强制性规定，限制了投保人利益，不利于第三方权益的保护，应为无效，故本案交强险保险合同的生效时间为合同订立之时即2021年5月23日17时20分。案涉保险期间应当依照《机动车交通事故责任强制保险条例》的规定，确定自2021年5月23日17时20分起至2022年5月22日17时19分止。本案事故发生在2021年5月24日14时许，即事故发生在保险期间，被上诉人财产保险公司应承担相应赔偿责任。根据法律规定，赵某柱的损失应先由承保交强险的被上诉人财产保险公司在交强险责任限额内承担，因《机动车交通事故责任强制保险条例》第十条规定是对交强险承保的规定，并不适用于商业三者险，故对于超出交强险责任限额的损失由张某春承担。一审法院以保险事故发生在机动车交通事故责任强制保险的保险期限之前为由，判决财产保险公司在交强险责任限额内不承担赔偿责任，处理有误，本院予以纠正。

山东省聊城市中级人民法院依照《中华人民共和国民事诉讼法》第一百七十七条第一款第二项规定，判决如下：

一、撤销山东省莘县人民法院民事判决；

二、财产保险公司于本判决生效之日起十日内在交强险责任限额内赔偿赵某柱医疗费、误工费、护理费、施救费、交通费共计21753.32元；

三、赵某柱返还张某春超出赔偿范围的垫付费用1746.51元，于判决生效之日起十日内给付；

四、驳回赵某柱的其他诉讼请求。

【法官后语】

本案主要涉及保险公司确认交强险投保成功后，与投保人约定保险期间延后开始，致使投保后车辆出现脱保空档，该交强险合同的保险期间条款是否有效。

1. 交强险合同条款应当符合立法的公益目的。

司法裁判是透过个案的价值判断，使得立法目的予以具体化的实现。遵循立法目的的价值判断，不仅指导着法律适用的全过程，也是衡量司法裁判正当性的终极标准。我国交强险制度的设立，对于保障人民生命财产安全和维护社会稳定具有重要意义。交强险具有显著的公益性，保障机动车交通事故受害人得到及时有效的基本赔偿是设立交强险的首要宗旨。因此，交强险合同条款的约定应当符合交强险立法的公益目的，对交强险合同条款的效力审查也应当以交强险立法的公益目的作为最高衡量标准。本案中，投保人涉案车辆前一期的交强险已过期，其于2021年5月23日17时20分确认成功电子投保交强险，交强险合同约定的保险期间却是在2021年6月1日开始，投保涉案交强险后的车辆仍脱保9天，使得国家设立交强险的公益目的部分落空，机动车交通事故受害人的利益在合同订立后不能及时得到保障。一审法院确认该交强险合同的保险期间条款效力，并据此判决保险公司不承担赔偿责任，不符合交强险立法的公益目的。

2. 交强险合同条款应当符合法律、行政法规的特别规定。

特别规定优于一般规定，是《中华人民共和国立法法》（以下简称《立法法》）规定的法律适用选择规则之一。《立法法》第九十二条规定，同一机关制定的法律，特别规定与一般规定不一致的，适用特别规定。交强险作为强制保险，是商业保险中的特殊险种，在《中华人民共和国保险法》（以下简称《保险法》）的一般规定与关于强制保险的特别规定不一致时，应当优先适用

《保险法》关于强制保险的特别规定和依据《保险法》特别规定制定的行政法规的具体规定。《保险法》第十四条规定，保险合同成立后，“保险人按照约定的时间开始承担保险责任”，这是关于保险合同保险期间的一般规定；该法第一百八十四条第二款规定，“强制保险，法律、行政法规另有规定的，适用其规定”，这是针对强制保险作出的特别规定。《机动车交通事故责任强制保险条例》第二条第二款规定，交强险的“投保、赔偿和监督管理，适用本条例”，已明定该条例是依据《保险法》关于强制保险的特别规定制定的规范交强险的具体规定。因此，交强险保险合同条款的约定，应当遵从《保险法》第一百八十四条第二款和交强险条例的具体规定。一审法院直接以《保险法》第十四条为依据作出裁判，未考虑案涉交强险合同保险期间条款是否符合《保险法》第一百八十四条第二款和交强险条例的相关规定，违背了《立法法》规定的特别规定优于一般规定的法律适用选择规则。

3. 交强险合同条款不得违反行政法规的强制性规定。

民事法律行为不得违反法律、行政法规的强制性规定。《机动车交通事故责任强制保险条例》第十条第一款规定，“投保人在投保时应当选择具备从事机动车交通事故责任强制保险业务资格的保险公司，被选择的保险公司不得拒绝或者拖延承保”。可见，不得拖延承保是交强险条例基于交强险的公益目的而作出的强制性规定。实践中，拖延承保在交强险的保险期间条款上的表现，主要有两种具体情形：一是首次投保或上一期交强险已过期状况下投保，保险公司与投保人未约定合同成立时即时生效，合同成立时间与保险期间开始时间之间出现空档；二是在前一期交强险未到期时投保，保险公司与投保人未约定保险合同在前一期交强险保险期间届满时即时生效，前一期交强险保险期间届满时间与后一期保险期间开始时间之间出现空档。本案即属于第一种情形，交强险合同的保险期间条款违反了交强险条例关于不得拖延承保的强制性规定，与交强险立法的公益目的相悖，该交强险合同的保险期间条款依法无效，保险期间依法应自保险合同成立之时起算，保险公司应在交强险赔偿限额内承担相应的赔偿责任。

综上，对交强险合同条款的效力审查应当以交强险立法的公益目的作为最高衡量标准。交强险合同的保险期间条款违反了交强险条例关于不得拖延承保的强制性规定，与交强险立法的公益目的相悖，该交强险合同的保险期间条款依法无效，保险期间依法应自保险合同成立之时起算，保险公司应在交强险赔偿限额内承担相应的赔偿责任。

编写人：山东省聊城市中级人民法院　周公法　丰雷

40

保险公司因延迟对车辆定损理赔造成营运车辆停运损失应当承担不利的法律后果

——客运公司诉文某坚、财产保险公司机动车交通事故责任案

【案件基本信息】

1. 裁判书字号

湖南省湘潭市中级人民法院（2021）湘 03 民终 72 号民事判决书

2. 案由：机动车交通事故责任纠纷

3. 当事人

原告（被上诉人）：客运公司

被告（上诉人）：财产保险公司

被告：文某坚

【基本案情】

2019 年 12 月 7 日 13 时 48 分许，被告文某坚驾驶小型轿车行驶，因行经弯道超速行驶，操作不当驾车越过中心虚线，与相对方向由刘某南驾驶的中型普通客车会车相撞，造成两车受损，文某坚、刘某南及中型普通客车上十五名乘

客不同程度受伤的道路交通事故。2020 年 1 月 3 日，《道路交通事故认定书》认定：文某坚负此次道路交通事故的全部责任；刘某南及十五名乘客无责任。

2020 年 5 月 20 日，价格评估中心出具《价格评估报告》认定：中型普通客车车辆维修评估价格为 48180 元，停运损失评估价格为 444 元/日。被告财产保险公司以评估系单方委托及修复价值过高为由，向本院申请重新评估。本院于庭审结束后收到邮寄过来的《重新鉴定申请书》，财产保险公司委托诉讼代理人表示庭审前与财产保险公司最后确认不提起重鉴申请。

被告文某坚所有的小型轿车在被告财产保险公司投保了交强险和 50 万元三责险及不计免赔，事故发生在保险期间内。被告财产保险公司已支付事故中人伤赔款共 502610.6 元。

事故发生后，中型普通客车被拖至被告财产保险公司指定的甲汽修厂进行定损、维修，因双方一直就维修金额达不成一致意见，车辆一直未进行修复。2020 年 7 月 28 日，原告将车辆拖离甲汽修厂，目前停放在原告公司乙汽修厂。

【案件焦点】

财产保险公司延迟定损是否应赔付停运损失。

【法院裁判要旨】

湖南省湘乡市人民法院经审理认为：根据《中华人民共和国保险法》第二十三条规定涉及财产损失的交通事故发生后，财产保险公司应当积极就受损财产进行定损、理赔。本案中，原告受损的车辆自 2019 年 12 月 7 日交通事故发生之日起至 2020 年 7 月 28 日被拖至被告财产保险公司指定的甲汽修厂进行维修、定损，财产保险公司内部定损的金额与评估机构作出的评估结论差距较大，甲汽修厂亦认为按照财产保险公司定损的金额，不能完成车辆的修复。直至起诉前双方仍未就维修费达成一致意见，车辆一直未能维修、运营。交通事故发生后，车辆被拖至被告财产保险公司指定的地点进行维修、定损，处于财产保险公司的控制状态，原告无法作出有效防止损失扩大的措施。被告财产保险公司未能积极履行义务，怠于维修定损，导致受损财产长时间放置，造成当事人不必要的损失，具有过错，应承担不利后果。原告作为交通事故的无责任方，其损失应该得到赔偿。另外，原告与被告财产保险公司虽未直接成立保险合同关系，但原告本次主张的停运损失权利是因被告财产保险公司的消极、不作为，导致扩大损失，就该部分损失主张权利，法院认为被告财产保险公司应对原告车辆停放在甲汽修厂期间的停运损失（103896 元）承担赔偿责任。对被告财产保险公司提出停运损失系间接损失不承担赔偿责任的答辩意见不予采纳。中型普通客车正常修复期间的停运损失为 13320 元，属于间接损失，依据交强险条款以及商业三者险合同的约定，该损失并非属于被告财产保险公司交强险或者商业三者险的赔偿范围，故应当由侵权人文某坚承担。

湖南省湘乡市人民法院判决如下：

一、由被告财产保险公司赔偿原告客运公司 160776 元（交强险 2000 元+商业险 54880 元+停运损失 103896 元）；

二、由被告文某坚赔偿原告客运公司 13320 元；

三、驳回原告客运公司的其他诉讼请求。

财产保险公司不服一审判决，提起上诉。

湖南省湘潭市中级人民法院同意一审的裁判意见，判决如下：

驳回上诉，维持原判。

【法官后语】

社会生活中，包括出租车、货车等营运车辆，在发生交通事故后往往都涉及停运损失问题。在道路交通事故损害赔偿纠纷中，受害人要求赔偿营运车辆停运损失的诉求，通常会得到法院支持。而在保险合同纠纷中，根据保险合同的约定，通常车损险条款规定的保险责任范围通常只包括直接损失，作为车损险的附加险种车辆停驶损失险的赔偿范围，包括因发生保险事故造成车身损毁，致使车辆停驶所产生的损失。在投保了车损险，而未投保车辆停驶损失附加险的情况下，停运损失作为间接损失，无法得到赔偿。例如，保险人在接到报险后存在迟延定损的违约行为，导致受损财产长时间放置、贬值等，不仅造成了当事人不必要的损失，也在一定程度上造成了社会资源的浪费。营运车辆的停运损失如何处理?

首先，迟延定损的认定，应以被保险人报险之日计算。交通事故发生后，被保险人报险的根本目的，就是想得到保险理赔款来填补损失，但作为非从事保险行业的被保险人，无法准确判断被保险车辆的损失金额而提出具体的索赔要求只能概略陈述损失情况。通常在保险人派出定损员到现场查验，根据损失情况向被保险人提出相对专业的定损意见后，被保险人才能根据保险人的要求和指导，提出具体的索赔请求。因此，报险不仅是履行了保险合同规定的通知义务，同时亦含有向保险人索赔之意，此处应当从更加有利于保护被保险人权益的角度出发，作出对索赔起算点的认定，以督促保险人及时履行定损理赔义务。

其次，因被告违约行为造成的原告的停运损失也应当得到赔偿。理由如下:《中华人民共和国保险法》规定的责任核定即通常所称的“定损”是保险理赔工作的主要内容也是保险人应当及时履行的合同义务。保险人作为专业的机构，有义务根据被保险人或受益人提供的证明和资料以及自己掌握的情况，全面评估损失、进行责任分析认定，确定该保险事故是否属于保险合同约定的保险责任范围，承担多大责任。《中华人民共和国保险法》修订后，将“30日内作出核定”等内容明确写入了法律条文。同时，对保险人不履行及时定损和给付保险金义务所应当承担的违约责任也作出了规定。一般理解为因保险人迟延履行义务的行为给被保险人或受益人造成的直接损失，如交通费的额外支出，被保险人或受益人应当自获得赔偿之日起至实际给付之日止的利息等。但作为营运车辆应有不同处理，根据《中华人民共和国民法典》的规定，当事人一方不履行合同义务或者履行合同义务不符合约定，给对方造成损失的，损失赔偿额应当相当于因违约所造成的损失，包括合同履行后可以获得的利益，但不得超过违反合同一方订立合同时预见到或者应当预见到的因违反合同可能造成的损失。营运车辆停驶必然导致停运损失，保险人在签订营运车辆的保险合同时应当能够预见。保险人未能在30天法定定损期限内向被保险人出具定损意见，系不及时履行定损义务之违约行为，对因此而造成被保险人之停运损失，保险人应当承担赔偿责任。这种保险人因迟延定损之违约行为而产生的赔偿责任，与被保险车辆是否投保车辆停运损失险无关。

编写人：湖南省湘乡市人民法院　欧阳旸

41

被保险车辆从事偶然性的有偿搭载乘客的“顺风车”业务不属于从事营运活动

——吴某某诉陈某某等机动车交通事故责任案

【案件基本信息】

1. 裁判书字号

福建省厦门市思明区人民法院（2021）闽0203民初6561号民事判决书

2. 案由：机动车交通事故责任纠纷

3. 当事人

原告：吴某某

被告：陈某某、甲财产保险公司、乙财产保险公司、丙财产保险公司

【基本案情】

2019年7月19日21时02分许，陈某某驾驶闽DL0×××号小轿车行驶时，未注意观察前方道路交通情况，碰撞前方道路维护路段的警示标志后，驶入道路维护路段，致车辆失控向左偏移至第一车道，连续碰撞之前因交通事故停于事故地点的闽D76×××号小型轿车（驾驶人谢某煜）、闽CFV×××号小型普通客车（驾驶人李某海、乘员吴某某）及事发时下车查看并准备报警的现场人员谢某煜、吴某某，造成谢某煜、吴某某受伤及三车不同程度损坏的损害后果。《道路交通事故认定书》认定：陈某某承担本次事故全部责任，谢某煜、李某

海、吴某某不承担本起事故的责任。

事故发生后当日，吴某某被送至医院住院治疗，于2019年8月21日出院，共住院33天。于2019年9月26日、2019年10月24日两次到医院门诊复诊。医院出具疾病证明书载明：术后3个月内患肢避免负重行走，需一人护理，建议加强营养。

2019年11月4日，吴某某向法院申请指派有资质的鉴定机构进行伤残等级、护理期限及护理依赖程度鉴定，获本院准许。吴某某为新加坡籍，长期居住于新加坡，因不可抗力原因未能进行鉴定，于2020年3月18日向法院申请延期鉴定。另查明，闽DL0×××号小轿车登记的所有人为陈某某，事故发生之时，陈某某在下班回家的路上在出行平台接了顺风车单子并收取了45元的费用。该车辆在甲财产保险公司投保了交强险和150万元商业三者险，闽D76×××号车辆交强险投保于乙财产保险公司，闽CFV×××号车辆交强险投保于丙财产保险公司。

吴某某请求：1. 判令陈某某赔偿吴某某各项经济损失合计160017.78元；2. 判令甲财产保险公司在保险范围内对陈某某的上述赔偿金额承担连带责任；3. 判令乙财产保险公司、丙财产保险公司在交强险无责限额内各自承担赔偿责任12100元；4. 本案诉讼费用由陈某某、甲财产保险公司、乙财产保险公司、丙财产保险公司承担。

【案件焦点】

陈某某将案涉车辆在出行平台承接顺风车业务并收取费用是否属于保险合同约定的改变车辆非营运性质的免责事由。

【法院裁判要旨】

福建省厦门市思明区人民法院认为：甲财产保险公司提供了《机动车交通事故责任强制保险单》《机动车交强险与商业险组合投保单》《财产保险公司机动车综合商业保险条款》《投保人声明》以证明就保险条款关于将保险车辆由非营运性质改为营运性质使用保险免责的约定已尽到提示和说明义务，陈某某已清楚该条款内容及法律后果并签字，该免责约定合法有效。陈某某主张该免责条款无效，该条款并非其本人与甲财产保险公司签订的，但未提供证据证明，本院不予认可。就陈某某是否存在将非营运用车从事营运活动的问题，涉及保险合同条款的理解问题。根据《中华人民共和国保险法》第三十条的规定，采用保险人提供的格式条款订立的保险合同，保险人与投保人、被保险人或者受益人对合同条款有争议的，应当按照通常理解予以解释。对合同条款有两种以上解释的，人民法院或者仲裁机构应当作出有利于被保险人和受益人的解释。本院认为，陈某某自身有稳定的其他职业，其虽在下班途中将家用汽车用于顺路搭乘乘客收取费用，但个别性的有偿搭乘费用主要目的在于分摊出行成本，与出租车司机、网约车司机经常性有偿性的职业营运行为有所不同，对搭乘顺风车是否构成营运活动，应根据其从事搭乘顺风车活动的频率、费用收取情况并结合相关政策综合评定。交通运输部等部门发布的《网络预约出租汽车经营服务管理暂行办法》将顺风车与从事网约车经营的车辆进行区分，其中第三十八条规定："私人小客车合乘，也称为拼车、顺风车，按城市人民政府有关规定执行。"《国务院办公厅关于深化改革推进出租汽车行业健康发展的指导意见》（国办发〔2016〕58号）规定："规范私人小客车合乘。私人小客车合乘，也称为拼车、顺风车，是由合乘服务提供者事先发布出行信息，出行线路相同的人选择乘坐合乘服务提供者的小客车、分摊部分出行成本或免费互助的共享出行方式。私人小客车合乘有利于缓解交通拥堵和减少空气污染，城市人民政府应鼓励并规范其发展，制定相应规定，明确合乘服务提供者、合乘者及合乘信息服务平台等三方的权利和义务。"厦门市人民政府2016年发布的《厦门市网络预约出租汽车经营服务管理实施细则》（厦府〔2016〕351号）第二十八条规定："网约车平台公司提供私人小客车合乘信息服务的，应当遵守以下规定……（二）为合乘服务提供者提供合乘信息服务，每车每日不得超过4次……（七）不得以私人小客车合乘、拼车、顺风车等名义变相从事网约车运营……"综合前述规定，应认定在厦门市辖区内，每车每日不超过4次的合乘服务属于合理范围内的分摊出行成本的行为，不宜认定为保险免责条款约定的"营运活动"。

甲财产保险公司提供的陈某某接受该公司理赔人员所作谈话笔录不足以证明陈某某当日接单顺风车的数量超过4次，对财产保险公司提出的拒赔意见，本院不予采纳。

福建省厦门市思明区人民法院判决如下：

一、甲财产保险公司应于本判决生效之日起十五日内在保险范围内赔偿吴某某各项损失共计118134.25元；

二、驳回吴某某的其他诉讼请求。

判决后，双方当事人均未上诉，本判决现已生效。

【法官后语】

非营运车辆改变用途按照营运车辆使用，财产保险公司往往以车辆使用性质改变导致危险程度显著增加为由拒赔，本案肇事机动车系驾驶私家车在网约车平台接“顺风车”单子引起的纠纷，对此应依照保险法规定及保险合同的约定，确定是否适用免赔约定。

1. 本案保险合同约定的被保险车辆改变使用性质从事营业活动导致危险程度增加，财产保险公司有权免赔的约定合法有效。

《中华人民共和国保险法》第五十二条规定，“在合同有效期内，保险标的的危险程度显著增加的，被保险人应当按照合同约定及时通知保险人，保险人可以按照合同约定增加保险费或者解除合同。保险人解除合同的，应当将已收取的保险费，按照合同约定扣除自保险责任开始之日起至合同解除之日止应收的部分后，退还投保人。被保险人未履行前款规定的通知义务的，因保险标的的危险程度显著增加而发生的保险事故，保险人不承担赔偿保险金的责任。”《最高人民法院关于适用〈中华人民共和国保险法〉若干问题的解释（四）》第四条进一步对保险法第五十二条的规定的“危险程度显著增加”时，应当综合考虑的因素进行了列举了常见的六种因素并加兜底规定，六种因素包括：（一）保险标的用途的改变；（二）保险标的使用范围的改变；（三）保险标的所处环境的变化；（四）保险标的因改装等原因引起的变化；（五）保险标的使用人或者管理人的改变；（六）危险程度增加持续的时间。同时规定“保险标的危险程度虽然增加，但增加的危险属于保险合同订立时保险人预见或者应当预见的保险合同承保范围的，不构成危险程度显著增加。”本案保险条款约定被保险机动车“改变使用性质等导致被保险机动车危险程度显著增加”，财产保险公司不负责赔偿。投保单中进一步明确该车的“使用性质是家庭自用汽车”，“本保单项下的保险车辆为非营运用车，若从事营运活动，出险后保险人不负责赔偿责任”。基于保险法及其司法解释的规定，本案保险合同将家庭自用汽车用于从事营运活动导致危险程度显著增加的情形并不违反法律规定。此外，本案投保人签署了投保单确认已收到保险合同条款且财产保险公司已对条款作明确说明，应认定财产保险公司已尽保险法规定的明确说明义务。故本案保险条款的免责约定合法有效。据此，判断本案财产保险公司能否拒赔的核心点有两个，一是车辆是否有改变使用性质？二是危险程度是否有显著增加？

2. 本案被保险车辆是否改变了使用性质并导致危险程度显著增加。

使用性质是否改变涉及“营运活动”的理解。车辆在承保时分为按非营运车辆承保和按营运车辆承保。两者保费相差较大。营运车辆由于风险较高，因此保费通常比非营运车辆高。关于营业性运输及非营业性运输，营业性运输是指为社会提供劳务、发生各种方式结算的公路运输，非营业性运输则是为本单位生产、生活服务，不发生费用结算的公路运输。因此，判断非营运车辆是否用于营运关键在于是否有进行营利性运输。

3. 对于保险免责条款的理解争议的，应当按照通常理解予以解释。对合同条款有两种以上解释的，应当作出有利于被保险人和受益人的解释。

本案顺风车活动是否构成营运活动，财产保险公司与投保人（被保险人）之间存在争议，依照《网络预约出租汽车经营服务管理暂行办法》等规定，结合日常生活中上下班途中非经常性的搭乘乘客分摊油钱不属于营运活动的通常理解，应按非营运活动理解。即便因本案被保险人收取了费用，双方对是否从事营运活动发生争议，根据本案中被告自身从事汽修工作，有稳定的驾驶工作之外的其他职业，搭乘乘客的线路在其上下班途中，且仅为偶然从事的活动，依照有利于被保险人解释的规则，认定为“非营运活动”。

综合前述理解，本案生效裁判对于财产保险公司所提免责的抗辩不予采纳，并判决财产保险公司赔偿受害人损失。

编写人：福建省厦门市思明区人民法院　刘建发　罗彬

42

“非碰撞型”交通事故中保险公司援引免责条款的合理性认定

——吴某凤等诉网络公司等机动车交通事故责任案

【案件基本信息】

1. 裁判书字号

江苏省盐城市中级人民法院（2021）苏09民终6305号民事判决书

2. 案由：机动车交通事故责任纠纷

3. 当事人

原告（被上诉人）：吴某凤、吴某兰、吴某珍、吴某珠、吴某红、吴某平、周某桂

被告（上诉人）：网络公司、张某勤、汤某伟、唐某进、智某进

【基本案情】

2018年12月28日13时55分许，张某勤驾驶重型平板货车（装载挖掘机）刮断横跨道路的电线、电视线，后挖掘机驾驶员汤某伟将被挖掘机刮断的电线、有线电视线进行了整理。当日14点30分许，周某桂驾驶电动自行车后载李某英至事发路段，碰刮到悬落的有线电视线，造成周某桂和李某英两人受伤及车辆部分损坏的交通事故。事故发出生后，李某英经抢救无效死亡。2019年4月15日，道路交通事故证明记载：“张某勤驾驶装载超过核定重量、长度、宽度、高度的载物的机动车，发生交通事故，刮断电线、有线电视线，造成供

电、通讯等设施损毁，未能报警等候处理，将车辆驶离现场，周某桂驾驶未经公安机关交通管理部门登记的非机动车，搭载一名十二周岁以上的人员在道路上行驶，其行为违反了《中华人民共和国道路交通安全法》等。因张某勤驾车驶离现场至周某桂驾驶电动自行车碰刮到有线电视线这段时间内，无法查清是否有其他因素导致被刮断的电线、有线电视线的状态发生改变。”事故发生时，张某勤系从事智某进雇佣的工作，其驾驶的重型平板货车系王某丽（智某进之妻）所有，该车辆系实业公司于 2018 年 8 月 30 日转让变更于王某丽名下，实业公司作为投保人（被保险人）在被告财产保险公司投保了交强险和 100 万元不计免赔商业三者险，事故发生在保险期间内。平板货车的雇主智某进与挖掘机的雇主唐某进达成口头运输协议，唐某进雇用汤某伟驾驶挖掘机。

【案件焦点】

财产保险公司是否应当在商业险范围内免责。

【法院裁判要旨】

江苏省盐城市大丰区人民法院经审理认为：案涉事故发生后，公安机关经调查并未认定张某勤存在“逃逸”的法律禁止情形，财产保险公司认为张某勤构成逃逸依据不足，不予采信。财产保险公司还认为张某勤撞断电线、电视线后未报警等候处理，将车辆驶离现场，符合保险条款第二十四条免责的情形。本院认为，对于保险条款应当结合条款上下文、日常生活逻辑及案件具体事实作出合理解释。案涉二十四条免责情形应当理解为驾驶人知晓发生交通事故，为逃避责任，故意逃离或驶离事故现场。本案中，依据查明的事实，案涉平板车驾驶员张某勤在驾驶过程中造成刮断线路的事故，车上人员汤某伟整理了刮断的电线和电视线后，张某勤驶离现场。后周某桂驾驶电动自行车载李某英行至事发路段，碰刮到悬落的有线电视线发生了交通事故，对该起交通事故，张某勤既不在现场亦不知晓，不存在未采取合理措施驶离事故现场的情况。故财产保险公司认为在李某英的近亲属及周某桂主张的本案事故赔偿中构成免责，无事实依据，不予采信。

江苏省盐城市大丰区人民法院依照《中华人民共和国侵权责任法》第六条、第十六条、第四十八条，《中华人民共和国道路交通安全法》第七十六条，《中华人民共和国保险法》第六十五条，《最高人民法院关于审理道路交通事故损害赔偿案件适用法律若干问题的解释》第十六条之规定，判决如下：

一、原告吴某凤、吴某兰、吴某珍、吴某珠、吴某红、吴某平因近亲属李某英在道路交通事故中死亡造成的损失，由被告财产保险公司赔偿302748.06元，由被告智某进赔偿20305.34元，由被告网络公司赔偿29007.63元；

二、原告周某桂因道路交通事故造成的损失，由被告财产保险公司赔偿11062.76元，由被告智某进赔偿1229.20元，由被告网络公司赔偿1755.99元。上述第一项、第二项赔偿义务于本判决生效后30日内履行完毕；

三、驳回原告吴某凤、吴某兰、吴某珍、吴某珠、吴某红、吴某平、周某桂的其他诉讼请求。

江苏省盐城市中级人民法院同意一审法院的裁判意见。

【法官后语】

实际生活中，发生交通事故一般是机动车之间或机动车与非机动车、行人之间直接碰撞而导致，即“碰撞型”事故。但现实生活纷繁复杂，在某些特定情况下，也存在“非碰撞型”引发的交通事故，如因车辆零部件脱落引发的事故，还有如车胎爆裂致使行人受到惊吓引发的事故。若根据证据和查明的事实可认定前一事故系后一交通事故发生的主要原因，即前一起事故为后一起交通事故的参与者，应承担相应的过错责任。同时，“非碰撞型”交通事故中经常发生前一事故驾驶员驶离现场，保险公司据此援引免责条款主张在商业险范围内免责。关于“非碰撞型”交通事故中保险公司援引“逃逸”免责条款的合理性认定，应遵循主客观一致原则，若不区分驾驶人是否知道发生了交通事故，只要存在驶离现场的行为而一概予以商业险免责，则与保险制度的初衷不符且有失公允。

第一，关于逃逸免责条款效力的认定。逃逸属于法律禁止性规定，商业保险合同更侧重于意思自治，逃逸免赔条款不违反我国法律规定，旨在加大逃逸的成本，鼓励肇事者于事发后积极抢救受伤人员并配合交警部门的调查，防止或者扩大损失。本案中，保险公司在案涉商业保险合同中用黑体字注明逃逸免责条款，已经尽到了《中华人民共和国保险法》规定的提示和说明的义务，逃逸免责条款合法有效。

第二，关于格式条款适用的法律解释。根据《中华人民共和国保险法》第三十条的规定："采用保险人提供的格式条款订立的保险合同，保险人与投保人、被保险人或者受益人对合同条款有争议的，应当按照通常理解予以解释。对合同条款有两种以上解释的，人民法院或者仲裁机构应当作出有利于被保险人和受益人的解释。"格式条款产生争议的，即在双方对于免责条款生效条件存在不一致的理解的情况下，应当作出有利于被保险人和受益人的解释，免责条款的生效应主客观一致方能生效。

第三，关于遵循主观与客观一致原则。关于"逃逸"的认定应遵循主观与客观一致原则，这更符合保险制度的初衷。根据相关规定，认定逃逸应符合两条件，其一是行为人主观方面有逃避抢救义务以及逃避责任追究的动机，具有直接的行为故意；其二是交通肇事后行为人在客观方面实施了逃逸行为，且符合法律规定的情形。包括行为人明知发生交通事故驾车或弃车逃离事故现场；行为人认为自己对事故没有责任驾车驶离事故现场，行为人接受调查期间逃匿等情形。本案中，根据交警的认定，当事人陈述、现场勘查等证据，不能认定前一起事故的肇事人对后一起交通事故的发生存在主观故意，故关于保险公司援引免责条款在商业险范围内免责的抗辩，不予以采信。

编写人：江苏省盐城市大丰区人民法院　徐嘉

43

机动车安全互助统筹保险是否适用保险法规定

——宋某青等诉苗某伟等机动车交通事故责任案

【案件基本信息】

1. 裁判书字号

河北省沧州市中级人民法院（2021）冀09民终8500号民事判决书

2. 案由：机动车交通事故责任纠纷

3. 当事人

原告（被上诉人）：宋某青、闫某銮、宋某芬、宋某峰

被告（上诉人）：苗某伟

被告：甲运输队、财产保险公司

【基本案情】

2020年11月5日6时10分许，宋某学无证驾驶无牌号二轮摩托车行驶时，与前方苗某伟顺停重型半挂货车追尾碰撞，造成双方车辆损坏，宋某学当场死亡的交通事故，事故发生后苗某伟指使赵某柱顶替其驾驶员身份。该事故经交通警察大队出具道路交通事故认定书，认定宋某学负此次交通事故的同等责任，苗某伟负此次事故的同等责任。苗某伟驾驶的挂号重型半挂车实际车主为苗某伟本人，登记所有人为被告甲运输队，且该车挂靠在乙运输队。该车在被告财产保险公司投保交强险，在交通服务公司参统筹限额为100万元的第三者责任统筹，并参统不计免赔。事故发生时，案涉车辆交强险处于保险合同有效期内，第三者责任统筹处于参统有限期内。四原告提出诉讼请求：1. 依法判令各被告赔偿原告方丧葬费、死亡赔偿金等各项费用579436.25元；2. 本案诉讼费由被

告承担。

【案件焦点】

苗某伟在交通服务公司投保的机动车辆安全互助统筹合同能否适用《中华人民共和国保险法》的规定替代被告完全承担因交通事故造成的赔偿责任。

【法院裁判要旨】

河北省黄骅市人民法院经审理认为：本案涉及的交通事故，被告苗某伟抗辩称其不存在逃逸行为，但未提交证据予以证实，且未在规定的时间内向交警部门提出复议，故本院对被告苗某伟的抗辩不予支持，经本院调取交通事故卷宗，交警询问笔录中明确记载事故发生后，被告苗某伟打电话给当时不在事故现场的案外人赵某柱，要求其到事故现场向交警承认事故车辆为赵某柱停靠，虽二人之后又向交警如实陈述事实，但苗某伟具有主观逃避责任情形，认定逃逸并无不妥，交警部门作出的事故责任认定书，认定事实清楚，责任划分准确，本院予以采信。依据事故认定书确认宋学文负事故同等责任，苗某伟负事故同等责任，本院确认被告苗某伟承担50%的赔偿责任。关于被告乙运输队的赔偿问题，因乙运输队为事故车辆的登记所有人，且自认该车辆挂靠在其运输队名下，故对于四原告的损失，乙运输队承担连带赔偿责任。被告苗某伟及乙运输队提交申请要求依据机动车辆安全互助统筹保险合同追加交通服务公司为被告。交通服务公司并非专营保险业务的保险公司，其成立未经国务院保险监督管理机构批准，且注册资本未达法律规定，其存在履行不能的风险，被告苗某伟在该公司投保的机动车辆安全互助统筹并非《中华人民共和国保险法》中认定的保险合同，不能适用《中华人民共和国保险法》的规定，该合同的存在不能替代被告完全承担因交通事故造成的赔偿责任，故本院对二被告的申请不予支持，待二被告赔偿原告损失后，可依据其与交通服务公司签订的统筹合同另行主张权利。

河北省黄骅市人民法院依照《最高人民法院关于适用〈中华人民共和国民法典〉时间效力的若干规定》第一条，《中华人民共和国侵权责任法》第六条、

第十五条、第十六条，《中华人民共和国道路交通安全法》第七十六条，《中华人民共和国保险法》第六条、第六十四条、第六十五条、第六十六条、第六十七条、第六十九条，《最高人民法院关于审理人身损害赔偿案件适用法律若干问题的解释》第十七条、第十八条、第二十七条、第二十八条、第二十九条之规定，判决如下：

一、被告财产保险公司赔付原告宋某青、闫某銮、宋某芬、宋某峰损失 18 万元；

二、被告苗某伟赔偿原告宋某青、闫某銮、宋某芬、宋某峰损失 369721.25 元（已扣除垫付款 5000 元）；

三、被告甲运输队在苗某伟赔偿范围内承担连带赔偿责任；

四、驳回原告宋某青、闫某銮、宋某芬、宋某峰的其他诉讼请求。

被告苗某伟不服一审判决，提出上诉。

河北省沧州市中级人民法院判决如下：

驳回上诉，维持原判。

【法官后语】

该案重点审理机动车安全互助统筹保险能否认定为《中华人民共和国保险法》中认定的保险合同，从而替代被告完全承担因交通事故造成的赔偿责任。

所谓车辆统筹，是指通过向车主集资的方式，要求车主缴纳相应的交通安全统筹费，形成统筹资金来为参与统筹的大型货车提供保障，属于运输行业内部的行业互助。2012 年 7 月《国务院关于加强道路交通安全工作的意见》提到："鼓励运输企业采用交通安全统筹等形式，加强行业互助，提高企业抗风险能力"。经营机动车辆安全统筹服务的公司，以交通运输公司、汽车服务公司和地方交通运输行业协会等社会组织为主。但是该统筹保险由谁监管，是否适用《中华人民共和国保险法》的规定？

1. 统筹保险合同性质认定。

《中华人民共和国保险法》第六十七条规定：设立保险公司应当经国务院保险监督管理机构批准。国务院保险监督管理机构审查保险公司的设立申请时，应当考虑保险业的发展和公平竞争的需要。第六十九条规定设立保险公司时，其注册资本的最低限额为人民币二亿元。国务院保险监督管理机构根据保险公司的业务范围、经营规模，可以调整其注册资本的最低限额，但不得低于本条第一款规定的限额。保险公司的注册资本必须为实缴货币资本。而统筹保险合同的公司多为有限责任公司，因其并非正规保险公司，所以其注册资本远远达不到法律规定限额，且并未经过国务院保险监督管理机构的批准，不受其监督。故笔者认为该类型公司不属于法律认可的保险公司，其承保的统筹保险合同不应认定为《中华人民共和国保险法》中的保险合同，仅为个人与公司之间的普通性质合同，该合同自然有效，但不能视同商业险保险合同替代侵权人承担侵权责任。另根据调查显示，统筹合同的订立不影响个人另行投保商业险，所以该类合同仅为替代性保障性的一般合同。

2. 侵权赔偿后果考量。

从结果来看，如果将该类合同视同商业险保险合同，判定由统筹公司承担商业险保险责任，对第三人承担赔偿责任，同时免除实际侵权人的责任，则后果极有可能为被侵权人得不到实际赔偿，仅得到一纸空文，其司法效果和社会效果均不理想，如判定统筹公司及侵权人共同赔偿，亦无法定的法律依据，故笔者认为较为合理的处理方式为：实际侵权人承担机动车交通事故责任纠纷中的赔偿责任，其履行后可依据该统筹合同向统筹公司主张合同纠纷。

综上所述，统筹保险合同不能替代实际侵权人承担侵权责任，应在侵权人赔偿后另行主张。同时告诫车辆所有人，统筹保险仅为保障性合同，仍应依照法律规定投保商业险，以减轻自身在交通事故中的实际损失。

编写人：河北省黄骅市人民法院刘静　郝子昂

44

购买安全互助统筹的机动车发生交通事故时，受害人无权直接要求统筹公司赔偿

——赵某某诉王甲等机动车交通事故责任案

【案件基本信息】

1. 裁判书字号

山东省济南市中级人民法院（2021）鲁01民终9559号民事判决书

2. 案由：机动车交通事故责任纠纷

3. 当事人

原告（上诉人）：赵某某

被告（被上诉人）：王甲、王乙、运输公司、财产保险公司

【基本案情】

2020年10月5日17时30分许，王甲驾驶运输公司的车辆鲁AY××××重型货车与魏某某驾驶赵某某所有的鲁A3××××小型轿车发生交通事故，造成赵某某车辆受损，经槐荫交警认定王甲负事故全部责任。鲁AY××××重型货车的实际车主为王乙，登记车主为运输公司，该车在财产保险公司投保机动车辆安全互助统筹险100万元，该车投保的交强险保险公司已在交强险限额内赔付赵某某2000元。王乙与王甲系雇佣关系。赵某某起诉要求维修费7586元、交通费6300元及利息损失，并提交维修发票、支付凭证、维修清单及维修期限证明予以证明。

【案件焦点】

王乙为鲁 AY××××在财产保险公司购买机动车辆安全互助统筹 100 万元，赵某某是否有权要求财产保险公司在统筹范围内赔偿其车辆损失。

【法院裁判要旨】

山东省济南市槐荫区人民法院经审理认为：王甲驾驶机动车与魏某某驾驶机动车发生交通事故，经有关部门出具事故证明确定，王甲承担事故全部责任，事实清楚，证据充分，一审法院予以确认。王甲驾驶的车辆登记车主为运输公司，实际车主为王乙，王乙与王甲系雇佣关系，王乙在财产保险公司投保机动车辆安全互助统筹 100 万元，该公司应在统筹限额内根据统筹合同予以赔偿。赵某某要求王甲、运输公司、王乙、财产保险公司赔偿维修费 7586 元，经查赵某某车辆维修费为 9586 元，其中 2000 元已由交强险保险公司赔付完毕，剩余 7586 元应在财产保险公司的统筹限额内予以赔偿，符合法律规定。

山东省济南市槐荫区人民法院判决如下：

一、财产保险公司在机动车辆安全互助统筹限额内赔偿赵某某车辆维修费 7586 元；

二、驳回赵某某的其他诉讼请求。

赵某某不服一审判决，提起上诉。山东省济南市中级人民法院经审理认为：王甲驾驶车辆致使赵某某所有的车辆受损，结合案件事实，王甲应承担事故的全部责任，依据《中华人民共和国侵权责任法》第三十五条的规定，涉案事故损失应由王甲的雇主王乙承担赔偿责任。涉案车辆系王乙挂靠运输公司，故运输公司与王乙应承担连带赔偿责任。

《中华人民共和国保险法》第六条规定，保险业务由依照本法设立的保险公司以及法律、行政法规规定的其他保险组织经营，其他单位和个人不得经营保险业务。第六十七条第一款规定，设立保险公司应当经国务院保险监督管理机构批准。依据上述规定可知，保险合同缔约一方需具有保险经营权的保险机构，本案财产保险公司并不具有相应保险经营权的资质，不属于法律规定的保险机构，涉案机动车辆安全互助统筹险不属于法律规定的保险合同范畴，故王乙与财产保险公司之间应系一般的合同关系，根据合同相对性原理，涉案事故损失赵某某无权向财产保险公司主张，故对赵某某要求财产保险公司承担共同或连带责任的诉讼请求不予支持。因此，一审法院判令财产保险公司在机动车第三者责任统筹限额内承担赔偿责任不当，应予以纠正。

山东省济南市中级人民法院判决如下：

一、撤销山东省济南市槐荫区人民法院民事判决；

二、王乙于本判决生效之日起十日内赔偿赵某某车辆维修费7586元；

三、运输公司对第二项给付内容承担连带赔偿责任；

四、驳回赵某某的其他诉讼请求。

【法官后语】

本案涉及的主要问题是购买安全互助统筹的机动车发生交通事故时，受害人能否直接诉请统筹公司在统筹范围内赔偿其损失。

《国务院关于加强道路交通安全工作的意见》（国发〔2012〕30号）载明，鼓励运输企业采用交通安全统筹等形式，加强行业互助，提高企业抗风险能力。实践中，统筹公司陆续开展交通安全统筹服务业务，有的重型牵引车或者营运货车的实际车主基于价格及主观认为其等同于商业险等因素考量，未向保险公司投保机动车第三者责任强制保险，而是选择与统筹公司签订统筹服务合同，购买机动车辆安全互助统筹（包括机动车第三者责任统筹、车上人员责任统筹等）。

当购买安全互助统筹的机动车发生交通事故致使第三者遭受人身损害或财产损失时，受害人通常将侵权人、交强险保险公司及统筹公司一并列为被告，要求赔偿相应损失。在机动车交通事故责任纠纷案件中，受害人是否有权要求统筹公司在统筹限额内直接赔偿损失？有观点认为机动车安全互助统筹类似于商业三者险，交通事故发生在统筹期限内，可直接适用《中华人民共和国保险法》及《最高人民法院关于审理道路交通事故损害赔偿案件适用法律若干问题的解释》相关规定，认定统筹公司在安全统筹限额内根据事故责任比例承担赔偿责任。也有观点认为，机动车安全互助统筹并非商业三者险，仅系一般合同，故不应在机动车交通事故中一并处理。本案二审法院认为，机动车安全互助统筹不属于法律规定的保险合同范畴，侵权人与财产保险公司系一般的合同关系，受害人无权直接要求财产保险公司承担赔偿责任，故改判王乙、运输公司连带赔偿赵某某车辆维修费。对此，笔者认为二审法院的认定是正确的，主要理由如下：

1. 保险人直接向第三者（受害人）赔偿事故损失系由法律、司法解释明确规定。

在机动车交通事故责任纠纷中，侵权损害赔偿与保险合同为两个不同法律关系，将其一并进行审理主要是因为，保险合同系有名合同，其受《中华人民共和国保险法》调整，根据该法第六十五条的规定，在被保险人怠于请求保险人向第三者直接赔偿保险金（实践中关于怠于请求的认定多为第三者向法院提起诉讼时，被保险人未向保险人提出理赔请求或者保险人未向第三者进行赔偿）及法律规定的情况下，第三者有权直接向保险人请求赔偿保险金。该规定虽未突破合同的相对性，但为第三者直接向保险人索赔提供了救济空间。

《中华人民共和国民法典》第一千二百一十三条规定了交通事故中机动车方的赔偿顺序，即先由承保机动车交通事故责任强制保险的保险人在强制保险责任限额范围内予以赔偿；不足部分，由承保机动车商业保险的保险人按照保险合同的约定予以赔偿；仍然不足或者没有投保机动车商业保险的，由侵权人赔偿。该法律规定直接突破保险合同相对性，明确保险公司可在商业三者险范围内直接向第三者承担赔偿责任，《最高人民法院关于审理道路交通事故损害赔偿案件适用法律若干问题的解释》第二十二条亦确定当事人可将商业三者险保险公司列为共同被告，上述规定为受害人要求保险公司按照保险合同直接赔偿损失提供了法律支撑。

2. 机动车安全互助统筹非商业三者险。

商业三者险是指保险公司以被保险人依法应当对第三人承担的赔偿责任为保险标的而从事的保险业务，其承保的主体为保险公司，主要是降低被保险人的责任风险。但根据《中华人民共和国保险法》第六条、第六十七条、第六十八条的规定可知法律、行政法规明确规定的，经国务院保险监督管理机构批准并满足规定条件的保险公司及其他保险组织才能开展保险业务。统筹公司，如本案财产保险公司，其营业执照载明的经营范围为普通货物运输；车辆年检代理服务；交通安全统筹服务等，其不具有相应的保险经营权资质，亦不受行政机构的监管，其承保的机动车安全互助统筹虽具有一定风险补偿能力，但仅是行业互助性质的保障措施，不需要注册、登记及备案，不受保险监督部门管理，不属于法律规定的保险合同的范畴。

被统筹人与统筹公司之间仅为一般合同关系，在发生纠纷时无法适用《中华人民共和国保险法》规定，而应适用《中华人民共和国民法典》合同编的一般规定，现无法律规定统筹公司可向第三者直接履行合同义务，根据合同相对性，第三者无权直接要求统筹公司在统筹范围内向其赔偿损失，统筹合同系被统筹人与统筹公司之间的意思表示，统筹合同是否成立、约定内容及效力等需结合被统筹人及统筹公司之间的具体证据另行确认。

实践中，有的统筹公司财力有限，一旦发生资金链断裂等意外情况，则没有能力按照互助统筹合同约定赔偿多起交通事故损失，无法起到转移被保险人赔付风险的作用，如本案财产保险公司已经营异常，且被列为失信被执行人，将其列为被告，认定其在安全统筹险范围内赔偿第三者的相关损失，无法实现第三者的合法权益得到及时足额赔付。

编写人：山东省济南市中级人民法院　吴松成　王峥荣

45

交强险保险人可依法向涉嫌酒驾侵权人追偿

——朱某忠诉李某机、财产保险公司机动车交通事故责任案

【案件基本信息】

1. 裁判书字号

北京市昌平区人民法院（2021）京0114民初9461号民事判决书

2. 案由：机动车交通事故责任纠纷

3. 当事人

原告：朱某忠

被告：李某机、财产保险公司

【基本案情】

2020年4月17日22时20分，李某机驾驶小型轿车与前方同方向骑行自行车的朱某忠相撞，自行车挤压在车辆右前轮处，朱某忠全身多处皮肤擦伤。李某机于当日22时25分拨打122电话报警，报警记录记载“报警人称自己喝酒后驾驶一辆小轿车碰到碰瓷的，回拨电话挂断，已告知同时拨打110报警，请与报警人联系核实处理”。朱某忠于第二日6时51分拨打122电话报警，称黑色小客车与自行车刮撞，一人受伤、黑色小客车一方跑了。朱某忠事后还向派出所报警称遭到殴打。对于当场报警称自己喝酒一事，李某机解释称实际没有喝酒。因为朱某忠指责他有喝酒，他认为朱某忠是在碰瓷，就报警说自己喝酒了让警察来处理，看看警察到底会如何处理。方某炜（李某机车辆的同乘人）在事故现场有过抢夺朱某忠手机的行为，解释称怀疑朱某忠是碰瓷怕他呼叫同伙。现场监控录像显示碰撞发生后至各方离开前的这段时间内（至少有30分钟左右），案发道路不停有机动车、非机动车和行人经过。但因监控摄像头距离较远，无法准确识别三人的动作。

《道路交通事故简易认定书》认为李某机驾驶机动车未按操作规范安全驾驶且事故后未保护现场是本起道路交通事故发生的全部原因，朱某忠驾驶自行车无违法行为。认定李某机承担事故全部责任、朱某忠无责任。

朱某忠在事故发生后的一个月内多次前往医院对其外伤及精神创伤作相应诊断治疗，精神方面初步诊断为“头晕、淡漠”，其间朱某忠多次接受交通队和派出所民警的询问，将近一个月后临床诊断为“应激状态；抑郁状态；睡眠障碍；不寐病”。医嘱建议休假两周、规律作息、严防自伤自杀等。

李某机驾驶的车辆在财产保险公司投保交强险和商业三者险，投保人和被保险人均为李某机，事故发生在保险责任期间内。

朱某忠请求判令：被告赔偿医疗费、误工费、陪护费、营养费、财产损失、精神损害抚慰金，共计51224.14元。

【案件焦点】

1. 朱某忠主张损失的合理性以及与本案交通事故的关联性；2. 朱某忠的合理损失如何赔偿。

【法院裁判要旨】

北京市昌平区人民法院经审理认为：对于朱某忠脑部及精神方面的伤情，依据朱某忠的自述及相关诊疗记录，结合事故发生的过程（特别是自行车被挤压），朱某忠在事故中受到一定程度的惊吓，由此带来的应激状态等症状与交通事故具有关联性，相应的检查治疗费用依法应予以认定。对于抑郁状态等症状，各方均未坚持通过司法鉴定的方式确定与本案事故的关联性，此类病症的成因较为复杂，除事故过程给朱某忠带来的刺激外，双方的协商解决过程、公安机关调查过程以及朱某忠事故前后经历的所有事件及思想活动等，均可能会对此类病症产生影响、成为诱因，本案中无法判断此类症状与本案事故的关联性，但截至2020年5月22日的检查治疗费用应为合理损失。朱某忠的健康权和身体权遭到非法侵害，结合侵权人的过错程度、事故发生的具体情节、损害后果等因素，依法酌情认定精神损害抚慰金的数额。

对于朱某忠的损失如何赔偿，财产保险公司依据《中华人民共和国保险法》第二十一条主张免责。上述已认定的合理损失未超出交强险的赔偿责任范围，交强险与一般商业保险既有共性也有明显的差异。一方面，交强险以投保人、被保险人及受益人与保险人之间的保险合同关系为基础法律关系，保险人在负担给付义务的同时，其合同相对方也负担有相应的附随义务，即在事故发生后应及时通知保险人。无论李某机是否有酒后驾驶甚至醉酒驾驶的行为，在朱某忠明确质疑其饮酒、李某机报警亦自述酒后驾车的事实发生后，李某机需采取措施证实其并未饮酒的合同附随义务便产生了。李某机本该等待交警前往现场测试酒精含量、或拨打报警电话纠正错误、或通知财产保险公司告知事故相关情况，但其却选择实施拒接 122 的回拨电话、未报案、未实际赔偿或达成有效协议的情况下离开现场、事后谎报驾驶人等行为。作为投保人和被保险人，李某机因重大过失未履行及时通知义务，致使驾驶人是否存在醉酒驾驶等事实难以确定，对无法确定的部分，财产保险公司依法不应承担赔偿责任。另一方面，交强险的特殊性在于其属于强制保险，涉及公共利益，以保险事故受害人依法得到赔偿、促进道路交通安全为目的。依据交强险保险条款及相关司法解释，即使存在驾驶人醉酒的情形，受害人也有权请求保险公司在交强险责任限额范围内赔偿其人身损害。保险公司赔偿后，有权向致害人追偿。现朱某忠要求财产保险公司赔偿损失，对于损失中与人身损害相关的部分（合计 1492125 万元），财产保险公司确定性地应承担先行赔付责任，而对于“无法确定的部分”，因“醉酒驾驶”的事实无法确定，财产保险公司对人身损害损失部分依法享有追偿权，并对财产损失免责。

北京市昌平区人民法院依照《中华人民共和国侵权责任法》第十六条、第十九条、第二十二条、第四十八条，《中华人民共和国道路交通安全法》第七十六条，《中华人民共和国保险法》第二十一条、第一百八十四条，《中华人民共和国民事诉讼法》第六十四条、第一百四十四条，《最高人民法院关于适用〈中华人民共和国民法典〉时间效力的若干规定》第一条第二款，《最高人民法院关于审理道路交通事故损害赔偿案件适用法律若干问题的解释》第十六条、第十八条，《最高人民法院关于确定民事侵权精神损害赔偿责任若干问题的解释》第十条之规定，判决如下：

一、财产保险公司于本判决生效之日起十日内在机动车交通事故责任强制保险限额范围内赔偿朱某忠医疗费、误工费、护理费、营养费、交通费、精神损害抚慰金共计 14921. 25 元，并有权在实际赔偿范围内向李某机追偿；

二、李某机于本判决生效之日起十日内赔偿朱某忠财产损失 2000 元；

三、驳回朱某忠的其他诉讼请求。

判决后，双方当事人均未上诉，本判决现已生效。

【法官后语】

本案涉及道路交通侵权案件常见的三方面争议：事故事实、损失确定及保险赔偿。事故双方不明原因先后离开现场，交通队的事后调查已无法认定侵权人是否存在饮酒驾驶或醉酒驾驶的行为。受害人在事故发生后治疗外伤的同时积极就医问诊精神创伤，但此类精神创伤与交通事故的关联性和参与度存疑。交通事故赔偿的法定清偿顺序决定了受害人的损失确定后，谁来承担赔偿责任必须结合法律和保险合同约定判断。面对上述三大难点，本案在查证客观事实的基础上，谨慎推断又合理裁量，放弃认定部分事实，依法酌情支持受害人包括精神损害抚慰金在内的损失；尊重法律事实的局限，依法适用法律并解释合同约定，最终作出胜败皆服的裁判。特别是关于交强险赔偿的裁判思路具有创新性。

交强险具有法定性和约定性的双重属性。交强险的法定性首先体现在其来源于《中华人民共和国道路交通安全法》所确立的“国家实行机动车第三者责任强制保险制度”，其次，交强险保险条款须依据《中华人民共和国保险法》《机动车交通事故责任强制保险条例》等法律、行政法规制定，并实行统一的保险条款和基础保险费率。交强险的约定性主要体现在权利义务的内容直接来自交强险保险条款，而保险条款、投保单、保险单、批单和特别约定共同组成交强险保险合同。交强险合同的订立与争议解决的过程，不完全排除当事人的意思自治，至少形式上要以合同约定内容为准。对于交强险条款未约定以及交强险保险条例未规定的内容，理论上应准许适用保险法的规定，但须注意交强险有别于一般商业保险的公益性和强制性。

饮酒驾驶系商业三者险的免责情形。对于交强险而言，仅有饮酒驾驶的情形并不能免除交强险保险人的赔偿责任，只有在达到“醉酒”的程度，保险人才对人身损害负担有赔偿义务，并有权在赔偿范围内向致害人追偿。依据《最高人民法院关于审理道路交通事故损害赔偿案件适用法律若干问题的解释》，保险公司主张追偿权的，人民法院应当予以支持。醉酒事实的存在与否直接关系到交强险保险人是否享有追偿的权利。

有些案件当事人未在事故发生后及时报警，或者采取隐瞒、逃逸等手段阻止有效酒精检测数据生成，最终导致醉酒事实难以确定的结果。若简单地以醉酒事实无法查清而判令保险公司在交强险限额范围内承担最终赔偿责任，虽然不影响受害人的损害弥补，但会产生鼓励肇事方逃避责任的负面效果。还有些案件当事人之间恶意串通，为了骗保而隐瞒醉酒事实，未在当日报警等，此种情况仍判令保险公司承担责任更有失公允，助长不良社会风气。

对于有证据能够初步证明侵权人饮酒驾驶的案件，合理的裁判思路应该是依据《中华人民共和国保险法》第二十一条的规定，审查侵权人作为投保人、被保险人或受益人是否有尽到通知义务，若因故意或者重大过失未及时通知，导致保险事故的性质、原因，特别是有无醉酒情形难以确定的，保险人对无法确定的部分，不承担赔偿责任。需要注意的是，“不承担赔偿责任”对应的是“无法确定的部分”。即使驾驶人醉酒，交强险保险公司仍应对人身损害承担赔偿责任，仅对财产损失等其他损失和费用不负责垫付和赔偿。因此，醉酒事实难以确定并不影响受害人就人身损害向交强险保险公司主张赔偿，保险公司也有权依据保险法向致害方追偿。上述裁判思路有助于维护当事人合法权益，引导社会公众正确处理事故，充分发挥交强险社会保障功能。

编写人：北京市昌平区人民法院 王崇华

46

社交筹款平台捐赠款项不属于商业保险免责范围

——傅某洋诉邱某奎、财产保险公司电子商务营业部机动车交通事故责任案

【案件基本信息】

1. 裁判书字号

重庆市第一中级人民法院（2021）渝01民终12344号民事判决书

2. 案由：机动车交通事故责任纠纷

3. 当事人

原告（被上诉人）：傅某洋

被告：邱某奎

被告（上诉人）：财产保险公司电子商务营业部

【基本案情】

2019年10月12日11点32分许，邱某奎驾驶轿车将傅某洋撞倒并压伤，重庆市公安局渝北区分局出警调查后，认定邱某奎负事故全部责任。案涉车辆在财产保险公司电子商务营业部投保了交强险及含不计免赔的商业三者险100万元，事故发生在保险有效期间内。

事故发生后，傅某洋先后两次住院治疗并多次进行门诊检查，共产生相关医疗费19万余元，其中财产保险公司垫付12万元，邱某奎垫付2万余元。治疗期间，傅某洋父母通过某筹款平台募集捐款，并以此支付5.7万余元。后傅某洋向法院提起诉讼，请求判令邱某奎、财产保险公司赔偿医疗费等相关费用47万余元。

庭审中，财产保险公司提出通过某筹款平台支付的款项不应计入保险赔付范围的答辩意见。

【案件焦点】

财产保险公司赔付款项是否应当扣除通过某筹款平台支付的医疗费用。

【法院裁判要旨】

重庆市渝北区人民法院经审理认为：社会各界爱心人士通过某筹款平台向原告家庭进行捐助用于救治原告伤势，体现了互助、友善的社会主义核心价值观。本案中，某筹款平台筹款捐助对象明确、用途单一，可视为捐助人对原告的附条件赠与，虽然相关款项直接汇入医院账户，但不能以此减轻被告基于侵权行为和保险合同而应承担的赔偿责任，故不应扣除。

重庆市渝北区人民法院依照《最高人民法院关于适用中华人民共和国民法典时间效力的若干规定》第一条、第二条，《中华人民共和国侵权责任法》第六条第一款、第十六条、第四十八条，《中华人民共和国道路交通安全法》第七十六条，《最高人民法院关于审理人身损害赔偿案件适用法律若干问题的解释》第十七条、第十八条、第十九条、第二十一条、第二十二条、第二十三条、第二十四条、第二十五条，《最高人民法院关于审理道路交通事故损害赔偿案件适用法律若干问题的解释》第十四条、第十六条、第二十五条和《最高人民法院关于适用〈中华人民共和国民事诉讼法〉的解释》第九十条之规定，判决如下：

一、被告财产保险公司电子商务营业部于本判决生效后十日内在交强险和商业三者险责任限额范围内赔偿原告傅某洋 404762.16 元；

二、被告邱某奎于本判决生效后十日内赔偿原告傅某洋 24082.62 元；

三、驳回原告傅某洋的其他诉讼请求。

财产保险公司电子商务营业部不服一审判决，提起上诉。

重庆市第一中级人民法院依照《中华人民共和国民事诉讼法》第一百七十条第一款第一项规定，判决如下：

驳回上诉，维持原判。

【法官后语】

对于通过筹款平台募集的救助款项是否应当在财产保险公司赔偿数额中予以抵扣，现分析如下：

一般来说，该类平台的操作流程为申请人在相应平台填写需求金额、求助说明等信息并上传相应的证明资料，待平台审核通过后，申请人通过转发链接等方式开始对外募集筹款。在达到目标金额或者筹款期限届满后，平台进行审核公示，公示期无异议，平台于限期内将款项汇至申请人或者患者账户。

从该类筹款平台操作流程看，申请人、平台及各捐款人的关系可以从以下角度加以分析。一是申请人与平台间的委托关系。申请人委托筹款平台审核并以平台为媒介通过移动通信网络对外发布筹款信息，在获得他人捐赠后亦根据双方间的合同委托平台代为保管并根据特定用途汇转相关款项。二是捐款人与平台间的委托关系。捐款人基于对第三方平台的信赖基础，向通过其审核的申请人募捐款项并委托第三方平台代为监管款项使用。三是捐款人与申请人间的赠与关系。捐款人根据平台审核并对外发布的申请人需求捐赠款项，该赠与行为具有明确的指向性，首先是对象的指向性，即对特定的受赠人即申请人或申请人亲属的赠与。其次，是使用的指向性，即赠与款项只能用于与申请人或申请人家属疾病治疗相关的费用开支。同时，受筹款链接发布渠道的影响，赠与人也被一定程度上限缩在申请人亲友或亲友周边的范围。

从财产保险公司机动车三者险合同约定来看，被害人及其家属以他人或者机构捐赠款项支付医疗费用并不在财产保险公司免责范围之内。就本案而言，财产保险公司提出拒绝赔偿某筹款平台捐助部分的医疗费用的主要理由是该笔费用并非由事故被害人家属负担，而是通过社会募捐的方式筹集并缴纳，如财产保险公司赔偿该部分费用则超出事故受害方的损失进行赔付，使被害人获得赔偿的数额超过其实际损失。

对此，笔者认为侵权法律关系的核心价值是行为人应当对其行为造成的后果承担相应责任。基于交通事故赔偿的需求，财产保险公司提供机动车三者险服务，其目的也是通过提高行为人偿还能力，确保因侵权行为引发的权利受损状态能够及时修复，即在签订合同时已将后续可能存在的第三方纳入考量范围，且相关赔付条款的触发与履行必然与第三方相关。

而社会公众通过筹款平台向特定申请人的捐助是对款项用途加以明确限定的赠与合同法律关系。该款项用途的确定性与侵权行为的实际发生具有直接相关性。赠与款项被用于支付医疗费用，虽然客观上产生了受害方实际支出数额的减少，但促使赠与合同产生的侵权行为及侵权行为人并未被纳入赠与合同双方的考虑范围。同时，由于赠与人大多是与受赠人相熟的亲友或其亲友周边人士，更应认定该赠与的目的是帮助受赠与人尽早治疗、缓解窘困，而非帮助侵权行为人逃避应当承担的责任。

如果认定特定捐赠款项从保险负担金额中扣除，则无疑将互助关爱的友善之举置于两难境地，一方面迫切希望对急需救治的人员施以援手；另一方面在后期保险赔付中又因前期的乐善之举减轻侵权人的责任，甚至导致被害人无法足额获得赔偿。因此，综合分析，对于交通事故相对方或其家属以社交筹款平台筹得资金支付部分医疗费用的，财产保险公司无权要求扣除该部分赔偿款项，这既是相关法律关系的内在要求，更是提倡互助友爱风尚的必然需要。

编写人：重庆市渝北区人民法院　刘杨

47

网络投保时通过程序设定强制投保人勾选免责条款不能认定保险公司已尽到提示说明义务

——顾某泉诉韩某佳等机动车交通事故责任案

【案件基本信息】

1. 裁判书字号

江苏省常州市中级人民法院（2021）苏04民终292号民事判决书

2. 案由：机动车交通事故责任纠纷

3. 当事人

原告（被上诉人）：顾某泉

被告（被上诉人）：韩某佳、朱某胜

被告（上诉人）：财产保险公司

【基本案情】

2019年9月13日13时30分韩某佳驾驶的苏D5K×××号小型汽车与顾某泉驾驶车牌号为苏D5A×××小型汽车发生交通事故，致顾某泉驾驶的车辆受损。经道路交通事故认定书认定，韩某佳承担全部责任，顾某泉无责任。经查，韩某佳驾驶的苏D5K×××号小型汽车所有人为朱某胜，该车辆在财产保险公司投保了交强险和商业第三者责任保险150万元，并投保不计免赔险。

顾某泉驾驶的苏D5A×××小型汽车是从汽车租赁公司租赁的车辆，顾某泉与汽车租赁公司约定租赁期限为2019年9月12日10时51分至9月14日10时51分，租期2日，租金600元/日；租赁期间发生各类事故产生的费用由顾某泉现行垫付，维修期间，顾某泉应继续按前述租金标准支付车辆使用费，直至车辆维修完毕；若顾某泉未及时足额支付车辆维修费用，汽车租赁公司没有义务垫资进行车辆维修，由此导致的维修延长期间顾某泉仍应按前述约定支付车辆使用费。发生交通事故后上述车辆于2019年9月14日至9月23日在汽车销售服务公司维修，花费维修费11300元，该维修费财产保险公司已经赔付。维修期间产生的租车费用为5400元，顾某泉已将该维修期间的租车费用5400元支付给汽车租赁公司。双方就因事故产生的额外租车费用赔偿事宜未能达成一致，顾某泉故诉至法院，要求判如所请。

庭审中，财产保险公司提供车险条款、电子签名的情况说明及车险投保人实名缴费客户授权同意书打印件，该同意书载明“本人同意并授权保险人因签订车辆保险合同需要采集、处理、传递和应用本人银行卡卡号等相关个人金融信息，向合法存续的第三方机构查询或验证本人银行卡对应身份信息”，客户签字栏显示影印件“朱”，财产保险公司称电子签名的操作流程为：1. 车辆核保通过后，保险公司系统会自动生成微信支付二维码；2. 微信扫描二维码后可以跳转到电子投保单页面，展示内容为电子投保单正反面、交强险和商业险条款（选择性阅读）、车险投保人实名缴费客户授权同意书；3. 签名；4. 支付，行业协会平台认证是否实名支付，若非投保人本人支付，会有“非本人”的提示；商业三者险条款第二十二条载明保险责任为……财产的直接损毁，第二十六条第（一）款列明间接损失保险人不负责赔偿，财产保险公司认为租车损失为间接损失，其不负赔偿责任。被告朱某胜称其没有阅读免责事由，其是用自己的手机投保的，但电子投保时没有看到保单，保单根本没有给他们，出了事也与其无关，因为购买了不计免赔险。

【案件焦点】

财产保险公司是否就免责条款尽到了提示说明义务。

【法院裁判要旨】

江苏省常州市钟楼区人民法院经审理认为：财产保险公司辩称对顾某泉主张的车辆修理期间租车损失其商业险免责的抗辩意见，财产保险公司虽然辩称电子投保均强制弹出免责条款，但顾某泉否认电子投保时看到保险单，亦不认可人保公司就免责条款进行了提示说明，即便投保时弹出免责条款财产保险公司也仅是尽到提示义务，财产保险公司提交的车险投保人实名缴费客户授权同意书打印件上载明的“本人同意并授权保险人因签订车辆保险合同需要采集、处理、传递和应用本人银行卡卡号等相关个人金融信息，向合法存续的第三方机构查询或验证本人银行卡对应身份信息”，客户签字栏显示影印件“朱”，该证据亦无法证明财产保险公司就免责条款进行了提示说明义务，故根据现有证据财产保险公司已就免责条款尽到提示说明义务的证据不足。

江苏省常州市钟楼区人民法院依照《中华人民共和国侵权责任法》第二条、第六条第一款、第四十八条，《中华人民共和国道路交通安全法》第七十六条第一款第一项，《中华人民共和国保险法》第十四条、第十七条及《中华人民共和国民事诉讼法》第三十九条第一款、第六十四条、第一百三十四条第一款之规定，作出如下判决：

被告财产保险公司于本判决生效之日起十日内在商业第三者责任保险范围内赔偿原告顾某泉 5400 元。

财产保险公司不服一审判决，提起上诉。江苏省常州市中级人民法院同意一审法院的裁判意见。

江苏省常州市中级人民法院依照《中华人民共和国民事诉讼法》第一百七十条第一款第一项的规定，作出如下判决：

驳回上诉，维持原判。

【法官后语】

保险能够在保险人发生意外、重大疾病、财产损失等事故时，分担被保险人的损失，起到风险管理的作用。现代社会人们风险意识逐步增强，购买各种保险的人越来越多。随着科技发展，移动终端办理业务范围的不断扩大，电脑网络投保、手机电子投保方式越来越普遍，保险公司往往要求投保人在自己的应用程序或者小程序中进行投保，保险公司的程序设定通常会把显示电子保单和免责条款设计在操作流程中，在投保结束前由投保人进行电子签名以完成投保。在发生保险事故后，投保人要求理赔，保险公司拿出有投保人电子签名的材料，告知投保人对该保险事故保险公司免责，不承担赔偿责任，此时投保人往往会感到困惑，不知道自己已经购买了保险，为何保险公司不赔偿？法院在审判实践中碰到这类影响到多数个体利益的纠纷，应当充分发挥司法的指引作用，除解决当事人之间纷争外，还应通过判决，体现人民权利及公平的价值。

这类案件认定的难点在于，传统投保方式中，保险公司如果可以提供有投保人签字的免责条款，一般即可认定保险公司已尽到了提示说明义务，为何网络投保中保险公司亦能提供有投保人的电子签名，反而不认定保险公司已经尽到了提示说明义务呢？因为在传统投保方式中，凡是能提供投保人签名的保险合同均为保险公司业务员当面向投保人销售的保险，根据保险公司管理规定，业务员销售保险时应当采用投保人可以理解的方式就保险条款中的免责条款向投保人进行提示说明，一名合格的保险公司业务员在当面销售保险时应当就免责条款进行提示说明，且一般理性正常人在纸质签名时亦会相对慎重，此时认定保险公司尽到提示说明义务具有合理性。而投保人在网上投保时，保险公司除了强制勾选已阅读免责条款的程序设定之外，没有设计程序对免责条款的实质内容和含义用常人可以理解的方式进行提示说明。而根据保险公司的程序设定，投保人在网上投保时不勾选已阅读免责条款，就无法进行下一步，投保人为了进入下一步和完成付款而机械勾选，多数网络投保人并不会仔细阅读免责条款，勾选行为并不是投保人已经了解了相关内容，此时不能仅以保险公司通过程序设定强制投保人勾选免责条款，就认定保险公司尽到了提示说明义务，上述强制勾选方式应该只能认定保险人履行了提示义务，不能认定保险人已经履行了明确说明义务。应当是在保险人对免责条款进行了实质的解释说明，投保人已经真正知晓了该条款意思的情况下，才能认定保险人尽到了提示说明义务。否则不利于保障投保人权利，也不利于保险功能的实现。该案的正确审理有利于规范和引导保险行业在线上投保领域运用更合适的方式就免责条款进行提示说明。

编写人：江苏省常州市钟楼区人民法院　张金华

48

约定“零时生效”的保单自合同成立时即生效

——顾某美诉祝某付、财产保险公司机动车交通事故责任案

【案件基本信息】

1. 裁判书字号

江苏省如皋市人民法院（2021）苏0682民初7404号民事判决书

2. 案由：机动车交通事故责任纠纷

3. 当事人

原告：顾某美

被告：祝某付、财产保险公司

【基本案情】

2020年7月22日17时40分，祝某付驾驶小型轿车与顾某美驾驶的三轮电动车碰撞，致顾某美受伤，两车损坏。经交警部门认定，祝某付、顾某美分别负事故的同等责任。后双方就伤者赔偿问题未达成一致赔偿意见，顾某美诉至法院，请求判如所请。另查明，小型轿车保险费收费确认时间和投保确认时间均是2020年7月22日上午10时36分，此时小型轿车的交强险已处于脱保状态。

【案件焦点】

被告财产保险公司是否应承担交强险的保险责任。

【法院裁判要旨】

江苏省如皋市人民法院经审理认为：《中华人民共和国保险法》第十三条

规定，投保人提出保险要求，经保险人同意承保，保险合同成立。依法成立的保险合同，自成立时生效。投保人和保险人可以对合同的效力约定附条件或附期限。《中华人民共和国合同法》第三十九条第一款规定，“采用格式条款订立合同的，提供格式条款的一方应当遵循公平原则确定当事人之间的权利和义务，并采取合理的方式提请对方注意免除或者限制其责任的条款，按照对方的要求，对该条款予以说明”。

交强险设置的目的是保障道路交通事故中的受害人依法得到赔偿。案涉交强险的收费确认时间和投保确认时间均是2020年7月22日上午10时36分，此时，小型轿车的交强险已处于脱保状态。被告财产保险公司作为承保该车辆上一年度交强险的保险公司，充分掌握着该车辆的保险信息，在明知投保人缴纳保费时交强险已经脱保的情况下，应当就保险期间可以选择的事宜，以及选择的不利后果向投保人尽到必要、充分的提示说明义务。现无证据证明被告财产保险公司已经尽到相应的提示说明义务。因此，该“次日零时生效”的条款对被告祝某付不产生法律效力，案涉交强险保险合同应自被告财产保险公司收取保费并确认承保时即成立并生效。被告财产保险公司抗辩应由投保人在投保时主动提出保单即时生效，显然与一般消费者的基本预期和生活经验不符，故对其所辩，不予采纳。综上，被告财产保险公司应对原告顾某美的损失先行在交强险限额内承担赔偿责任。

江苏省如皋市人民法院依照《中华人民共和国侵权责任法》第十六条，《中华人民共和国道路交通安全法》第七十六条，《最高人民法院关于审理人身损害赔偿案件适用法律若干问题的解释》第十七条、第十八条、第十九条、第二十条、第二十一条、第二十二条、第二十三条、第二十四条、第二十五条，《最高人民法院关于适用〈中华人民共和国民法典〉时间效力的若干规定》第一条第二款之规定，判决如下：

一、被告财产保险公司于本判决发生法律效力后立即给付原告顾某美赔偿款142673.96元；

二、驳回原告顾某美的其他诉讼请求。

判决后，双方当事人均未上诉，本判决现已生效。

【法官后语】

本案中，保险合同已经成立，尽管合同约定次日零时起生效，生效时间尚未到达，但该约定属于格式条款，且属加重投保人责任的条款，而且保单特别约定栏内没有保险期间起止生效时间的特别约定，保险公司业务员也没有向投保人履行告知义务，该次日零时起生效的约定对投保人明显不公平，该起止时间的约定无效，保险公司应当承担赔偿责任。

1. 次日零时起生效的约定造成保险空白期，与交强险条例的立法精神相悖。

国务院《机动车交通事故责任强制保险条例》的适时出台，对机动车道路交通事故的受害人提供有效的保障，使其能够及时、合理地填补遭受的损害，有效避免了因肇事方经济赔偿能力不足或肇事逃逸现象，充分体现了以人为本，关爱生命的立法精神。投保机动车交通事故责任强制保险是机动车所有人、管理人的法定义务，具备从事机动车交通事故责任强制保险业务资格的保险公司不得拒绝或者拖延承保。本案原告于2020年7月22日上午10时36分20秒向被告财产保险公司缴纳了保险费，投保确认的时间是2020年7月22日上午10时36分21秒，保单打印时间是2020年7月22日上午11时03分28秒，被告给原告签发的保单上书写的保险期限却是自2020年7月23日零时起至2021年7月22日24时止。自2020年7月22日上午10时36分至2020年7月23日零时中间存在长达近12个小时的保险空白期，此段时间，投保交强险的机动车该如何行驶？为等待保险合同的生效，而让原告车辆在该时段内停止行驶，明显不是投保人的真实意思，也与交强险的设立初衷相反。

2. 次日零时起生效的约定属于格式条款，应认定无效。

保险合同是一种典型的格式合同，制定格式合同的本意是为合同双方的相对人节约大量的时间和精力，促使合同目的尽快达成，节约大量的社会成本。但实践中格式条款可能会变形为合同提供方规避风险、减轻自身责任的一种方式。《中华人民共和国民法典》第四百九十六条第二款规定：“采用格式条款订立合同的，提供格式条款的一方应当遵循公平原则确定当事人之间的权利和义务，并采取合理的方式提示对方注意免除或者减轻其责任等与对方有重大利害关系的条款，按照对方的要求，对该条款予以说明。提供格式条款的一方未履行提示或者说明义务，致使对方没有注意或者理解与其有重大利害关系的条款的，对方可以主张该条款不成为合同的内容。”第四百九十七条规定宁：“有下列情形之一的，该格式条款无效：（一）具有本法第一编第六章第三节和本法第五百零六条规定的无效情形；（二）提供格式条款一方不合理地免除或者减轻其责任、加重对方责任、限制对方主要权利；（三）提供格式条款一方排除对方主要权利。”第四百九十八条规定：“对格式条款的理解发生争议的，应当按照通常理解予以解释。对格式条款有两种以上解释的，应当作出不利于提供格式条款一方的解释。格式条款和非格式条款不一致的，应当采用非格式条款。”第四百六十六条规定：“当事人对合同条款的理解有争议的，应当依据本法第一百四十二条第一款的规定，确定争议条款的含义。”

次日零时起生效明显属于格式条款，而且该条款实质上形成了对保险人一定责任的免除，该条款应属无效，不产生法律效力。原告对其所投保的交通事故强制险，是法律规定必须投保的，而保险合同的条款和内容以及生效时间却是被告方提供和制定的，原告对其条款和内容根本没有不同意或修改的机会。被告在保险单上关于保险期限的规定，属格式合同中加重原告责任、排除原告主要权利的条款，应对原告无效。从某种意义上说，原告认为其自缴纳保费的那一刻起，就与保险公司达成了保险合同，保险合同即开始生效。而被告保险公司辩称合同生效时间是双方协商缔结的，合同约定时间明确，不存在理解上的争议，不应适用《中华人民共和国民法典》第四百九十八条的规定。保险合同的保险责任开始时间不是免责条款，也不是限制责任条款，被告无明确或提醒的义务，且依保险业惯例，保险人应当知道第二日零时生效。笔者认为，在该保单特别约定栏内没有保险期间起止生效时间的特别约定，保险公司也不能提供证据证实其业务员就该条款对原告履行了明确的说明或告知义务，交强险保单中显示的起止时间显然是预先拟定的格式条款，保险人与投保人订立协议时未进行协商约定，原告不可能将生效时间提前到交费当即生效，而将生效时间推迟到次日零时起生效显然更不是原告的真实意思的表示。保险起止时间延后对投保人明显不公平，该条款加重了投保人的责任，而且排除了投保人在缴纳保费到格式条款起保时间段可能获得期待利益的权利。机动车辆交强险不能适用次日零时起生效，保险人不能将行业的某些惯例做法沿用于高风险活动的机动车保险活动中，从而加重投保人的责任。因此，该起止时间的约定属于格式条款，应当无效。

在保险合同尤其是以人的寿命和身体作为保险标的的人身保险合同中，对于免责条款的认定应该慎之又慎。免责条款中的特别约定不仅仅是在合同中以文字形式表达出来就够了，而是要求保险人必须尽到提示义务。这里的提示义务应该是积极的、真诚的，必须达到使投保人真正明白该条款的真实含义和法律后果的效果，否则仅靠寥寥的书面说明是没有效力的。

3. 本案保险合同自保险人签发保险单时即已成立并生效。

合同的成立与生效是两个不同的概念。合同未成立当然不生效，但合同成立后，其生效时间却不一定与合同成立的时间一致。合同成立后，可能同时生效，也可能延期生效。所谓合同成立，是指订约当事人就合同的主要条款达成合意，其具体表现就是将要约人单方面的意思表示转化为双方一致的意思表示；合同的生效，指当事人约定的合同条款获得法律的认可，因而对当事人双方已发生法律上的效力，要求当事人双方恪守合同，全面履行合同规定的义务。合同法明确规定，合同成立应有要约与承诺两个过程，而具体到保险合同中也不例外。《中华人民共和国保险法》第十条第一款规定："保险合同是投保人与保险人约定保险权利义务关系的协议。"本案原告作为投保人提出以订立保险合同为目的的保险要求，视为向保险人发出申请订立保险合同的要约。被告作为保险人愿意接受投保人的保险要求并表示同意承保，视为承诺。被告向原告出具保险单视为就双方的保险合同的条款达成协议，即合同成立。原告缴纳保险费，被告收取保险费，并向原告出具收据和保险单，这完全符合合同法有关合同成立的规定，而且也符合《中华人民共和国保险法》第十三条规定，投保人提出保险要求，经保险人同意承保，并就合同的条款达成协议，保险合同成立。因此原、被告的保险合同关系成立。《中华人民共和国民法典》第一百一十九条规定："依法成立的合同，对当事人具有法律约束力。"第一百三十六条规定："民事法律行为自成立时生效，但是法律另有规定或者当事人另有约定的除外。行为人非依法律规定或者未经对方同意，不得擅自变更或者解除民事法律行为。"据此，依法成立的保险合同具有法律效力，也产生相应的法律后果，对投保人和保险人具有约束力，双方当事人中任何一方不得擅自变更和解除。当然，只有依法成立的保险合同才具有法律效力，依法成立即依照保险法及其他法律法规规定的条件而成立。保险合同的生效条件有三个：第一，主体合格，即双方当事人在订立保险合同时具有相应的民事行为能力。就投保人而言，必须是具有完全民事行为能力的自然人、依法成立的法人或者其他经济组织；就保险人而言，必须是依法设立的保险公司，且须在其营业执照核准的营业范围内订立保险合同。第二，意思表示真实，即双方当事人在订立保险合同时的意思表示必须符合自己的真实内在意思。投保人不得隐瞒保险标的真实情况而与保险人签订保险合同；保险人由于受欺诈，虽然与投保人就保险合同达成了协议，但没有反映出当事人的真实内在意思，也即表意与真意不一致，由此产生的保险合同应属无效合同。第三，合同内容合法，本案原、被告双方的保险合同符合有关合同生效的规定，而且该合同未有延期生效的约定条款，因此原被告双方的保险合同关系成立，并且自被告向原告签发保险单的同时产生法律效力。

基于上述三点，被告保险公司开具保单中的次日零时起生效的约定，明显属于格式条款，加重了投保人的责任，而排除了投保人在交纳保费到保单起保时间段可能获得期待利益的权利，因此应认定对原告不发生法律效力，被告应当在保险限额范围内承担赔偿责任。

编写人：江苏省如皋市人民法院　何叶

ISBN 978-7-5216-3279-8

图书在版编目（CIP）数据

中国法院2023年度案例．道路交通纠纷／国家法官学院，最高人民法院司法案例研究院编．—北京：中国法制出版社，2023.5
ISBN 978-7-5216-3279-8

Ⅰ.①中… Ⅱ.①国…②最… Ⅲ.①公路运输-交通运输事故-民事纠纷-案例-汇编-中国 Ⅳ.①D920.5

中国国家版本馆CIP数据核字（2023）第026344号

策划编辑：李小草　韩璐玮（hanluwei666@163.com）
责任编辑：韩璐玮　　封面设计：李宁

中国法院2023年度案例．道路交通纠纷
ZHONGGUO FAYUAN 2023 NIANDU ANLI. DAOLU JIAOTONG JIUFEN

编者/国家法官学院，最高人民法院司法案例研究院
经销/新华书店
印刷/三河市紫恒印装有限公司
开本/730毫米×1030毫米　16开　　印张/15　字数/185千
版次/2023年5月第1版　　2023年5月第1次印刷

中国法制出版社出版
书号ISBN 978-7-5216-3279-8　　定价：78.00元

北京市西城区西便门西里甲16号西便门办公区
邮政编码：100053　　传真：010-63141600
网址：http：//www.zgfzs.com　　**编辑部电话：010-63141790**
市场营销部电话：010-63141612　　**印务部电话：010-63141606**

（如有印装质量问题，请与本社印务部联系。）

简便易用

专业实用